皮书系列为
“十二五”“十三五”国家重点图书出版规划项目

河南经济发展报告（2020）

ANNUAL REPORT ON ECONOMY OF HENAN (2020)

培育高质量发展新动能

主　编／谷建全　完世伟

图书在版编目(CIP)数据

河南经济发展报告．2020：培育高质量发展新动能／谷建全，完世伟主编．--北京：社会科学文献出版社，2019.12

（河南蓝皮书）

ISBN 978-7-5201-5833-6

Ⅰ．①河… Ⅱ．①谷… ②完… Ⅲ．①区域经济发展-研究报告-河南-2020 Ⅳ．①F127.61

中国版本图书馆CIP数据核字（2019）第272324号

河南蓝皮书

河南经济发展报告（2020）

——培育高质量发展新动能

主　　编／谷建全　完世伟

出 版 人／谢寿光
组稿编辑／任文武
责任编辑／张丽丽
文稿编辑／邵建双

出　　版／社会科学文献出版社·城市和绿色发展分社（010）59367143
　　　　　地址：北京市北三环中路甲29号院华龙大厦　邮编：100029
　　　　　网址：www.ssap.com.cn
发　　行／市场营销中心（010）59367081　59367083
印　　装／天津千鹤文化传播有限公司

规　　格／开 本：787mm×1092mm　1/16
　　　　　印 张：19.5　字 数：290千字
版　　次／2019年12月第1版　2019年12月第1次印刷
书　　号／ISBN 978-7-5201-5833-6
定　　价／128.00元

河南蓝皮书系列编委会

主要编撰者简介

谷建全 男，河南唐河人，河南省社会科学院院长，研究员，经济学博士，博士生导师。郑州大学、河南科技大学、河南工业大学、河南理工大学兼职教授。国家“万人计划”首批人选、国家哲学社会科学领军人才、享受国务院特殊津贴专家、文化名家暨全国宣传文化系统“四个一批”优秀人才、河南省优秀专家、河南省宣传文化系统“四个一批”优秀人才、河南省跨世纪学术技术带头人。中国劳动经济学会副会长、河南省信息化专家委员会副主任委员。主要从事产业经济、科技经济、区域经济研究。近年来，公开发表学术论文200余篇，出版学术专著15部，主持国家级、省级重大研究课题30余项，获得省部级奖励20余项，主持编制各类区域发展规划100余项，30余项应用对策研究得到省委、省政府领导批示。

完世伟 男，河南鹿邑人，河南省社会科学院经济研究所所长、研究员，博士。郑州大学、河南工业大学、华北水利水电大学兼职教授。享受国务院特殊津贴专家、河南省优秀专家、河南省学术技术带头人、河南省宣传文化系统“四个一批”优秀人才，中国区域经济学会常务理事。长期从事宏观经济、区域经济、产业经济、技术经济及管理等方面的研究工作。主持或参与完成国家级、省级研究课题30余项，荣获省部级优秀成果奖10余项，公开发表理论文章60多篇，主持或参与编制区域发展、产业发展等各类规划30余项。

摘　要

全书系统深入地分析了2019年河南经济运行的主要态势以及2020年河南经济发展的走势，全方位、多角度地研究和探讨了河南以新发展理念为引领，统筹推进“四个着力”，着力打好“四张牌”，突出县域治理“三起来”和乡镇工作“三结合”，深入开展“三大攻坚战”，扎实抓好“六稳”工作的举措，并对新时代河南培育高质量发展新动能提出了对策建议。全书深度融入了党的十九大以及习近平总书记视察河南重要讲话精神，以期为省委省政府和社会公众提供高质量的决策参考依据。全书共分为总报告、调查评价篇、分析预测篇、专题研究篇四部分。

本书认为，2019年，面对外部环境复杂严峻和内部自身结构矛盾凸显的双重压力，河南以习近平新时代中国特色社会主义思想为指导，深入贯彻习近平总书记视察河南重要讲话精神，坚持稳中求进工作总基调，以新发展理念为引领，狠抓各项政策落实，全省经济运行呈现“总体平稳、符合预期、高于全国、好中有忧”的发展态势。预计2020年全省地区生产总值增长7.2%左右，规模以上工业增加值增长7.7%左右，全社会固定资产投资增长8.0%左右，社会消费品零售总额增长10.5%左右，居民消费价格指数为102.8。此外，本书还总结了新中国成立七十年来河南经济发展成就与经验，系统梳理了新中国成立以来河南经济发展经历的光辉历程、取得的辉煌成就、积累的发展经验。

本书通过建立相关指标体系和量化模型，运用定量分析和定性分析相结合的研究方法，分别对2019年河南省省辖市经济综合竞争力以及河南县域经济高质量发展情况进行了综合评价。

本书分析了当前河南经济不同领域、不同行业、不同产业发展的态势并对2020年做了预测展望，分别提出新时代加快培育新动能、促进河南经济高质量发展的思路及相应举措。

本书在深入领会党的十九大精神和习近平总书记视察河南重要讲话精神基础上，围绕新时代以新动能促进河南高质量发展，对消费新动能、开放经济、数字经济、“三新”经济、深化改革等问题进行了深入分析，提出了相关思路及建议。

关键词： 高质量发展　发展新动能　河南省

目 录

Ⅰ 总报告

Ⅱ 调查评价篇

Ⅲ 分析预测篇

Ⅳ 专题研究篇

皮书数据库阅读**使用指南**

总 报 告

General Reports

B.1

聚力新动能　奋进高质量

——2019～2020年河南省经济发展分析与预测

河南社会科学院课题组*

摘　要： 2019年，在世界经济复苏弱于预期和国内经济下行压力加大的双重困难局面下，河南以习近平新时代中国特色社会主义思想为指导，深入贯彻习近平总书记视察河南重要讲话精神，坚持稳中求进工作总基调，坚持新发展理念，坚持推进供给侧结构性改革，扎实推进“六稳”，全省经济运行“总体平稳、符合预期、高于全国、好中有忧”。2020年，全省经济增长面临的积极因素和不利影响并存，宏观经济环境总体有

* 课题组组长：谷建全，河南省社会科学院院长。课题组成员：完世伟、袁金星、唐晓旺、王芳、高璇、李丽菲、崔理想。执笔：袁金星，河南省社会科学院经济研究所副研究员，主要研究方向为国民经济；唐晓旺，河南社会科学院经济研究所研究员，主要研究方向为区域经济；王芳，河南省社会科学院经济研究所副研究员，主要研究方向为区域金融。

利。初步预计，2020 年全省地区生产总值增长 7.2% 左右，规模以上工业增加值增长 7.7% 左右，全社会固定资产投资增长 8.0% 左右，社会消费品零售总额增长 10.5% 左右，居民消费价格指数为 102.8。

关键词： 河南省　经济运行　高质量发展

2019 年，面对世界经济复苏弱于预期和国内经济下行压力加大的双重困难局面，全省上下以习近平新时代中国特色社会主义思想为指导，深入贯彻习近平总书记视察河南重要讲话精神，坚定落实党中央、国务院及省委省政府各项决策部署，对标对表高质量发展要求，坚持稳中求进工作总基调，坚持新发展理念，坚持推进供给侧结构性改革，更加注重稳增长、促改革、调结构、强基础、惠民生、防风险综合平衡，全省经济继续保持总体平稳态势。2020 年，全省经济发展的外部环境依然复杂，经济转型发展任务艰巨、实体经济困难较多、风险隐患增多等问题依然比较突出，因此，全省上下必须坚持稳中求进工作总基调，以新发展理念为引领，以高质量发展为根本方向，以供给侧结构性改革为主线，深入开展三大攻坚战，持续推进“四个着力”，打好“四张牌”，实现“六稳”，保持经济平稳较快发展良好态势。

一　2019年河南经济运行态势分析

（一）总体评价

2019 年，河南启动了“7819”扩大有效投资行动、实施了 10 个新兴产业发展行动计划、出台了 30 条降成本措施等一系列政策组合，进一步稳就业、稳金融、稳外贸、稳外资、稳投资、稳预期，巩固了全省经济稳中有进发展势头。与上年同期比，保持稳定。1 ~ 9 月全省地区生产总值增长

7.4%，与上年持平，主要经济指标有升有降，但变动幅度均不大，基本稳定。与既定目标比，落在区间内。《2019年河南省政府工作报告》对全年经济增长预期目标为7%～7.5%，1～9月全省地区生产总值增长7.4%，在预期范围内。1～9月全省地区生产总值增速、规模以上工业增加值增速、服务业增加值增速、固定资产投资增速、社会消费品零售总额增速分别高于全国1.2个、2.3个、1个、2.8个和2.2个百分点，地区生产总值增速在全国的位次较上年底前移1位。与此同时，1～9月工业用电量、新开工项目完成投资额等部分经济先行指标出现了较为明显的下滑，经济增长的后劲略显不足。总体而言，从前三季度全省主要经济指标数据及其变动情况看，河南经济运行呈现“总体平稳、符合预期、高于全国、好中有忧”的发展态势，预计全年经济增长7.3%（见表1）。

表1　2019年河南主要经济指标预测

指标 \ 年份	1～9月	全年(预测)
1. 地区生产总值增长率(%)	7.4	7.3
2. 规模以上工业增加值增长率(%)	7.9	7.8
3. 固定资产投资增长率(%)	8.2	8.2
4. 社会消费品零售总额增长率(%)	10.4	10.5
5. 居民消费价格指数(以上年为100)	102.5	102.8

（二）基本特征

1. “稳”的态势在延续

工业“顶梁柱”作用愈加彰显。全省持续在“三大改造”、省定重点产业转型、产业集聚区提效“三项任务”上抓落实，在实施智能制造引领、重点技术攻坚、传统产业提质、新兴产业培育“四大行动”上求突破，在抓好一批重大项目、一批骨干企业、一批产业园区“三个一批”上见成效，推动工业较好发挥了支撑作用。1～9月，全省规模以上工业增加值增速为

7.9%，同比提高0.6个百分点（见图1），高于全国平均水平2.3个百分点，在全国的位次较上年底前移5位，居第8位；工业仍是支撑全省经济增长的主要引擎。

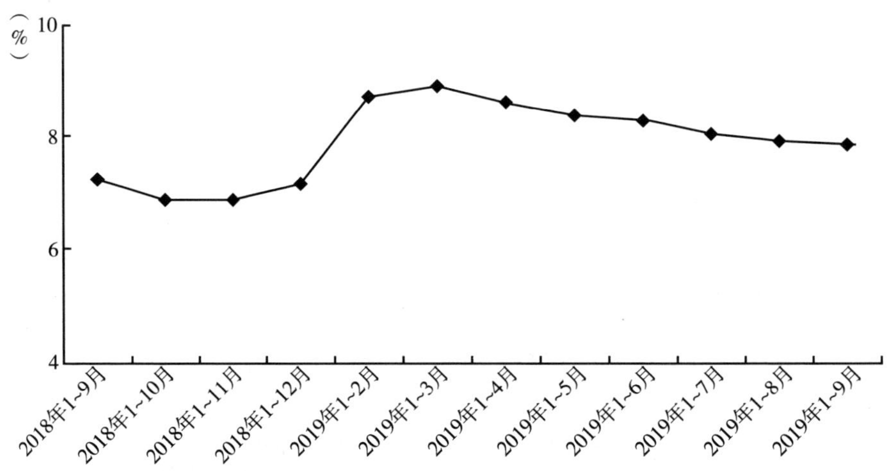

图1　2018年9月至2019年9月河南省规模以上工业增加值增速

资料来源：河南省统计局、国家统计局河南调查总队：《河南统计月报》。

消费继续发挥“压舱石”作用。作为经济增长的“三驾马车”之一，消费在拉动经济增长中起着最基础性的作用，特别是伴随着假日经济、夜间经济、年轻群体消费等消费亮点、热点的不断涌现，消费升级持续加速、服务消费占比稳步扩大，消费对全省经济的贡献率越来越大。1~9月，全省社会消费品零售总额达到16414.33亿元，同比增长10.4%（见图2），高于全国2.2个百分点，在全国的位次较上年底前移4位，居第4位，消费对全省经济增长的支撑作用不断巩固。

投资“定船锚”角色持续发力。启动实施“7819”扩大有效投资行动，用“十八般武艺”稳住投资基本面，工业投资、民间投资、房地产投资增速持续回升，一大批投资大、产出高、带动力强的重点项目捷报频传，稳投资政策已经出现成效。1~9月，全省固定资产投资增速为8.2%，较上年底回升0.1个百分点（见图3）；高于全国平均水平2.8个百分点，在全国的

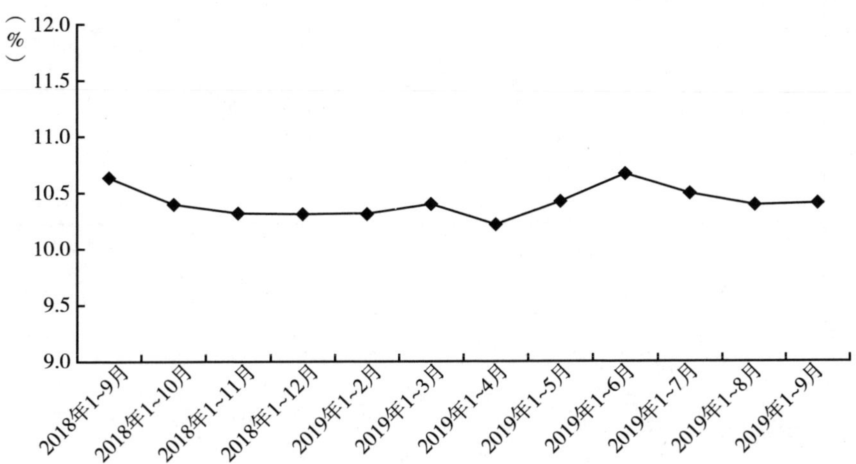

图 2　2018 年 9 月至 2019 年 9 月河南省社会消费品零售总额增速

资料来源：河南省统计局、国家统计局河南调查总队：《河南统计月报》。

位次由上年末的第 13 位前移至第 11 位。房地产开发投资稳步回升。1 ~ 9 月，全省房地产开发投资完成额 5194.01 亿元，规模总量居全国第 6 位；同比增长 7.3%（见图 4），较上年同期提高 7.9 个百分点。

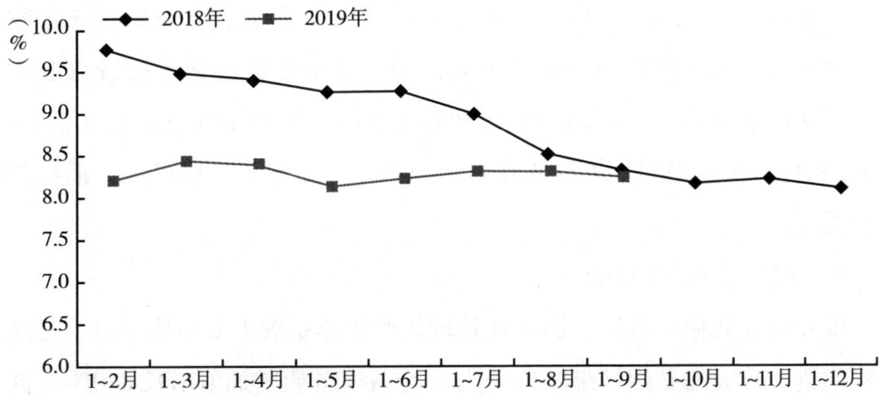

图 3　2018 年至 2019 年 9 月河南省固定资产投资增速

资料来源：河南省统计局、国家统计局河南调查总队：《河南统计月报》。

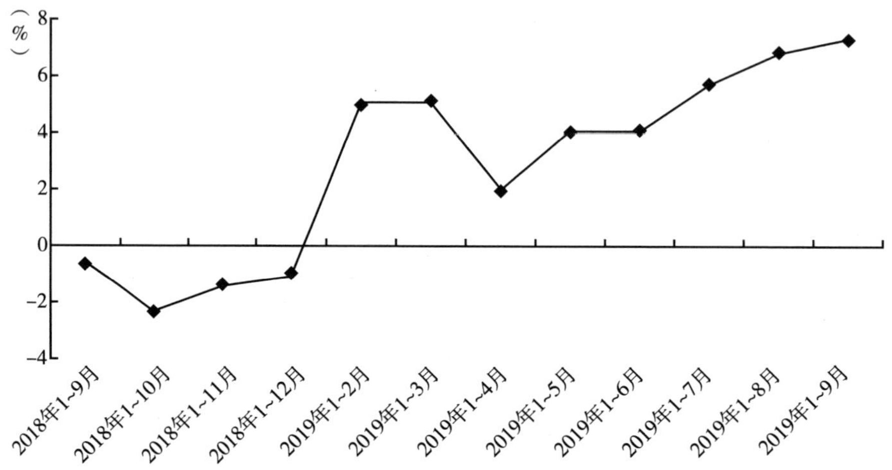

图4　2018年9月至2019年9月河南省房地产开发投资增速

资料来源：河南省统计局、国家统计局河南调查总队：《河南统计月报》。

物价水平在可控范围内上涨。1～9月，全省居民消费价格上涨2.5%，较上半年提高0.3个百分点，与全国平均水平持平，但仍在3%左右的年度控制目标范围内。从八大类商品服务价格涨幅看，全省物价具有明显的“结构性上涨”特征，特别是食品烟酒价格上涨5.0%，对居民消费价格上涨起了主要推动作用。最重要的原因就是受非洲猪瘟、环保政策以及内生猪周期上升阶段等叠加因素影响，生猪出栏量和存栏量双双大幅下降，猪肉供应偏紧，猪肉价格出现较大涨幅，推动CPI涨幅扩大。7月、8月、9月CPI分别同比上涨3.0%、3.0%和3.3%，虽然可控，但仍值得高度关注。

2.“进”的格局在持续

服务业发展稳中有进。服务业是现代产业体系的重要组成部分，是经济结构调整和升级的必然结果。1～9月，全省服务业增加值增长8.0%，高于全国1.0个百分点，高于全省地区生产总值增速0.6个百分点；服务业对GDP增长的贡献率为45.8%，高于工业1.5个百分点。服务业相关指标增长较快。1～9月，全省公路客货运总周转量增长10.8%，同比提高1.0个百分点；邮政业务总量增长 32.7%，同比提高 3.9 个百分点；电信业务总量在上年超高速增长的基础上，继续快速增长，前三季度增长 73.8%。9 月末，全省金融机构人民币贷款余额增长 17.0%，贷款余额增速 2019 年以来持续保持在近年来的较高水平。文化旅游表现抢眼。在刚刚过去的 2019 年国庆黄金周，河南接待游客 6632 万人，“吸金” 502 亿元，旅游收入、接待游客数量都列全国第 4 位。

供给侧结构性改革深入推进。全面贯彻落实“八字方针”，推动更多产能过剩行业加快出清，降低全社会各类营商成本，加大基础设施等领域补短板力度，不断巩固“三去一降一补”成果。短板领域投资继续加大。1～9 月，全省生态保护和环境治理业、公共设施管理业投资分别增长 105.6%、18.3%，分别高于固定资产投资 97.4 个、10.1 个百分点；卫生、教育领域投资分别增长 23.1%、13.9%，分别高于固定资产投资 14.9 个、5.7 个百分点。商品房库存持续减少。9 月末，全省商品房待售面积同比下降 9.1%，其中住宅待售面积同比下降 9.9%。降成本效应突出。积极实施减税降费政策，出台了“降成本 30 条”，1～8 月，全省累计实现新增减免税费 563.8 亿元，全省规模以上工业企业每百元营业收入中的成本费用同比减少 0.14 元；特别是深化增值税改革效果明显，对推动全省制造业高质量发展提供了更强动力。

进出口表现韧性十足。面对严峻的国际国内形势，全省把深化对外开放摆在经济工作更加突出的位置上，多措并举稳外贸，推动进出口总值增速由负转正。2019 年初开始进出口出现负增长，但降幅逐月收窄，1～7 月由负转正，达到 1.3%，1～8 月增速进一步扩大，达到 1.5%，扭转了下滑态势。1～9 月，全省进出口总值达到 3667.2 亿元，居中部第 1 位。外贸企业数量进一步增加，有进出口实绩的企业突破 8000 家，同比增加 971 家。民营企业增速较快，1～9 月，全省民营企业进出口增速达到 13.5%，连续 7 个月保持两位数增长。

3. “优”的势头在保持

工业内部结构持续优化。全省持续纵深推进绿色、智能、技术改造，深入开展五大传统产业转型、十大战略新兴产业发展行动及智能制造和工业互联网发展三年行动，工业结构持续向中高端攀升。1～9月，五大主导产业、战略性新兴产业、高技术制造业增加值增速分别为8.3%、15.7%、8.0%，分别高于全省规模以上工业增加值增速0.4个、7.8个和0.1个百分点，而传统产业、高耗能工业增加值增速分别为6.5%和7.4%，分别低于全省规模以上工业增加值增速1.4个和0.5个百分点（见图5）。1～9月，装备制造、食品加工、新型材料、电子信息、汽车制造等五大产业增加值占全省规上工业增加值比重达43.8%，同比提高1.4个百分点；传统产业占比同比下降2.1个百分点；战略性新兴产业占比同比提高3.8个百分点。

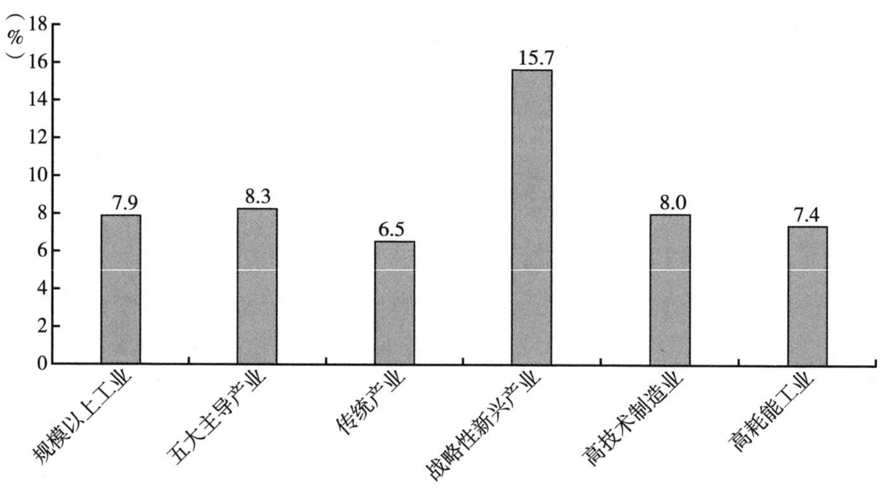

图5　2019年1～9月河南省分产业规模以上工业增加值增速

资料来源：河南省统计局、国家统计局河南调查总队：《河南统计月报》。

农业结构调整效果明显。河南各地坚持以“四优四化”为重点，积极调整农作物种植结构，2019年全省优质小麦、优质花生、优质林果、优质草畜占比持续提高，强筋、弱筋小麦发展到1204万亩，优质花生扩大到2300万亩，两者面积均居全国第1位，禽蛋奶类产量和蔬菜林果面积稳定增加，预计全年水果产量达到930万吨，推动全省农业质量效益和竞争力不断提升。

需求结构持续升级态势。投资结构不断优化。服务业投资保持高速增长，1～9月，全省服务业投资增长10.3%，较上年同期提高1.3个百分点，占固定资产投资的比重为67.1%；民间投资同比增长5.7%，比上半年提高1.9个百分点，增速自3月以来逐月回升；工业投资同比增长7.5%，较上半年提高1.9个百分点（见图6），其中，工业技改投资增长64.6%，占工业投资比重同比提高11个百分点。消费结构在升级。1～9月，限额以上单位零售额中可穿戴智能设备、智能手机、智能家电零售额分别增长129.3%、68.9%、24.0%；新能源汽车、能效等级为1级和2级的家用电器及音响器材类商品零售额分别增长135.5%、35.6%；同时，消费渠道持续扩宽。1～9月，全省跨境电商进出口增长23.1%，同比提高3.5个百分点。外贸结构持续优化。1～9月，全省产业链长、增值率较高的一般贸易进出口1454.5亿元，增长7.2%，占进出口总值的39.7%。

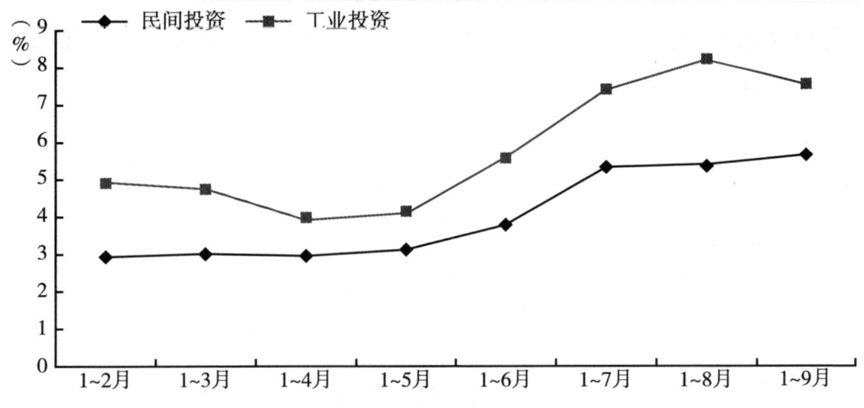

图6　2019年1～9月河南省民间投资、工业投资增速

资料来源：河南省统计局、国家统计局河南调查总队：《河南统计月报》。

组织结构调整呈现显现。通过三年国企改革攻坚，1124家“僵尸企业”得到妥善处置，国有企业组织结构不断优化调整，竞争力明显增强，1～9月，全省省管企业利润增长18.6%，同比提高16.8个百分点。

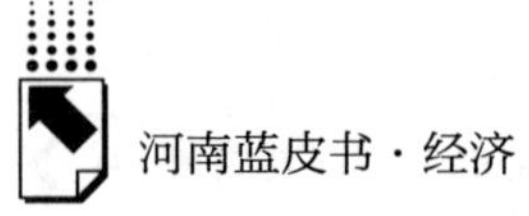

4. “新”的因素在积累

新动能加快释放。紧紧抓住“战略机遇期”的大势，把改革开放创新作为动能转换的主引擎，持续强化改革推动、开放带动、创新驱动。新业态蓬勃发展。1~9月，全省快递业务总量增长39.5%，同比提高1.5个百分点；跨境电商进出口（不含快递包裹）增长23.1%。新产品快速增长。1~9月，工业机器人产量增长102.2%，新能源汽车增长49.6%，锂离子电池增长21.2%。

市场主体更加活跃。持续深化放管服改革、大力实施减税降费、努力营造营商环境，市场活力不断释放。省、市、县三级政务服务事项网上可办率均达到90%以上，“最多跑一次”实现率超过77%；1~9月，全省新登记各类市场主体116.19万户，增长23.4%，其中新登记各类企业31.25万户，增长24.4%，日均新登记企业达到1145户。市场主体活力的日益增强，为全省经济行稳致远注入了新动力。

创新能力继续提升。通过大力培育创新引领型企业、人才、平台、机构，有力促进了“四个融合”，特别是实施“十百千”转型升级创新专项，助力了全省创新要素加速集聚以及创新能力的持续提升。1~9月，全省新创建6个国家级企业技术中心，新建21家院士工作站，新入选3名国家“千人计划”外专项目专家；成功举办了2019数字经济峰会、中国（郑州）2019华为软件与人工智能产业峰会等，营造了良好的创新氛围，战略性新兴产业和高技术产业增加值占比同比分别提高3.8个和0.6个百分点。

5. “好”的结果在体现

粮食丰收已成定局。扎实实施“藏粮于地、藏粮于技”战略，投入财政资金80亿元支持高标准农田建设，持续探索完善粮食生产稳定发展长效机制，坚决落实各项强农惠农政策，农民种粮积极性大幅提高。夏粮获得大丰收，全省总产达到749.08亿斤，较上年增加26.34亿斤，单产436.63公斤/亩，较上年增加19.11公斤/亩，总产、单产均位居全国第一、创历史新高，对全国夏粮增产贡献率达44.9%；优质专用小麦面积达到1204万亩，实现产量、质量、效益三提升。目前，秋收已圆满收官，实现了颗粒归仓，全年粮食丰收已成定局，河南继续为保障国家粮食安全做出了新的贡献。

财政税收稳定增长。1～9月，全省一般公共预算收入达3132.97亿元，同比增长7.4%，高于全国平均水平4.3个百分点，居全国第4位，其中税收收入增长6.6%，扣除减税因素同口径分别增长16%和18%以上。一般公共预算支出增长10.8%（见图7），其中民生支出达到6349.8亿元，同比增长10.3%，占一般公共预算支出的比重超过75%。特别是投资的平稳增长，带动了相关税收增速上扬。1～9月，全省改征增值税、城镇土地使用税、土地增值税、契税分别增长13.9%、21.6%、21.1%、11.8%。

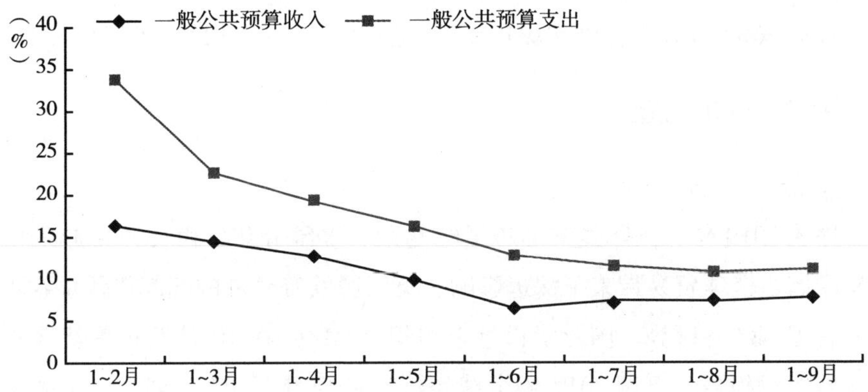

图7　2019年1～9月河南省一般公共预算收入、一般公共预算支出增速

资料来源：河南省统计局、国家统计局河南调查总队：《河南统计月报》。

居民收入持续增长。1～9月，全省居民人均可支配收入达到17050.18元，同比增长8.9%，继续高于全省地区生产总值增速。居民收入不断提高、中等收入群体不断扩大，为全省经济稳定增长注入了活力。其中农民人均可支配收入达到10397.62元，同比增长9.6%，高于城镇居民增速2.2个百分点，城乡收入差距继续缩小。

企业效益有所提高。前8个月规模以上工业企业利润增长22.2%、同比提高16.1个百分点，居全国第2位，40个工业大类行业中盈利面达80%。

就业形势保持良好。坚持把稳就业作为民生工作的首要任务，实施就业优先战略和积极的就业政策，大规模开展职业技能培训，全面实施援企稳岗“护航行动”，全省就业局势总体稳定。城镇就业基本平稳，1～9月，全省城镇新增就业102.84万人，完成年度目标的93.5%；城镇登记失业率为2.93%，继续保持低位运行。农村劳动力转移就业规模持续扩大。1～9月，全省新增农村劳动力转移就业42.06万人，提前完成年度计划，农村劳动力转移就业总量达3037.19万人，其中省内就业占60%，达到1823.98万人，就近就地转移趋势明显。其他群体就业基本稳定。1～9月，全省失业人员再就业27.44万人，就业困难人员实现就业9.85万人，安置破产“僵尸企业”职工5.67万人，分别完成年度计划的109.74%、123.09%和72.27%。

（三）突出问题

1. 经济下行压力加大

进入2019年，国际经济形势错综复杂、多维分化，由美国挑起的中美贸易摩擦给全球贸易带来了深远影响，英国脱欧等事件的起起伏伏也在不断影响着国际经济形势。国际货币基金组织（IMF）在10月发布最新《世界经济展望》报告，下调2019年全球经济增速预测至3%，创全球金融危机后的最低点。受外部因素的影响，我国宏观经济出现了明显的下行压力，第三季度国内生产总值增速仅为6.0%，险些跌出目标区间，更是加剧了人们对经济进一步下行的预期。就河南而言，前三季度地区生产总值增速为7.4%，分别较一季度、上半年下降0.5个和0.3个百分点，此外，1～9月，工业用电量同比下降8.1个百分点，新开工项目计划总投资同比下降30个百分点，货物运输量和货物周转量相关数据也没有大的改观。这些经济先行指标的低迷，一方面反映了市场供需没有大的改善，另一方面也反映人们对未来发展信心不足。

2. 内需增长有所放缓

一直以来，内需都是拉动河南经济增长的决定性力量。特别是在近几年外部环境不稳定不确定因素增多的情况下，发挥好消费的基础性作用和投资对优化供给结构的关键性作用成为稳增长的不二选择。但从近期数据看，河南内需增长有所放缓。在投资方面，1～9月，全省固定资产投资增速为8.2%，同比下降0.1个百分点，特别是民间投资、工业投资低迷状况没有明显改观，分别增长5.7%和7.5%，反映出投资者信心不足、心态焦虑的现象。在消费方面，1～9月，全省社会消费品零售总额增速为10.4%，同比下降0.2个百分点，其中限上企业（单位）消费品零售额同比下降0.7个百分点，反映出受收入影响、财富波动等影响，消费潜力的进一步释放受到了诸多制约。内需增长的放缓，说明当前河南经济增长企稳的基础还不够稳固。

3. 实体经济困难较多

实体经济是经济发展的立身之本、财富之源，更是区域经济增长的基石。随着国内外经济形势的复杂多变以及改革进入“深水区”，河南实体经济发展仍旧处在困难时期。除了传统的资金、用工、土地、运输成本上升外，当前企业在结构调整升级如环保、技改和节能减排等方面的投入明显增加，企业实际的经营压力在不断加大。从1～7月数据看，全省规模以上工业企业负债率为57.6%，较上年同期提高4.6个百分点。另外9月，全省工业生产者出厂价格指数PPI同比下降2.9个百分点，环比下降0.6个百分点；1～9月PPI同比下降4个百分点，工业领域通缩的风险进一步加大，有可能使企业生产经营更加困难。

4. 新旧动能转换不足

河南正处于工业化中期向后期发展的过渡阶段，加快新旧动能转换比以往任何时候都更加迫切，但全省新旧动能转换较为缓慢。1～9月，全省高耗能工业投资同比增长14.9%，较上年同期提高14.4个百分点，分别比固定资产投资增速、五大主导产业投资增速高6.7个和10.2个百分点；传统产业投资增长15.9%，较上年同期提高14.9个百分点，而高技术制造业投资更是负增长，为-1.3%。反映在工业增加值方面，1～9月，全省传统产业、高耗能工业增加值增速分别为6.5%和7.4%，分别同比提高1.7个和1.9个百分点，而高技术制造业增加值增速则同比下降7.7个百分点。可见，目前全省以传统产业、高耗能产业为代表的传统动力依然很强大，短期内新兴力量还难以对冲传统动力的下行力量，实现新旧动力平稳衔接、转换还需一个长期的过程。

5. 营商环境亟待改善

区域经济增长除了取决于市场主体的生产效率、科技创新能力等硬件外，还取决于政府公共服务的效率，即营商环境的好坏。虽然近几年河南在改善优化营商环境方面下了一番功夫，做了一些文章，见了一些成效，但与先进地区相比、与企业要求相比还存在较大差距。在“互联网 + 政务服务”建设中存在跨层级、跨区域、跨部门互联互通难、业务协同难问题，政务效率有待提升。企业普遍反映企业注册、项目申报审批、政策补贴扶持等政府服务效能方面与沿海地区相比仍有较大改善空间，政策执行普遍存在“重出台、难落实”问题，“一站式”服务不到位问题，在营造诚实守信发展环境方面还有很多工作要做。

二 2020年河南经济发展环境及总体走势展望

2019 年，河南经济运行延续了总体平稳、稳中有进的发展态势，总体运行符合预期，经济结构调整优化，新动能较快成长，质量效益不断提升。展望 2020 年，河南宏观经济环境总体有利，有利条件和不利因素并存，全省经济将保持总体平稳、稳中有进、喜忧并存的态势。我们要坚持稳中求进工作总基调，推进供给侧结构性改革，扩大内需，全力抓好各项政策落实，推动全省经济高质量发展不断取得积极进展，预计全省经济继续保持稳定态势，经济增速达到 7.2% 。

（一）2020年河南经济运行环境分析

1. 有利条件

（1）减税降费增添高质量发展新动力

当前，我国经济下行压力较大，减税降费已成为保持经济可持续发展的重大举措。年初以来，国家税务局开始实施个人所得税专项附加扣除办法，通过减免税收的途径减轻居民所得税负担，鼓励消费，增强消费对经济的拉动力。此外，财政部还出台了降低增值税税率、降低基本养老保险费率等政策，支持企业降成本、增效益。积极财政政策的实施，大大降低了企业和居民的税费负担，为应对经济下行压力、促进2020年河南经济增长具有积极的意义。

（2）改革创新汇聚高质量发展新动能

当前，我国经济已由高速增长阶段转向高质量发展阶段，助推经济发展的动能将主要依靠改革和创新。年初以来，国务院继续深化市场化改革，深化供给侧结构性改革，深化农村土地制度改革，深化金融体制改革，保护知识产权，鼓励公平竞争。就河南来说，省委省政府积极落实中央关于新一轮深化改革的精神，加快推进国有企业、财税、投融资、农村、环保等领域的改革，提高改革的深度、广度和水平，激发体制新活力。与此同时，河南持续推进郑洛新国家自主创新示范区建设，鼓励和支持大众创业、万众创新，增强科技对经济高质量发展的推动力，形成了2020年经济增长的支撑力量。

（3）黄河流域高质量发展又添新引擎

2019年9月18日，习近平总书记在郑州主持召开黄河流域生态保护和高质量发展座谈会，提出了要推动黄河流域高质量发展的要求。这是中央第一次将黄河流域高质量发展提升到国家战略层次，是千年大计，是国家战略。河南地处黄河流域的腹地，是黄河流域高质量发展的主战场和主力军。黄河流域生态保护和高质量发展上升为国家战略，预计后期将会有一系列的配套支持政策出台，为河南新一轮改革发展提供了新的机遇，形成2020年河南经济发展新的支撑。

（4）“一带一路”助推开放再上新台阶

2019年，“一带一路”倡议再出发，中央在更大范围、更深层次上推动与沿线国家的沟通磋商，推动与沿线国家的务实合作。为配合国家“一带一路”倡议，河南出台了《关于以“一带一路”建设为统领加快构建内陆开放高地的意见》，提出了22条措施，统筹推进“空中、陆上、海上、网

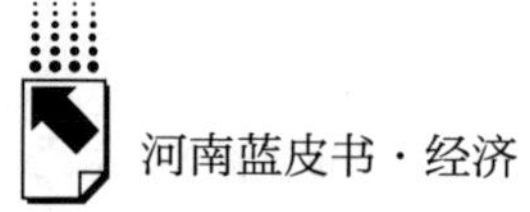

上”等四条丝绸之路建设。河南自贸区、郑欧班列、郑州航空港、郑州跨境电子商务实验区等对外贸易载体如雨后春笋，蓬勃发展，河南已实现了从中原腹地到内陆开放高地的跨越。2020 年，全省将进一步完善对外开放的软硬件环境，加快内陆开放高地建设，提升对外开放质量和水平，形成全省经济发展新的支撑。

（5）乡村振兴战略激发“三农”新活力

党的十九大报告提出，必须始终把解决好“三农”问题作为全党工作的重中之重，实施乡村振兴战略。与此同时，中央也出台了一系列支持和促进乡村振兴战略实施的政策、措施。乡村振兴战略的提出，为农业大省河南带来了重大机遇。河南是一个农业大省，农村、农业和农民比重较大，长期以来，农村经济发展滞后，是河南经济发展的短板。借助于中央乡村振兴战略所提出的一系列政策措施，2020 年河南有望通过深化农村经济体制改革，释放集体经济活力，促进全省经济长期可持续发展。

2. 不利因素

（1）孤立主义肆虐世界经济增长放缓

当今世界，孤立主义和保护主义肆虐，全球化面临重大挑战。在此背景下，欧美等世界主要经济体经济持续放缓，2020 年世界经济或将面临进一步衰退。国际评级机构惠誉预计 2020 年全球经济增速将下降为 2.7%。当前，中美贸易摩擦是我国经济增长面临的最大威胁，至今还没有看到缓和的迹象。由于特朗普政府的反复无常，未来中美贸易形势存在较大不确定性，2020 年中美贸易摩擦负面影响或将加大。受此影响，2020 年河南经济受到的外部冲击将进一步增大，形成经济增长的利空。

（2）宏观经济运行风险将进一步释放

当前，全省经济运行中的结构性矛盾依旧突出，一些周期性、结构性问题需要重点关注。一是实体经济加速衰退的风险。受整体经济下行和市场不景气的影响，部分企业经营困难增加，面临着破产倒闭的风险。2020 年，随着中美贸易摩擦的持续升级，实体经济将面临进一步衰退的压力，民间投资进一步萎缩，必将影响到投资的增长，对 2020 年全省经济增长形成制约。二是失业压力加大和就业质量下降的风险。在经济下行的背景下，实体经济困难增加，有可能影响就业，2020 年，全省失业压力加大和就业质量下降的风险将增加。三是地方政府及融资平台债务问题集中暴露的风险。2020 年，地方政府融资平台的偿债高峰期将会到来，但财政收入增速加快下滑、土地出让金收入回落，地方政府及其融资平台的债务风险将显著加大。

（3）房地产市场调控的力度持续增大

当前，中央抑制房价过快增长的决心很大，以限购、限贷为特征的房地产调控政策短期内不会退出，近期部分城市房地产市场回暖的势头将难以为继，2020 年，房地产重回调整的可能性较大。就河南来说，房地产投资占全省投资的比重较大，房地产市场的持续调整，一方面会直接影响投资的增长，进而拉低经济增长；另一方面，房地产的持续低迷，将会不利于钢铁、水泥、建材等相关产业的发展，对未来工业产生不利影响。此外，房地产业的低迷也会影响政府收入增长，导致政府基础设施投资增长放缓，形成 2020 年河南经济发展的利空。

（4）资源要素趋紧与环保压力加大并存

当前，资源要素趋紧成为威胁河南经济发展的最大障碍。在国家保护耕地的红线下，建设用地日益紧缺，一些招商引资来的项目无法落地。由于青壮年劳动力短缺，工资持续上涨，企业的成本急剧增加。与此同时，为应对日益严重的环境保护问题，中央实施环保高压政策，2020 年新一轮的环保风暴将会更猛烈。河南钢铁、化工、有色金属等高耗能、高污染产业比重相对较大，粗、低、重、耗产品较多，污染排放强度大，受到环保风暴的影响相对较大。为配合中央的环保督查，河南 2019 年冬季仍将会对部分高污染企业下达“停工令”，郑州等主要城市仍将实施“封土令”。这些环保政策的实施，将会给工业企业生产经营活动带来较大不确定性，形成 2020 年全省经济增长的一个制约因素。

（5）财政收支矛盾和压力进一步加大

当前，随着经济下行压力增大，中央提出了一系列减税降费的政策。年初以来，财政部出台增加个人所得税抵扣、降低增值税税率、降低基本养老保险费率等政策，支持企业降成本、增效益。随着减税降费政策的实施，财政收入增速将持续放缓。与此同时，环境保护和民生保障等支出需求不断增加，地方政府收支矛盾凸显，财政可持续性面临着巨大的挑战。就河南来说，2020 年随着减税降费政策的继续实施，财政收支矛盾有可能会更加突出。政府财政收入的下降，将会影响政府基建投资，对 2020 年的投资增长形成不利影响。

（二）2020年河南经济走势及主要指标预测

1. 总体走势研判

总体平稳。面对当前错综复杂的国内外环境，河南经济发展总体向好的基本面没有改变，全省经济正向着形态更高级、分工更复杂、结构更合理的阶段演进。从投资看，近年来，河南投资增速尽管有一定的下滑，但是仍保持在 8% 以上。预计 2020 年，在民间投资难以较大幅度增长的情况下，工业投资和基础设施投资将保持较快增长态势，形成经济稳定增长的重要支撑。从消费看，河南人口多，市场大，内生的消费能力强，消费增长的基础相对坚固。随着消费结构的升级，2020 年全省消费增长仍将保持在 10% 以上，形成经济平稳增长的重要支撑。从出口看，河南持续打造郑州航空港、“四条丝路”，大力发展跨境电子商务，商品出口逐步多元化，抗风险的能力显著增强。基于对 2020 年河南三大需求形势的分析，我们判断，2020 年全省经济仍将保持总体平稳的态势。

稳中有进。在全省经济总体平稳增长下，全省积极推进改革创新，结构调整、动力转换将会稳步推进。2020 年，河南产业结构、需求结构、动力结构优化都将继续推进，服务业将取代工业成为产业发展的主力，消费将取代投资和出口成为稳增长的主要需求，高新技术产业和新兴产业将取代传统产业成为经济发展的重要支撑，一批新产业、新业态、新主体在加快孕育，河南经济发展的动力将实现重大转变。此外，2020 年，全省各项社会事业也将全面进步，民生保障将会不断改善，生态和环境保护也将取得新进展。

喜忧并存。随着供给侧结构性改革的推进，要素的质量和效率继续提升，企业的效益和发展质量显著提升，全省经济发展出现了诸多可喜的变化。省内新兴产业、高新技术产业和先进制造业发展较快，日益成为经济发展的主要支撑。同时，经济稳定发展的韧性不断增强，抗风险能力显著提升。此外，河南地区生产总值稳居全国第五、中部第一，经济发展活力和动力强劲，在区域经济发展中的地位也不断提升，并逐步走向舞台的中央。同时，也面临着一些不容忽视的问题。一方面，实体经济困难加剧，企业经济效益下滑，一些企业面临破产倒闭；另一方面，系统性的风险增加。由于实体经济困难，带来了金融风险的集聚以及失业风险的增加，未来河南可能会面临一系列社会问题。

2. 主要指标预测

（1）经济趋稳向好，GDP 增速力争实现 7.2%

当前，国内外环境复杂多变，河南经济面临的宏观环境总体有利。尽管发展环境在变，但全省经济长期向好的基本面并没有变，仍处于重要战略机遇期。当前全省新旧产业和发展动能转换正处在接续关键期，积极因素和新兴力量正在积聚。中美贸易摩擦倒逼我们推动产业升级，凝聚了化“危”为“机”的动能，为 2020 年河南经济发展提供了重要支撑。国家深化改革开放，推进新型城镇化和乡村振兴，也为河南经济发展提供了机遇。2020 年，河南将继续全面深化改革开放，以改革和创新“双引擎”塑造经济发展新动力，积极应对不利因素可能带来的冲击，使全省经济能够继续保持平稳较快发展。与此同时，也要看到，河南长期积累的结构性矛盾短期内难以根本破解，市场流动性紧张与房地产分化加剧将继续存在，部分行业和企业面临的困难仍在累积加深，全省经济运行面临的困难具有复杂性、长期性的特征。预计 2020 年全省经济运行将继续保持稳定态势，全年 GDP 增速有望稳定在 7.2% 左右。

（2）“三大改造”持续发力，但回升基础还不牢固

2019 年，河南工业持续推进智能化、绿色化和企业技术三大改造，加快推进装备制造、新材料、电子信息等重点产业发展，提升工业质量品牌，

培育优势产业集群，加快制度创新、科技创新和开放创新，为工业发展提供支撑。减税降费政策的实施，切实减轻了企业负担，降低了企业成本，有利于工业经济增长。同时，以“放管服”为主的行政管理体制改革，提升了市场化程度，激发了市场活力。国有企业混合所有制改革加快推进，为民营企业和中小企业拓展了更大的发展空间。在这些政策的刺激下，全省工业有望止跌回稳，形成河南2020年工业发展的重要支撑。同时，也应该看到，全省工业结构调整的步伐相对较慢，煤炭、化工、冶金、建材、轻纺、能源等传统产业占比仍然较大，新兴产业对经济增长的支撑力不足。在外部需求不足、行业竞争加剧的情况下，河南工业生产仍将面临较大考验，持续回升的基础还不坚固。综合分析，预计2020年工业增长仍将面临较大压力，规模以上工业增加值增长7.7%左右。

（3）投资继续保持稳定增长，同时面临一定挑战

面对着持续加大的经济下行压力，2020年，宏观政策逆周期调节力度或将加大，降息的可能性增加。受降息刺激影响，2020年，河南投资将会止跌回升，但增速回升的幅度较小。河南继续推进生态保护和环境治理业、公共设施管理业等短板领域投资，将会促进基础设施投资增长。工业“三大改造”、减税降费等政策的实施，将会刺激和带动工业投资增长。积极推进国企混改步伐，鼓励和促进民间投资，将会极大地提振民间资本的投资信心，推动民间资本增长。同时，也应该看到，河南也存在着制约投资增长的因素，如去产能、环保风暴、资金面紧张等。综合判断，2020年全省固定资产投资将增长8.0%左右。

（4）消费增速筑底回升，但持续回升缺乏基础

随着居民收入水平的提高，全省消费结构不断升级，形成消费需求增长的最原始动力。2019年6月，河南出台了促进消费的体制机制改革方案，提出了26项具体任务，这一措施的实施，将会刺激2020年消费的增长。同时，郑州跨境电子商务的发展，使得购物的便利性增加，也刺激着居民消费的增长。乡村振兴战略稳步推进，有利于增加农民收入，提升农民消费能力。同时，也应该看到，受制于经济下行的压力，全省就业和收入增长仍将面临较大困难，消费

的持续增长缺乏基础支撑。尤其是传统行业的去产能化调整，使得一些职工面临下岗、失业，收入下降，形成对消费增长的抑制。预计，2020 年全年社会消费品零售总额增速有望维持在 10.5% 以上。

（5）物价水平开始回升，通货膨胀风险增加

近期，水果、猪肉、蔬菜价格持续上升，带动整体价格水平上升。与此同时，国内原材料价格的高位运行，使得煤炭、石油等大宗商品价格保持高位。同时，一、二线城市房地产市场升温，房租市场价格也明显上涨。综合预计，2020 年，河南整体物价水平可能会继续上涨，预计 2020 年通货膨胀将会抬头。

综合判断，2020 年全省经济仍处于结构调整中，经济增长与上年比略有下降，预计 2020 年全省地区生产总值增长 7.2% 左右。从主要经济指标看，预计 2020 年全省规模以上工业增加值增长 7.7% 左右；全社会固定资产投资增长 8.0% 左右；社会消费品零售总额增长 10.5% 左右；居民消费价格指数为 102.8（见表 2）。

表 2　2020 年河南主要经济指标预测

指标 \ 年份	2020 年(预测)
1. 地区生产总值增长率(%)	7.2
2. 规模以上工业增加值增长率(%)	7.7
3. 全社会固定资产投资增长率(%)	8.0
4. 社会消费品零售总额增长率(%)	10.5
5. 居民消费价格指数(以上年为 100)	102.8

三　促进河南经济平稳较快发展的对策建议

河南正处于经济转型升级的重要关口，面对当前经济发展的新情况新问题，我们要继续坚持稳中求进工作总基调，牢固树立新发展理念，按照高质

量发展的要求，主动应对发展环境、发展动力、发展优势、发展空间的变化，加快实现质量变革、效率变革、动力变革，坚定信心，优化举措，确保全省经济平稳较快发展。

（一）突出稳增长，提升高质量发展水平

当前经济发展的外部环境总体趋紧，叠加河南经济转型升级中结构性体制性矛盾日益显现，使得经济下行压力较大，河南必须把稳增长、保持经济运行在合理区间放在更加突出的位置，这是解决一切矛盾问题、实现高质量发展的基础和前提。一要抓好有效投资。聚焦产业转型升级、城市功能配套、生态环境建设、交通基础设施、农村水利工程等重点领域和薄弱环节，加大投资力度，加快重点项目建设进度；引导企业加大对技术改造、高新技术产业、战略性新兴产业等领域的投入，以投资结构的优化推进产业结构优化。二要抓好要素保障。积极探索和解决项目土地、资金等问题，加强银企、用工、产销、产学研等对接，做好煤、电、油、气、运等生产要素协调工作，加强政策衔接，引导社会资源和金融资源向民营企业和中小微企业集聚。支持金融机构不断创新产品和服务模式，降低贷款门槛、简化贷款程序，增强对实体经济的金融支持力度。三要抓好减税降费。落实各项减税政策，清理规范收费项目，不断提升服务水平，提高公众对政策的知晓度，帮助市场主体掌握政策、用好政策，切实降低企业的税费负担，激发微观主体活力，助力全省经济高质量发展。

（二）突出扩内需，深挖高质量发展潜力

当前，内需在拉动经济增长中发挥着日益重要的作用，随着供给侧结构性改革的持续推进，内需发展的活力和后劲将不断释放。要坚持增供给与优环境并举，深挖内需发展空间，不断释放消费潜力，为全省经济高质量发展提供强大支撑。一要提高供给体系质量。深入推进全省“消费升级行动计划”，升级吃穿用、住房、汽车等实物消费，放宽服务消费领域市场准入，加快教育、医疗、育幼、养老、文化、旅游等现代服务业发展，增加新兴消

费产品供给，满足群众个性化和多元化的消费需求。二要培育农村消费市场。加大农村社会保障和民生改善投入力度，持续畅通城乡双向销售渠道，促进农民增收，提升农村居民消费能力；大力发展农村电子商务，推进传统商贸创新发展，打造有影响力的展销平台和高品质的消费载体，推动农村消费升级，不断释放消费潜力。三要优化消费环境。加快推动重点领域产品和服务标准建设，加强商务诚信体系建设，加大市场协同监管整治，完善消费维权机制，促进消费安全，提升消费服务品质，提振消费信心，稳定消费预期。

（三）突出抓改革，激发高质量发展活力

改革是做好经济社会发展各项工作的重要遵循，是激发高质量发展活力的根本路径。当前要着力解决影响经济持续健康发展的突出问题，推动改革向纵深发展，开创更有活力、更富品质的发展新境界。一要继续深化国有企业改革。围绕建立完善的现代企业制度，不断推进企业产权结构、组织结构以及治理结构改革，积极稳妥推动集体层面混合所有制改革，促进国有资本做强做优做大；鼓励民营企业参与国有企业改革，支持民营企业发展壮大。二要稳步推动要素市场化改革。重点围绕土地市场、劳动力市场、资本市场以及科技成果转化等领域加快改革进程，完善市场准入及退出制度，打破行政垄断，防止市场垄断，尽快消除扭曲现象，实现要素自由流动、价格反应灵活、竞争公平有序。三要继续加强“放管服”改革。在加大“放”的力度、完善“管”的体系、提升“服”的质效上下功夫，打破“信息孤岛”，再造工作流程，打好放权、监管、服务的组合拳，切实增强改革的整体性、协同性。四要持续推进农村改革。进一步理顺土地所有权，稳定承包权、激活经营权，探索“三权分置”多种实现形式，引导闲置宅基地和闲置农房合理配置利用，以股份制合作为重点继续深化农村集体产权制度改革，探索农村集体经济新的实现形式和运行机制，推进农村集体经济发展壮大。

（四）突出促开放，强化高质量发展动能

对外开放是保持经济持续稳定发展的必然选择。在国家以全方位开放推动经济高质量发展的大背景下，河南要继续坚持以大开放引领大发展，不断强化高质量发展动能。一要不断拓展对外开放通道。立足河南“空中、陆上、网上、海上”四条丝绸之路协同并进的良好态势，积极打造对外开放通道新优势，以卢森堡为战略支点，全面加强与全球重要枢纽机场的联动合作，不断提升“空中丝绸之路”的辐射力和影响力，提高“陆上丝绸之路”“网上丝绸之路”“海上丝绸之路”的带动力，大力发展枢纽经济、口岸经济，以大枢纽带动大物流、大物流带动大产业发展。二要继续优化对外开放平台。统筹中国（河南）自由贸易试验区、郑州航空港经济综合实验区、郑洛新国家自主创新示范区、中国（郑州）跨境电子商务综合试验区和国家大数据（河南）综合试验区的建设，挖掘战略叠加优势，积极探索体制机制、管理服务等方面的创新发展，持续吸引技术、人才、资金等要素不断流入。三要深化开放交流合作。不断加强与“一带一路”沿线国家的广泛合作，积极落实出入境便利措施，加强与更多国际组织的联系，促进科技、金融、产业、贸易、教育、文化、体育、旅游等方面的国际交流与合作，全面提升对外开放层次与水平。

（五）突出强创新，增强高质量发展动力

创新是引领发展的第一动力，随着大数据、人工智能等新一轮技术革命的高速发展，创新在经济发展中的作用日益突出。突出强创新，加快形成创新驱动发展格局是转变发展方式、促进高质量发展的重要动力。一要着力提升科技创新水平。以郑洛新国家自主创新示范区建设为抓手，建立健全以企业为主体、市场为导向、“产学研用”深度融合的科技创新体系，着力培育一批核心技术能力强、集成创新能力强、产业引领能力强的创新型企业，加快承接技术转移和开放合作，吸引国内外高端创新要素和创新主体在示范区集聚，促进高端研发机构及先进成果落地河南，打造区域科技创新高地。二要促进科技创新与产业发展相结合。聚焦新一代信息技术、智能终端、高端

装备、物联网、新能源汽车等领域，围绕产业链部署创新链，围绕创新链完善资金链，提升产业发展效能，加快形成三次产业协调、创新驱动主导、绿色低碳发展的产业新格局。三要打造科技创新良好环境。不断深化科技人才评价、科研成果转化、知识产权保护、科技管理“放管服”等方面的改革，打造公平竞争的创新环境，在全社会营造敢于创新、宽容失败的创新氛围，充分保护和激发创新主体的积极性、主动性、创造性。

（六）突出攻坚战，破解高质量发展难题

防范化解重大风险、精准脱贫、污染防治三大攻坚战，是全面建成小康社会的短板，也是高质量发展中最难啃的硬骨头。能否打赢三大攻坚战，对于推进全省经济跨越高质量发展关口，实现经济平稳较快发展意义重大。一要打好防范化解重大风险攻坚战。围绕非法集资、企业信用债违约、融资担保链、互联网借贷、房地产金融等重点领域做好风险防控，增强商业银行风险防控能力，引入先进的风险分析工具和专业人才，增强信贷管理的科学性和有效性，不断提高银行风险识别和应对能力；大力防范政府债务风险，依法依规进行地方政府债券及政府引导基金的发行和设立工作，严格禁止政府违规担保行为，加大违规举债问责力度。二要打好精准脱贫攻坚战。全面排查解决影响“两不愁三保障”的突出问题，用好帮扶资金、安排好项目，确保建档立卡的贫困人口直接受益并有稳定的收入来源；着力清除贫困的“死角”，瞄准特殊群体聚焦发力，做好革命老区、中央苏区脱贫工作，注意把扶贫与扶志、扶智相结合，打通农村青年向上流动渠道，激发脱贫致富的内在动力。三要打好污染防治攻坚战。要将绿色发展理念贯穿发展始终，坚决打好蓝天碧水净土保卫战，狠抓大气和水污染防治，加强农村生态环境保护和农业面源污染治理，增强监测预警能力，抓好督察反馈问题整改，建立健全污染防治长效机制。

（七）突出保民生，共享高质量发展成果

发展为了人民、发展依靠人民，发展成果由人民共享是科学发展的根本

目的，也是推进高质量发展的目标要求和应有之义。一要把稳就业摆在突出位置。高度关注经济下行压力加大对就业的影响，加强就业形势监测预警，重点关注高校毕业生、农民工、退役军人、去产能分流职工等重点人群的就业形势，探索多种形式的职业技能培训，提高培训管理服务水平，推动外出务工人员返乡创业。二要大力推进社会事业发展。着力解决学前教育入园难、入园贵问题，统筹解决义务教育“城镇挤”“乡村弱”问题，推动职业教育加强产教融合、校企合作，促进高等教育强化内涵式发展，加大“双一流”建设力度；深化医疗、医保、医药联动改革，推进“互联网+医疗健康”发展，加快县域医疗中心建设，支持社会办医，完善医联体网格化布局；加快完善住房保障体系和住房市场体系，重点做好棚户区改造、住房租赁市场培育、公租房保障等工作，加快解决城镇中低收入居民，特别是新市民住房问题。三要健全社会保障体系。严格落实社保政策，不断扩大社会保险覆盖面，继续抓好城乡居民养老保险基金省级管理、企业养老保险基金省级统筹工作，进一步提高医保、大病保险、城乡低保、特困供养等保障标准，使经济社会发展成果惠及全体人民。

参考文献

陈润儿：《政府工作报告》，《河南日报》2019年1月23日，第1版。

河南省社会科学院课题组：《2019年上半年河南经济运行分析及全年走势展望》，《区域经济评论》2019年第5期。

河南省社会科学院课题组：《稳中有进稳中向好　保持定力行稳致远》，《河南日报》2019年7月16日，第8版。

完世伟：《从形与势的统一中坚定必胜信心》，《河南日报》2019年1月23日，第6版。

完世伟：《河南有能力实现“两阶段”战略目标》，《河南日报》2018年3月28日，第9版。

B.2

沧桑巨变七十载　出彩中原铸辉煌

——新中国成立以来河南经济发展成就与经验

河南社会科学院课题组*

摘　要： 新中国成立以来，河南经济发展先后经历了百业待兴、曲折探索阶段，改革开放、高速发展阶段以及决胜小康、中原出彩阶段。沧桑巨变七十载，河南人民励精图治，用双手书写了河南经济社会发展的壮丽篇章，取得了辉煌成就。七十年披荆斩棘，七十年砥砺奋进，七十年辉煌成就，河南不断发展进步的钥匙，是坚决贯彻中央大政方针的结果，是牢牢把握发展第一要务的结果，是坚定不移深化改革开放的结果，是坚持以人民为中心的结果，是切实加强和改善党的领导的结果，更是抢抓机遇在放大比较优势中主动作为的结果。

关键词： 河南　国民经济　七十年成就与经验

一　光辉历程

1949年，中华人民共和国成立，拉开了大规模社会主义经济建设的序幕，翻开了河南经济发展史上新的一页。70年来，在中国共产党的坚强领

---

* 课题组组长：谷建全，河南省社会科学院院长。课题组成员：完世伟、高璇、李丽菲、林园春、石涛、崔理想。执笔：高璇，河南省社会科学院经济研究所副研究员，主要研究方向为新经济；李丽菲，河南社会科学院经济研究所助理研究员，主要研究方向为产业经济。

导下，经过卓绝的奋斗，河南省国民经济得到了快速发展，取得了令人瞩目的成就。特别是改革开放以来，立足省情，大胆实践，积极探索，走出了一条具有河南特色的改革、开放、发展之路。

1. 百业待兴、曲折探索期（1949～1978年）

新中国成立初期，河南国民经济整体处于严重凋敝状态，农业生产水平极为低下，仅有的一点工业基础在国民经济中也只处于从属地位，公有经济，特别是国有经济基础脆弱，人民生活十分困难，经济结构严重失调，百业待兴。就是在这样先天严重不足的背景下，河南人民开始了艰苦、曲折的探索。

国民经济在探索中曲折发展。1949～1978年，河南国民经济在曲折中缓慢发展，先后经历了恢复、发展、反复、调整、徘徊五个阶段。1949～1952年为三年恢复时期，这一时期，在医治战争创伤，全面恢复发展国民经济的基础上，重点加强重要基础产业的恢复和发展，并在较短时间内，实现了经济运行状况的根本好转。1952年，全省工农业总产值达到37.42亿元，较1949年增长了85.5%，其中工业总产值比1949年增长了2.3倍，粮、棉、油等关系国计民生重要产品的产量已恢复或超过历史最好水平。1953～1957年为发展时期，这一时期，以大规模工业建设为重点，全省集中力量进行了2099个项目建设工作，形成了河南社会主义工业化的初期基础。经过“一五”建设，全省国有经济共完成固定资产投资21.61亿元，新增固定资产投资21.06亿元，河南工业落后的面貌初步改观，有效拉动了全省经济的发展，人民生活水平的提高，1957年全省地区生产总值为52.55亿元，是1952年的133%。1958～1962年为反复时期，这一时期，经历了“大跃进”与国民经济第一次全面调整。以1958年5月“大跃进”口号正式提出为标志，片面追求“一大二公”，盲目追求高速度、高指标，浮夸风和“共产风”四起，经济发展被简单化为工业发展，工业发展被简单化为重工业发展，重工业发展被简单化为只发展钢铁工业，再加上1960年发生了严重的自然灾害，国民经济病态的高速度难以维持，出现了河南经济建设历史上少有的负增长时期。1963～1965年为调整时期，这一时期，由于认真贯彻了“调整、巩固、充实、提高”的方针，大大压缩了基本建设规模，加强了农业的基础地位，大力发展轻工业，国民经济得到了比较顺利的恢复和发展。1965 年，全省地区生产总值比上年增长 24.5%，粮、棉、油、生猪等农副产品产量大幅增长，各类轻工业产品不同程度增长，大部分指标接近或超过历史最好水平。经过大调整后的国民经济呈现为一定的良性增长局面，重现了充满生机的好势头。1966～1978 年为徘徊时期，这一时期，全省国民经济发展经历了“十年动乱”和结束动乱后的徘徊，乡镇企业在计划经济的夹缝中艰难诞生。一方面，全省国民经济发展在高度计划体制下有所增长。1978 年与 1965 年相比，全省国民经济增长 126.5%，平均每年增长 7.1%。发展速度虽然较快，但经济效益较差。另一方面，“三线建设”和“大办五小”两个高潮的掀起，使得地方工业有了较快的发展。70 年代后期，“左”倾思想没有得到根本纠正，提出要苦干 3 年，把全省 1/3 的县建成大寨式县，1/3 的企业建成大庆式企业，河南经济再度出现徘徊局面。

工业体系在探索中初步建立。1949～1978 年，河南工业体系在探索中初步建立，工业产值有了跃升、生产能力有了提高、工业布局有了改善。1949 年，河南工业总产值仅为 2.98 亿元，在全省上下共同努力下，1978 年全省工业总产值达到 163.2 亿元，较 1949 年新中国成立时期增长了 54.8 倍，有了量的跃升。新中国成立前，河南省现代工业基本空白，除了生产少量的纱、布、火柴、卷烟等生活必需品以及煤、电等的重工业外，其他则是一片空白。新中国成立后，河南开始了工业化进程的持续探索，通过对民族资本主义工业和个体手工业的持续改造，河南工业生产能力有了提高，生活必需品从只能生产几种增加到能够生产 30 余种，重工业开始成为经济建设战略重点，并在煤炭、电力、化学、机械等领域进行了大量投资，开始有能力生产锻压设备、滚动轴承、变压器等重要机械设备，初步奠定了社会主义工业化的基础。新中国成立前，河南省是一个农业大省，几乎没有工业布局，新中国成立，特别是国家对河南重工业的扶持、一系列重大项目在河南的落地以及一大批科研院所在河南设立，河南工业布局有了改善。随着“一五”时期，全国 156 项重点项目中 10 项布局河南，焦作中马村立井、平顶山二号立井、郑州火电厂、洛阳热电厂、洛阳铜加工厂、洛阳拖拉机厂、洛阳滚珠轴承厂、洛阳矿山机器厂、河南柴油机厂、三门峡水利枢纽工程等相继建成投产；“二五”时期，钢、水泥、玻璃、大中型拖拉机等新产品从无到有逐步发展起来；“三五”“四五”“五五”时期前三年，“五小工业”的异军突起，焦枝铁路、郑州铝工业基地、洛阳玻璃厂、豫西军工等大中型骨干项目建设，使得河南现代工业基本框架初步奠定。特别是中国农机工业教育中心、中国拖拉机研究所、中国耐火材料研究院、机械工业第四设计院、中国有色金属研究院、中国船舶材料研究所、中国轴承研究所等一大批科研院所在河南布局，增强了河南省新中国成立初期的工业实力。

基础设施在探索中得到改善。1949～1978 年，河南基础设施在探索中得到改善，水利、交通等基础设施得到了恢复和发展，为全省经济社会发展创造了条件。新中国成立之初，在毛泽东发出“一定要把淮河修好”和“一定要把黄河的事情办好”的号召下，重点修建了黄河三门峡水利枢纽工程以及南湾、白龟山、昭平台、宿鸭湖等大型水库，初步解除了淮河、黄河河水泛滥的问题，缓解了河南吃水难的问题；在党中央确立“重点恢复、稳步发展”的方针指引下，交通基础设施得到了发展，先后改造、扩建了以京广、陇海为主的中央铁路大干线，新建了太焦、焦枝、京九线和郑州北编组站，河南的区位交通优势逐步奠定。

2. 改革开放、高速发展期（1978～2012年）

自党的十一届三中全会作出把党和国家工作重心转移到经济建设上，实行改革开放的伟大决策以来，河南同全国一样，经济进入了高速发展新阶段，逐渐由封闭走向开放，由贫穷落后走向全面建设小康。

经济实力向经济大省转变。改革开放以来，河南坚持以经济建设为中心，坚持发展是第一要务，充分运用各种有利条件，从容应对各种困难挑战，经济综合实力显著提升，人均水平大幅提高，发展基础不断夯实，实现了由传统农业大省向全国重要的经济大省的历史性转变。一是经济大省加速崛起。1978 年，全省地区生产总值为 162.92 亿元，2012 年 GDP 达到 2.96 万亿元，经济总量攀升速度逐渐加快，年均增长 17.1%，高于全国平均水平 0.8 个百分点；1978 年，河南 GDP 居全国第 9 位，2004 年起稳居全国第 5 位，占全国的比重由 1978 年的 4.5% 提高到 2012 年的 5.5%，经济大省的地位更加巩固。二是人均 GDP 稳步增加。人均 GDP 分别于 1989 年、2005 年突破千元、万元大关后，又分别于 2009 年、2012 年迈上 2 万元、3 万元新台阶。2012 年全省人均 GDP 达到 3.15 万元，年均增长 16.4%，高于全国平均水平 1.4 个百分点，排名由全国第 28 位提升至第 24 位，经济大省的地位进一步凸显。三是三大产业快速发展。1978 年，河南省粮食总产量仅 419 亿斤，粮食缺口较大。改革开放以来，随着家庭联产承包责任制和统分结合双层经营体制的普遍推行，以及省委省政府的高度重视，河南坚持把粮食生产作为基础来发展，粮食总产量稳步提升，稳居全国前两位，成为名副其实的“中国粮仓”。改革开放之前，河南工业基础较为薄弱、技术较为落后、门类较为单一，改革开放以来，河南省委省政府始终坚持将工业经济发展作为强省富省的关键举措，坚持以市场为导向的改革，推动了全省工业生产能力显著增强、技术水平逐步提高、产业结构日趋完善，1978 ~ 2012 年，全部工业增加值以年均 14.7% 的速度增长，工业经济实现了由小到大，由农业大省向工业大省的历史性转变。改革开放以来，河南省服务业有了长足发展，旅游业方兴未艾，接待入境游客数量由 1979 年的 1.12 万人次提升到 2012 年的 190.77 万人次；金融业蓬勃发展，金融机构年末人民币各项存款余额由 1978 年的 45.71 亿元增加到 2012 年的 31970.43 亿元。

社会形态向“城市型社会”转变。改革开放以来，河南根据区域、人口、产业、资源等特点，积极谋划，不断实践，通过实施中心城市带动战略，推动农业人口向城镇转移，实现了“农村型社会”向城市型社会的转变。一是城镇化水平稳步提升。从“十八罗汉闹中原”到“三头并举”，从“中心城市带动、大中小城市和小城镇协调发展”到“两不牺牲”“三化协调”，城镇空间布局不断优化；从《关于进一步做好进城务工农民随迁子女义务教育工作的意见》到《关于促进农民进城落户的指导意见》，城镇化政策逐步完善。改革开放以来，河南城镇常住人口由 963 万增加到 4473 万，常住人口城镇化率由 13.6% 增长到 42.4%，整体上实现了由“农村型社会”

向“城市型社会”的历史跨越。二是城乡面貌焕然一新。改革开放以来，河南不断强化城乡规划的引领作用、城乡基础设施的支撑作用、城乡管理的服务作用，城乡规划管理水平不断提升。城市道路、桥梁、供水、供气、供热、污水垃圾处理等基础设施和教育、医疗、文化等公共服务设施不断升级，城市建设突飞猛进，城市功能不断完善，综合承载能力全面提升。

发展战略向“中原崛起”转变。自2003年时任省委书记李克强提出“中原崛起”概念以来，河南进入了奋力实现中原崛起的历史性阶段。2005年，时任省委书记徐光春明确提出了中原崛起的总目标，即农业先进、工商发达、文化繁荣、环境优美、社会和谐、人民富裕。随后，省委省政府不断深化对中原崛起的认识，围绕实现中原崛起总体目标，省八次党代会提出了“两大跨越、两大建设”的发展思路，“两大跨越”即由经济大省向经济强省跨越，由文化资源大省向文化强省跨越，“两大建设”即和谐社会建设和党的建设。2009年，省委省政府系统梳理历届省委确立的发展思路，进一步持续、延伸、拓展、深化中原崛起战略，省九次党代会确定了河南要探索“两不牺牲、三化协调”的发展路子，提出紧紧围绕富民强省目标，全面实施建设中原经济区、加快中原崛起河南振兴总体战略，持续探索不以牺牲农业和粮食、生态和环境为代价的新型城镇化新型工业化新型农业现代化“三化”协调科学发展的路子，切实用领导方式转变加快发展方式转变，着力推动务实发展、建设务实河南。

3. 决胜小康、中原出彩期（2012年至今）

党的十八大以来，全省上下以习近平新时代中国特色社会主义思想为指导，牢记习近平总书记嘱托，深入贯彻落实新发展理念，综合竞争优势更加凸显，战略地位日益提升，影响力不断扩大，中原大地在全国发展蓝图中更加出彩。

由高速发展向高质量发展跨越。党的十八大特别是经济发展进入新常态以来，河南始终坚持以供给侧结构性改革为主线，深入推进重点领域和关键环节改革，发展质量明显提高，发展成果更多得到共享，发展环境不断优化，推动了河南省经济由高速发展向高质量发展的跨越。一是经济发展质量明显提高。2012～2018年，河南把稳增长作为突出任务，通过抓住扩需求、稳工业、防风险等关键环节，深入贯彻创新驱动发展战略，郑洛新国家自主创新示范区、国家大数据综合试验区、知识产权强省试点省相继获批建设，河南创新能力有了明显提高，并逐渐成为推动经济发展的主要动力；2012～2018年，河南持续推动现代服务业发展，金融、物流、健康等产业不断壮大，全省服务业比重由2012年的33.8%上升至2018年的45.2%，经济结构持续优化；2012～2018年，河南城镇化进程不断加快，常住人口城镇化率2018年达到51.7%，较2012年高出9.3个百分点。二是发展成果更多得到共享。党的十八大以来，河南始终坚持以人民为中心的发展思想，群众获得感、幸福感明显增强。2018年，全省人均可支配收入达到21963元，是2012年的1.52倍；城乡收入分配的差距在逐渐缩小，2018年城乡居民收入倍差为2.3，比2012年末缩小了0.4；党的十八大以来，河南落实精准扶贫、精准脱贫基本方略，脱贫攻坚成效显著，2018年河南累计脱贫121.7万人，贫困发生率由2012年的9.28%降至1.21%。三是发展环境不断优化。党的十八大以来，河南坚持打好污染防治攻坚战，环境治理成效显著，绿色发展步伐加快，2018年全省单位GDP能耗较2012年下降了30%以上，全年城市空气质量优良天数比例达到56.6%。

全面建设小康社会向决胜全面小康迈进。自党的十八大全面建成小康社会宏伟蓝图绘就以后，河南的奋斗目标更加明确，努力方向更加清晰。按照党的十八大确立的全面建成小康社会的奋斗目标和我国现代化建设“三步走”的战略部署，河南提出了决胜全面小康、让中原更加出彩的主要目标。2012年以来，河南认真贯彻落实党中央治国理政新理念新思想新战略，统筹推进“五位一体”总体布局，协调推进“四个全面”战略布局，扎实推进供给侧结构性改革，持续开展三大攻坚战，深入实施国家战略规划，地区生产总值不断跃上新台阶，发展基础更加坚实，发展优势更加彰显，发展活力不断释放，向全面决胜小康稳步迈进。全省地区生产总值分别于2013年、2016年迈上了3万亿元和4万亿元两个新台阶，2018年底超过4.8万亿元，已实现地区生产总值较2010年翻一番的目标；2013～2018年全省地区生产

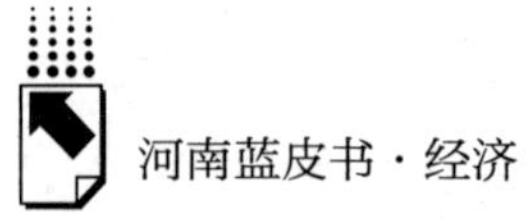

总值年均增速达8.3%，高于全国1.1个百分点。2018年全省人均GDP达到50032元，是2012年的1.58倍，在此基础上，2019年可以提前实现人均生产总值翻一番的目标。

中原崛起向中原更出彩跃升。党的十八大以来，历届省委省政府紧紧围绕“中原更加出彩”的目标要求，紧密结合河南发展的阶段性特征，全面贯彻党的十八大、十九大和习近平总书记调研指导河南工作时的重要讲话精神，提出了切合河南实际的发展思路。2013年，省委省政府根据党的十八大提出的“五位一体”总体布局和全面提高党的建设科学化水平的新要求，结合河南实际，提出要打造富强河南、文明河南、平安河南、美丽河南“四个河南”和推进社会主义民主政治制度建设、加强和提高党的执政能力制度建设“两项建设”的发展思路。2016年，省十次党代会明确了确保与全国一道全面建成小康社会，进一步提升河南在全国发展大局中的地位和作用，河南今后五年需要实现建设经济强省、打造“三个高地”、实现“三大提升”三大目标。围绕发展目标，河南毫不动摇地坚持以经济建设为中心，突出以新发展理念为引领，突出以提高发展质量和效益为中心，突出以推进供给侧结构性改革为主线，按照习近平总书记对河南的要求，持续打好产业结构优化升级、创新驱动发展、基础能力建设、新型城镇化“四张牌”，以郑州航空港经济综合实验区、中国（河南）自由贸易试验区、郑洛新国家自主创新示范区和中原城市群“三区一群”建设为抓手，构建支撑河南发展的改革开放创新支柱，凝心聚力打好转型发展攻坚战，河南发展一派生机勃勃的景象。2018年，河南省委省政府强调以党的十九大精神和习近平总书记调研指导河南时的重要讲话为统领，肩负起新时代中原更加出彩的历史使命，提出了“以党的建设高质量推动经济发展高质量”的发展思路。

二　辉煌成就

新中国成立70年以来，在党中央坚强领导下，伴随着中华民族从站起来、富起来、强起来的铿锵步伐，河南与祖国共命运，与时代同奋进，河南的综合实力实现大跨越、经济结构实现大转型、战略地位实现大提升、新旧动能实现大转换、质量效益实现大提高、城乡面貌实现大改观、基础设施实现大飞跃、民生事业实现大发展，从曾经最贫困落后的省份之一成为今天的农业大省、全国重要经济增长板块、内陆开放重要地区，一幅壮丽蓝图正徐徐展开，重塑河南形象、重振中原活力的战鼓悄然擂响。

1. 综合实力实现大跨越

新中国成立以来的70年，从积贫积弱到繁荣富强，河南坚持以经济建设为中心，坚定不移地推进工业化、城镇化，综合实力显著提升。经济总量不断迈上新台阶。新中国成立之初，河南经济总量只有20.88亿元，70年来，河南人民奋力拼搏，经济总量分别于1971年、1991年、2005年先后迈上百亿元、千亿元、万亿元台阶，并且自2004年起稳居全国第五位、中西部地区首位，2018年达到4.8万亿元，成为名副其实的经济大省。人均生产总值稳步增加。1949年，全省人均GDP仅50元，经过70年的努力，分别于1955年、1989年、2005年突破百元、千元、万元大关，2018年突破5万元。按可比价格计算，2018年全省人均GDP是1949年的131.8倍，由改革开放初期的全国第28位提升至第18位。农业综合生产能力大幅提升。70年来，河南农业经济从单一薄弱到多元领先，农产品从短缺不足到极大丰富，农业生产条件从基础薄弱到稳固支撑，农业生产方式从分散落后到先进融合，河南已经成为国家重要的粮食生产和现代农业基地。70年来，河南农林牧渔业总产值从1949年的17.19亿元增长到2018年的7757.94亿元，总产值居全国第2位，其中农业总产值4973.68亿元，居全国第1位，牧业总产值2067.71亿元，居全国第3位。新兴工业大省快速崛起。70年来，河南成功研发全国第一台大型拖拉机、第一台液压支架、第一颗人造金刚石、第一辆纯电动客车、第一台隧道盾构机等一大批中国第一，培育出双汇肉制品、三全速冻食品、好想你枣、瑞贝卡发制品等一批经典国货，形成洛阳动力谷、中原电气谷、民权冷谷、长垣起重机等19个千亿产业集群，第二产业增加值从1949年的3.81亿元，增长到2018年的22034.83亿元，占比由1949年的18.2%，上升到2018年的45.9%，工业经济总量稳居全国第五位、中西部省份第一位，实现了从“传统农业大省”到“新兴工业大省”的历史性转变，昂首挺起了制造业的脊梁。服务业取得长足发展。70 年来，河南的服务业从小变大，从弱到强，工业化和居民消费升级带动营销、物流、养老、医疗、教育等新兴服务业加快发展，传统服务业依托电子商务、互联网金融等新业态新技术新模式加速转型，为全省经济迈向高质量发展打下了良好基础。70 年来，河南第三产业增加值从 2.95 亿元提升至 21731.65 亿元，全省服务业自 2016 年以来对地区生产总值的贡献率保持在 50.0% 左右，提升了 22.9 个百分点，已经成为拉动全省经济增长的主要动力。

2. 经济结构实现大转型

新中国成立以来的 70 年，从非均衡发展到协调发展，河南加快推进产业结构转型升级，持续改善需求结构，统筹城乡区域发展，经济结构呈现了优化升级和协调发展的良好局面。产业结构不断优化（见图 1）。新中国成立初期，河南整体经济以农业为主体，三次产业结构为 67.6∶18.2∶14.1。随着社会主义现代化建设的推进，全省产业结构由“一二三”先后转变为“二一三”和“二三一”，2016 年以来，第三产业对经济增长的贡献率超过第二产业，成为拉动经济增长的第一动力，2018 年三次产业结构为 8.9∶45.9∶45.2，第三产业贡献率达 50.0%。需求结构持续改善。新中国成立之初，河南居民消费受限，投资资金匮乏，经济增长主要靠消费拉动，最终消费率高达 97.8%。在国民经济的恢复和社会主义的快速建设时期，河南投资明显加快，消费相对滞后，河南经济增长更加倚重投资拉动。随着市场经济体制的建立和完善，尤其是党的十八大以来，河南的消费供给充足，消费多样性显著增加，消费对河南经济增长的“稳定器”和“压舱石”作用不断增强。2017 年最终消费支出对 GDP 增长的贡献率达到 59.8%，资本对经济增长贡献率达到 34.5%，河南的需求结构实现了由需求疲弱向内需发力、结构合理的转变。城乡互动融合发展。新中国成立初期，河南城乡处于分割状态，城镇化进展缓慢。70 年来，河南大力推动城乡统筹发展，城乡之间劳动力、土地、资金等要素市场界限被打破，河南城乡结构发生历史性变化，2017 年全省常住人口城镇化率首次突破 50%，

2018 年底进一步提高到 51.7%，比 1949 年底提高 45.4 个百分点，实现了从乡村型社会到城市型社会的重大转变。区域结构日趋协调。70 年来，河南从“十八罗汉闹中原”到“三头并举”，从“一极三圈八轴带”到“一核一副四轴四区”，形成了特大城市、大型中心城市、中小城市和小城镇各具特色、协调发展的格局。1978 年，全省经济总量超 10 亿元的仅有郑州等 8 个省辖市，2018 年全省经济总量超千亿元的省辖市达到 16 个，其中，郑州经济总量突破 1 万亿元，县域经济超过百亿的县（市、区）达 148 个。

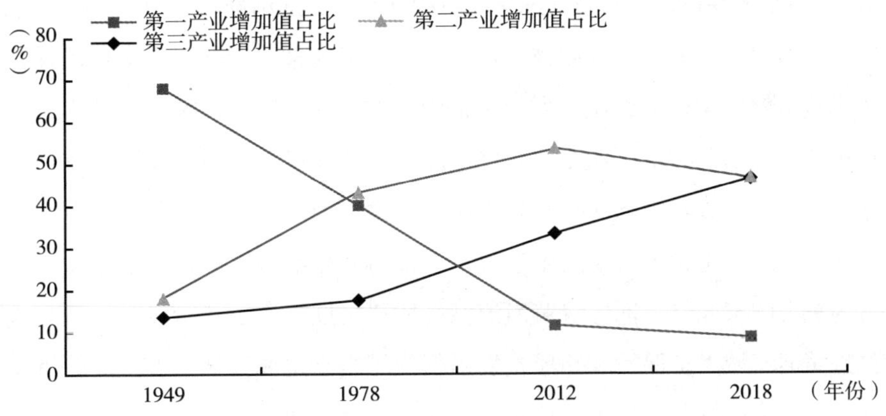

图 1　70 年河南三次产业变化情况

资料来源：河南省统计局：《河南七十年》。

3. 战略地位实现大提升

新中国成立以来的 70 年，从发展劣势到战略叠加，河南以国字号战略规划实施和战略平台建设为抓手打造发展新增长极，“战略 + 河南”叠加效应显著，河南在全国发展大局中的地位越来越重要。粮食生产核心区夯实“中原粮仓”基础。为扛稳粮食安全重任，近年来河南着力推进农业供给侧结构性改革，落实藏粮于地、藏粮于技战略，以“四优四化”为重点，加快优势特色农业发展，用占全国 1/16 的耕地，生产了全国 1/10 的粮食、1/4 的小麦，生产了全国 1/2 的火腿肠、1/3 的方便面、3/5 的汤圆、7/10 的水饺，每年向省外输出原粮以及制成品 400 亿斤以上，实现了从“国人粮仓”

到“国人厨房”再到“世界餐桌”的重大转变，为保障国家粮食安全和农副产品供应做出了重要贡献（见图2）。“三区一群”联动发展。2012年以来，中原经济区等一系列国家战略规划和战略平台“扎堆”河南，使得支撑河南的战略体系更加完备，河南在全国发展大局中的地位日益提升，尤其是以“三区一群”为代表的国家战略成为新时代支撑河南改革开放创新的重要支柱，为解决事关河南省发展的全局性、根本性、长远性的重大问题提供有力支撑。其中，郑州航空港经济综合实验区是内陆地区对外开放重要门户，中国（河南）自由贸易试验区是全面深化改革的试验田，郑洛新国家自主创新示范区是实施创新驱动发展的核心载体，这是支撑河南未来发展的三大支柱，具有显著的示范引领作用；中原城市群，包括中原经济区、郑州国家中心城市，是河南推进新型城镇化的重要抓手，抓好中原城市群建设对于河南发展具有全局性战略意义。黄河流域生态保护和高质量发展助力河南新发展。黄河是中华文明的主要发祥地，是我国重要的生态屏障。黄河流域生态保护和高质量发展首次上升为重大国家战略，标志着黄河流域高质量发展进入了新阶段，为新时代河南推进黄河流域生态保护和高质量发展提供了行动遵循和努力方向。尊重发展规律，立足中原特色，强化统筹协调，因地制宜探索富有中原特色的高质量发展新路子，是河南勇担使命、服务大局，让新时代中原更加出彩的战略重点。

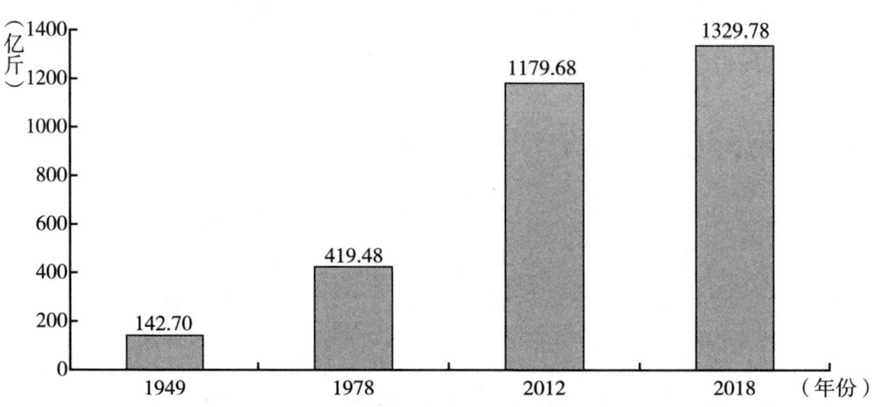

图2　70年河南粮食产量变化情况

资料来源：河南省统计局：《河南七十年》。

4. 新旧动能实现大转换

新中国成立以来的70年，从薄弱落后到“向科学进军”，河南从以要素驱动、投资规模驱动为主转变为以创新驱动为主，科技创新对加快转变经济发展方式的支撑作用持续增强，河南经济新旧动能转换呈现良好势头。科技创新能力稳步提高。70年来，河南省加大科技研发投入力度，科研经费投入快速增长，占GDP比重持续提高，创新发展成效显著（见图3）。2018年，河南全社会研发经费投入总量671.52亿元，是1991年的1033.1倍，年均增长29.3%，全省专利申请量、授权量分别为15.44万件、8.24万件，分别是1986年的306.3倍、1470.0倍，“植物油菜素内酯等受体激酶的结构及功能研究”等获国家自然科学奖，“矮抗58”“浚单20”等获国家科技进步一等奖，河南制造向河南创造、河南速度向河南质量、河南产品向河南品牌加速转变。新动能加快培育。随着科技不断进步，以互联网、云计算、大数据为代表的新一代信息技术与现代制造业、生产性服务业等融合创新，新产业、新业态、新商业模式的发展层出不穷，新技术、新产品、新服务不断涌现。党的十八大以来，河南战略性新兴产业、高技术产业年均分别增长15.0%、19.3%，超硬材料、高温功能材料、特高压输变电装备、盾构装备、新能源客车在国内市场占有率分别达到80%、50%、40%、30%、30%。2015~2018年全省网上零售额年均增长36.3%，高于社会消费品零售总额24.8个百分点。新动能成为保持经济平稳增长的重要动力。改革领域不断深化。改革开放以来，河南及时跟进中央重大决策部署，以行政管理制度、国企改革、财税体制改革、环境保护体制改革、医疗卫生体制改革等方面为突破口，取得了明显的成效。当前，河南率先实施“三十五证合一”，全面推行企业登记全程电子化平台，日均新登记企业数量是改革前的3.5倍。非公有制经济增加额占GDP比重在2017年跃升至65.2%。自2016年以来，累计关停和退出煤炭产能5225万吨，取缔22家“地条钢”制售企业，深化供给侧结构性改革成效显著。

5. 质量效益实现大提高

新中国成立以来的70年，从追求数量增长到质量先行，河南在经济增

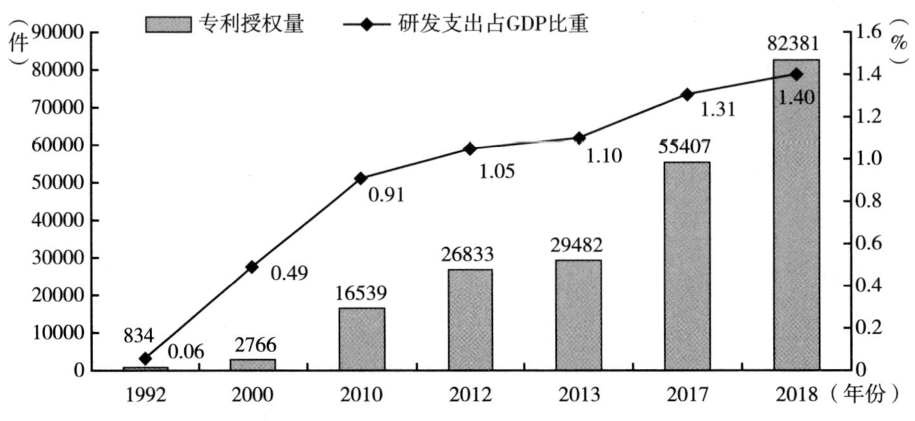

图 3　70 年河南科技变化情况

资料来源：河南省统计局：《河南七十年》。

速保持平稳的同时，经济效益持续改善，环境质量稳步提升，经济发展的全面性、协调性和可持续性不断增强。破立并举提质增效。70 年来，河南有所破、有所立，积极破除制度梗阻和隐性壁垒，加快清理废除妨碍统一市场和公平竞争的各种规定和做法，积极推进影响制造业发展的能源、劳动力、土地等要素价格的市场化改革，营造公平竞争环境，使市场真正对资源配置起决定性作用；整合政府部门、民营企业和大学、科研院所等主体的创新资源，增强对中小企业创新的支持力度，形成要素向新动能流动的机制，为河南经济持续健康发展注入新的力量。绿色转型生态优化。新中国成立初期，人民普遍缺乏环境保护意识，对环境污染、环境公害知之甚少，环境问题逐渐显现。70 年来，河南人民逐渐由“求温饱”转向“求环保”，由“求生存”转向“求生态”，坚定走生态优先、绿色发展之路，推动形成绿色生产方式和生活方式，培育绿色发展的新动能，逐步改变了资源消耗大、环境污染重的增长模式。当前，河南生态保护和生态建设成效不断显现，生产、生活污染物处理能力明显提高，城乡人居环境质量不断提高。2018 年，河南大力推进制造业绿色、智能、技术三大改造，创建国家级绿色工厂 28 家，绿色发展培育出的新动能，助力中原经济高质量发展“加速度”。打破封闭，开放带动。新中国成立初期，不靠海、不临江、不沿边的河南作为一个典型内陆省份，经济外向度不高曾经是发展中的突出短板。70 年来，河南大力发展外向型经济，培育新的经济增长极，坚持把对外开放作为全局性、综合性的战略扎实推进，深度融入“一带一路”，“无中生有”打造空中、陆上、网上、海上四条“丝绸之路”。2018 年四条丝路带动河南进出口总额实现 5512.7 亿元，稳居中部地区首位，河南从内陆中原走向开放前沿，持续释放对外开放活力。

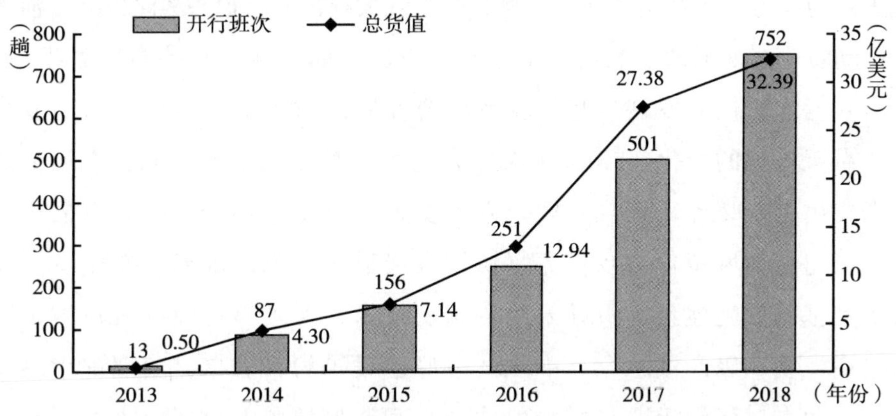

图 4　2013～2018 年中欧班列（郑州）开行班次、货值增长情况

资料来源：河南省统计局：《河南七十年》。

6. 城乡面貌实现大改观

新中国成立以来 70 年，从乡村型社会到城市型社会，河南致力于经济社会发展和美好城乡建设的统筹协调，不断提升城乡建设水平，打造宜居宜业的城乡环境，城乡面貌发生了翻天覆地的变化。城镇化水平不断提高（见图 5）。新中国成立初期，河南城镇人口仅占总人口的 6.3%，农业在社会发展中占比较大，河南常常因城镇化水平过低、发展质量不高等因素被诟病。随着农村改革向城市改革的不断推进，河南城镇化经历了从“小城镇”到“中小城市”，再进一步到“大中小城市和小城镇协调发展”，再到大中小城市“三头并举”的思路，不断加快城镇化进程。2017 年河南城镇化率首次突破 50%，河南这个传统农业大省跨入了历史性变革的新时代，和全国平均水平的差距缩小到8.36个百分点，2018年城镇化率达到51.71%，农业转移市民化步伐持续加快。乡村振兴成效显著。河南的城镇化不是以农村的衰落为代价，而是在积极推进城镇化发展的同时，统筹实施区域协调发展战略和乡村振兴战略。70年来，从农村家庭联产承包责任制，到免除农业税，再到农村集体产权制度改革和乡村振兴，河南乡镇企业迅速崛起，农村产业结构加快调整变革，整个农村经济跃上了一个新台阶，成为推动城镇化进程的有力支撑和主要动力。尤其是十九大提出乡村振兴战略以来，河南为推动农业全面升级、农村全面进步、农民全面发展，坚持高质量发展、坚持农业农村优先发展、坚持城乡融合发展的重大战略导向，河南乡村发生翻天覆地的变化。2018年农民人均可支配收入13831元，人均生活消费支出10392元。城乡一体化发展提速。为了实现城乡融合发展，河南坚持走新型城镇化与乡村振兴协同发展道路，统筹谋划全省城乡产业发展和基础设施建设，引导鼓励资金、技术、人才等资源要素在城市乡村自由流动，以产城融合、中原城市群建设等为突破口，实现都市圈发展和美丽乡村建设相得益彰。2018年，河南城镇和农村居民人均可支配收入分别为31874.19元和13830.74元，城乡居民收入比为2.30，比1978年的3.01缩小了0.71。

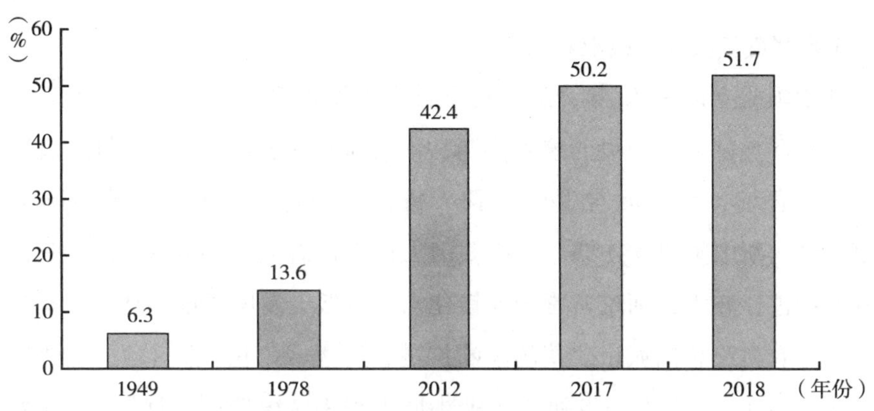

图5　70年河南城镇化率变化情况

资料来源：河南省统计局：《河南七十年》。

7. 基础设施实现大飞跃

新中国成立以来70年，从瓶颈制约到优势支撑，河南弥补了历史上基础建设投入的不足，交通、通信、能源等基础设施建设突飞猛进，全国重要的综合交通枢纽、通信枢纽、能源基地地位不断巩固，为经济社会持续发展提供了坚实保障。交通网络日益完善（见图6）。70年来，河南不断加大对交通基础设施建设的投入，以郑州立体综合交通枢纽为中心，以航空港、干线铁路网、高等级公路网为主骨架的现代综合交通运输体系初步建成。"米"字形高速铁路网格局初步建成，1995~2018年，通车里程猛增6370公里，公路网络更加完善。2018年全省公路通车里程达26.86万公里，是1949年的68.7倍，郑州机场旅客、货邮吞吐量在中部机场实现"双第一"，河南交通区位优势不断夯实。信息基础设施服务能力大幅提升。从大哥大到智能手机，河南的移动通信设施和技术从无到有、从弱到强，构建了"四纵四横"信息高速公路基本框架，建成郑州国家级互联网骨干直联点，推动"两化"融合、智慧城市、农业信息化、信息惠民向深度拓展，基础支撑能力大幅提升。当前，河南总带宽位居全国第2位，4G、光纤网络实现行政村全覆盖，50M以上带宽用户占比居全国首位，电话普及率从1962年的0.05部/百人提高到2018年的111.27部/百人，互联网用户从2000年的67.52万户增加到2018年的11199.61万户。能源保障水平显著提高。河南积极推动电网建设，绿色煤电、炼化基地、"气化河南"、新能源等能源领域五大提速工程有序实施，全国首个省级特高压交直流混联电网建成，发电能力从1949年的0.93万千瓦提高到2018年的8680万千瓦，居中部六省第2位，全省发电量从1949年的0.05亿千瓦时增长到2018年的2916.25亿千瓦时。煤炭产能、产量保持全国前列，2018年煤炭产量达1.1亿吨、居全国第八位。兰州－郑州－长沙成品油、西气东输二线等跨省油气管线和配套网管设施相继建成，油气天然气长输管网总长达到8647公里。

8. 民生事业实现大发展

新中国成立以来70年，从温饱不足到即将全面小康，河南教育、卫生、

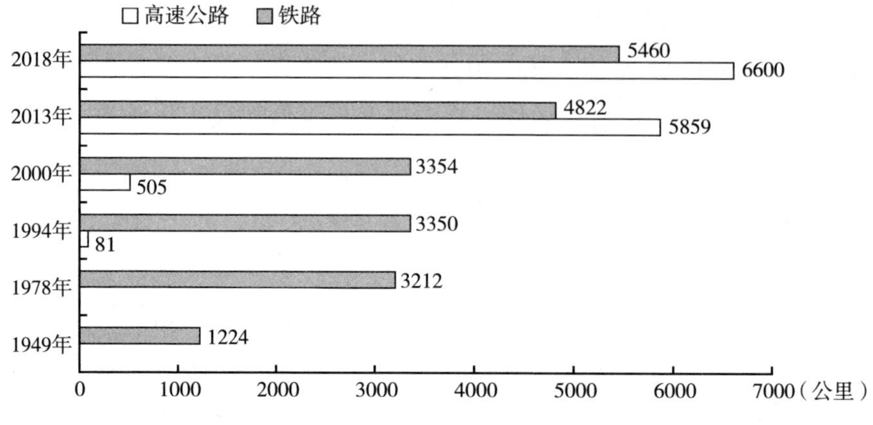

图6　70年河南交通网络变化情况

资料来源：河南省统计局：《河南七十年》。

文化等各项社会事业大发展大繁荣，人民对美好生活的获得感不断增强。精准脱贫奔小康。20世纪90年代，河南开始实施“扶贫攻坚计划”，逐步消除了农村绝对贫困现象。党的十八大以来，全省上下把打好精准脱贫攻坚战作为头等大事和第一民生工程，着力打好产业扶贫、就业创业扶贫、生态扶贫、金融扶贫“四场硬仗”，开展健康扶贫、教育扶贫、扶贫助残、易地扶贫搬迁、危房改造清零、扶贫扶志“六大行动”，开辟了精准扶贫新局面，取得了精准脱贫新成就。2014年至2018年，河南共实现582.4万农村贫困人口脱贫、39个贫困县摘帽，全省贫困发生率由2013年底的8.79%下降到2018年底的1.21%（见图7）。就业社保增福祉。新中国成立以来，河南就业和社会保障工作经历了新旧体制的重大变革，发生了一系列深刻的历史变化。特别是十八大以来，河南坚持把就业和社会保障摆在重要位置，就业优先战略和积极就业政策取得了显著成效，覆盖城乡居民的社会保障体系基本建立。2018年，河南参加养老保险、医疗保险、失业保险、工伤保险和生育保险的人数分别达到7089万人、10435.74万人、819.91万人、926.26万人和755.35万人。教育优先促发展。70年来，河南坚持教育优先发展、育人为本、促进公平、注重质量，全面深化教育改革，普及九年制义务教育，建成了职业教育强省，正由高等教育大众化阶段向普及化阶段迈进。2018

年，河南学前三年毛入园率达到 88.13%，九年义务教育巩固率达到 94.62%，高等教育毛入学率达到 45.6%。全民健康不掉队。70 年来，河南牢固树立大健康、大卫生观念，优化健康服务、普及健康饮食、培育健康行为，满足人民群众多样化、个性化的健康需求，居民身体素质显著增强，健康水平明显提高，居民预期寿命提高到 77 岁。

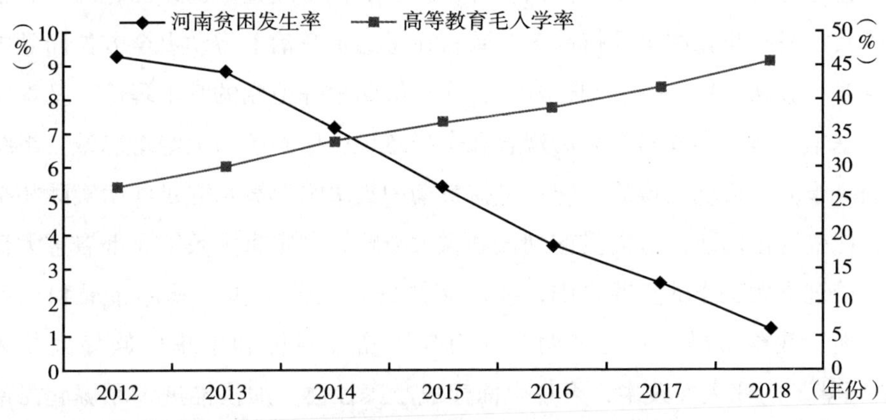

图 7　2012～2018 年河南民生事业变化情况

资料来源：河南省统计局：《河南七十年》。

三　成功经验

70 年披荆斩棘，70 年砥砺奋进，70 年辉煌成就。河南走过 70 年光辉历程，宛如一幅气势磅礴又绚丽多彩的画卷，深深镌刻在中原儿女奋发有为，不断向前的历史丰碑上。光辉成就的取得，不只是历史演变的结果，更是面向未来开拓前进的智慧源泉。回顾 70 年历史可以看出，河南不断发展进步的钥匙，是坚决贯彻中央大政方针的结果，是牢牢把握发展第一要务的结果，是坚定不移深化改革开放的结果，是坚持以人民为中心的结果，是切实加强和改善党的领导的结果，更是抢抓机遇在放大比较优势中主动作为的结果。

1. 坚决贯彻中央大政方针，在全面落实中创造河南特色

坚决贯彻中央大政方针，把中央决策部署变为河南生动实践，是河南践行党的思想路线和群众路线的根本要求，也是对领导干部思想素质和执政能力的重要检验。70 年来，河南坚决贯彻中央大政方针，坚持把中央精神作为根本遵循和行动指南，尤其是深入贯彻落实习近平总书记系列重要讲话和调研指导河南工作时的重要讲话精神，认真对标、展开布局，深化部署、狠抓落实；坚持与党中央保持高度一致，在思想上政治上行动上全方位向党中央看齐，做到表里如一、知行合一，旗帜鲜明地捍卫党的基本理论、基本路线、基本方略，牢固树立大局观念和全局意识，做到政治上绝对忠诚、组织上坚决服从、行动上遵规守纪；坚持贯彻中央决策部署与立足河南实际相结合，把坚持正确政治方向贯彻到谋划重大战略、制定重大政策、部署重大任务、推进重大工作的实践之中，在协调推进“五位一体”总体布局和“四个全面”战略布局、实现“两个一百年”奋斗目标和中华民族伟大复兴“中国梦”的伟大实践中，聚焦全面建成小康社会，加快推进中原崛起河南振兴富民强省，奋力开创河南发展新局面。河南 70 年的探索实践告诉我们，只有增强政治意识、大局意识、核心意识、看齐意识，自觉在思想上政治上行动上同党中央保持高度一致，才能最大限度地凝聚干事创业的意志和力量，不断开创社会主义事业的新局面。

2. 牢牢把握发展第一要务，推动经济发展不断迈上新台阶

贫穷不是社会主义，发展才是硬道理。牢牢把握发展第一要务，是 70 年来河南不断走向胜利的重要法宝。新中国成立 70 年来，河南的经济规模由小变大，综合实力由弱变强，发展基础从薄弱到坚实，人民生活从贫穷到富裕，一个根本原因就在于始终坚持以经济建设为中心不动摇，把发展作为第一要务，毫不动摇坚持发展是硬道理、发展应该是科学发展和高质量发展的战略思想，推动经济社会持续健康发展，河南的经济社会发生了翻天覆地的变化。70 年来，河南坚持用发展的智慧凝聚时代的力量，用发展的旗帜引领社会进步的形态，用发展的举措营造干事创业的环境，用发展的优异业绩让广大人民有更多获得感，河南的经济建设从落后到崛

起，经济社会持续以较高速度、较高质量加快发展。也正因为始终坚持以发展为第一要务，河南才能在复杂多变的环境中，一路披荆斩棘，克服重重艰难险阻，为实现中原崛起河南振兴奠定了雄厚的物质基础。河南70年的探索实践告诉我们，只有牢牢把握发展第一要务，继续在深化改革开放中解放和发展社会生产力，河南才能在新时代实现更高质量、更有效率、更加公平、更可持续的发展，广大人民的获得感、幸福感、安全感才能更加坚实。

3. 坚定不移坚持改革开放创新，不断增强发展动力和活力

改革开放创新是中国共产党在新的历史条件下领导中国人民进行的伟大革命，是新时期引领中国特色社会主义伟大事业进入新境界的强大动力，也是推动河南经济社会发展的活力所在。党的十一届三中全会以来，河南始终坚持贯彻改革开放创新，走出了一条快速发展之路。河南坚定不移地深化改革，从开始的摸着石头过河、探索家庭联产承包责任制，再到以供给侧结构性改革为主线，全面深化行政体制、国企、“放管服”、金融财税、农村土地管理和医疗卫生体制改革，为河南经济发展注入了强大动力；河南持续不断地扩大开放，充分利用河南交通物流区位优势，以建设、融入“空中、陆路、网上丝绸之路”为突破口，以郑州航空港经济综合实验区、中国（河南）自由贸易试验区、跨境电子商务综合试验区、国家大数据综合试验区等开放平台建设为抓手，创新性地提出内陆地区全方位开放的新路径，初步形成了联通欧亚、东西互济、横贯南北的开放发展格局，为河南经济发展开辟了新的天地；河南深入推进创新驱动发展战略，以“科学技术是第一生产力”为指引，以郑洛新国家自主创新示范区建设为抓手，不断深化科技体制改革，持续提升自主创新能力，进一步实施开放式创新，加大高科技人才力度，为河南经济发展提供了持久活力。河南70年的探索实践告诉我们，只有坚定不移坚持改革开放创新，才能在全球经济的海洋中搏击风浪、行稳致远，奋力实现由大到强的历史性转变，肩负起中原更加出彩的历史使命。

4. 坚持以人民为中心的发展思想，最大限度地增进人民群众的获得感

人民是建设中国特色社会主义事业的主体，是决定党和国家前途命运的

根本力量。新中国成立以来，河南历届省委省政府不断践行全心全意为人民服务的根本宗旨，坚持“从群众中来，到群众中去”的工作方法，将贯彻党的群众路线与改革开放的伟大事业结合起来，将依靠人民和执政为民统一起来，全面推动经济社会健康持续发展。70 年来，省委省政府始终坚持以农民为中心的思想，从解决人民的温饱问题开始，积极出台扶农、惠农、强农政策，从一开始的“粮食自给自足”，到 21 世纪初的“打造大粮仓大厨房”，再到现在的“现代农业强省建设”，乡村振兴战略的实施，无不体现了对农民农业农村的高度重视。70 年来，省委省政府始终把提升人民的幸福感、获得感作为奋斗目标，通过实施“科教兴豫”“人才强省”战略，实施更加完备的社会保障制度，实施更加公平的收入分配制度，实施更有效率的精准扶贫路子，使人们幼有所育、学有所教、劳有所得、病有所医、老有所养、住有所居、弱有所扶，人民的幸福感、获得感不断增强。河南 70 年的探索实践告诉我们，只有牢记全心全意为人民服务的宗旨，坚持发展依靠人民，发展成果为人民共享，才能充分发挥人民群众作为历史创造者的作用，在实现中原更加出彩新征程中谱写更加绚丽的篇章。

5. 切实加强和改善党的领导，在全面从严中强化根本保证

中国共产党领导是中国特色社会主义最本质的特征，是中国特色社会主义制度的最大优势。中国共产党是人民的党，代表中国最广大人民的利益，必须为人民能过上幸福生活而奋斗，必须能解决好人民最直接、最现实的利益问题，解决人民的温饱问题。为了带领人民过上幸福快乐的新生活，摆脱旧日的贫困和艰辛，70 年来，中国共产党顺应时代潮流，立足打基础谋长远推动重大制度创新、立足配套协同和增进群众获得感，团结一切可以团结的力量扎实推进改革开放，开辟出一条具有中国特色的社会主义发展道路，让党和人民事业充满奋勇前进的强大动力。70 年来，正是我们始终坚持党的集中统一领导，充分发挥党总揽全局、协调各方的领导核心作用，我们才能保证中央各种政策、措施能够自上而下得到贯彻实施，才能成功应对一系列重大风险挑战、克服无数艰难险阻，才能从容面对改革中涉及的各种社会关系、利益格局的调整，才能真正打破部门地方保护壁垒、突破部门地方利

益格局，形成公平有效的发展环境。只有坚持和加强党对全面深化改革的集中统一领导，提升党在改革过程中的领导力和权威性，才能统一思想、坚定信心，充分调动广大干部群众的积极性，为实现改革的宏伟目标提供有力的组织保障。河南70年的探索实践告诉我们，坚持党对一切工作的领导，是新时代坚持和发展中国特色社会主义基本方略的第一条，是广大干部群众的基本遵循。

6. 抢抓机遇，在放大比较优势中主动作为

机遇是发展的先机。新中国成立70周年以来，作为中部大省，河南在促进经济社会发展方面取得了一系列重大成就，其中一个重要原因就在于其善于抢抓机遇，在放大比较优势中主动作为。新中国成立初期，经济百废待兴，河南抢抓机遇，"一五"时期，全国156项重点项目中有10项在河南落地，为河南建立完整的工业体系奠定了基础；改革开放初期，河南乘着改革的春风，大力发展乡镇经济，形成了"十八罗汉闹中原"的热闹景象，为河南民营经济蓬勃发展奠定了基础；进入21世纪以来，河南进一步抢抓机遇，先后获批粮食生产核心区、中原经济区战略，巩固提升了河南粮食大省、经济大省的地位；十八大以来，河南积极主动作为，随着"三区一群"等一系列国家战略的落地实施，河南迎来了新的战略机遇期，如航空港经济综合实验区作为全国唯一一个获批的航空经济实验区，为河南在新时期新阶段寻求新的增长提供了可能；郑洛新国家自主创新示范区的设立，为河南在新时期新阶段培育新的发展动能提供了保障；中国（河南）自由贸易示范区的建立，一系列政策的先行先试，为河南进一步扩大开放、建设内陆开放门户提供了支撑。河南70年的探索实践告诉我们，只有抢抓机遇，在放大比较优势中主动作为，才能获取更多机会，占领先机，赢得主动，让中原更加出彩。

参考文献

王国生、陈润儿：《向着新时代中原更加出彩扎实迈进》，《人民日报》2019年7月

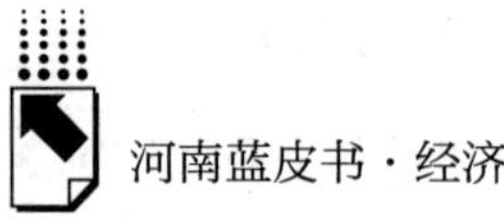

25 日。

河南省人民政府：《波澜壮阔 70 年　河南“三农”发展成就综述》，凤凰网河南，https：//hn. ifeng. com/a/20190829/7693863_ 0. shtml。

河南统计局：《河南七十年》，中国统计出版社。

王勇、张占仓：《中国改革开放全景录·河南卷》，河南人民出版社，2018。

赵力文、焦万益：《河南生态环境保护事业 70 年发展综述》，《河南日报》2019 年 9 月 29 日。

胡兴旺、胡草：《以“一带一路”为统领建设内陆开放高地》，《河南日报》2019 年 8 月 7 日。

调查评价篇

Survey and Evaluation

B.3

2019年河南省辖市经济综合竞争力评价

河南省社会科学院课题组*

摘　要： 城市经济综合竞争力是人们长期关注的问题。本报告在分析总结城市经济综合竞争力内涵的基础上，结合高质量发展的新要求，构建了由9个一级指标、29个二级指标组成的河南省辖市经济综合竞争力评价指标体系，并利用统计数据和计算模型进行了评价。郑州市、洛阳市和许昌市在评价结果中排在了前三位。结合评价结果，报告认为，提升河南省辖市经济综合竞争力，应当贯彻高质量发展的理念、加强城市间协调发展、坚持因地制宜，同时应将民生事业作为经济综合

* 课题组组长：谷建全；课题组成员：完世伟、杜明军、赵然、武文超、崔理想、林园春、汪萌萌。执笔：杜明军，河南省社会科学院经济研究所研究员，主要研究方向为区域经济、计量经济。

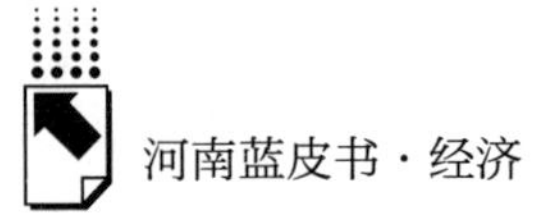

竞争力提升的落脚点。

关键词： 经济综合竞争力　高质量发展　竞争力指数

一　评价背景和意义

城市经济综合竞争力问题是人们长期关注的问题之一。当今世界处于快速变革发展的过程中，中国经济进入高质量发展阶段，城市的发展也进入了新的历史时期。而对于河南来讲，当前正处于在中部地区崛起中奋勇争先、谱写新时代中原更加出彩新篇章的时期，省辖市是河南改革发展大局中的基本单位，在全省发展中扮演着重要的角色，省辖市的经济综合竞争力提升对于河南发展有着重要意义。

（一）高质量发展阶段下城市经济综合竞争力的内涵分析

城市的经济综合竞争力是由社会、经济、文化、制度、科技创新等多方面因素形成的，可以说，城市的经济综合竞争力体现为城市吸纳人才、资金、商品、信息等方面要素和资源的能力，以及对各类要素和资源的承载力、配置能力。不仅如此，城市的经济综合竞争力并不是一成不变的，而是具有系统性、复杂性、动态性、开放性等特征。第一，城市经济综合竞争力是通过社会、经济、文化、制度、科技创新等多方面因素形成的有机整体，外在表现为人口承载力、经济发展水平、城市文化、制度环境、科技创新、生态宜居、投资环境等多方面的特征。因此，无论是城市经济综合竞争力的评价，还是打造和提升城市经济综合竞争力，都必须考虑到其系统性和复杂性，必须从总体着眼、系统考虑，从而实现从总体上反映和提升城市经济综合竞争力的目标。第二，当今世界发展日新月异，一方面，各个城市都在不断地发展变化当中，城市的经济综合竞争力格局在不断变化；另一方面，人们对于城市在不断提出新的期待和要求，例如在绿色生态、人居环境、科技创新、人文气息、营商环境等方面，因此城市经济综合竞争力的布局和内涵都处在动态变化的过程当中。第三，在全球化快速发展的今天，城市的发展比以往任何时候都更加需要开放性、包容性，不仅如此，城市自身的经济综合竞争力也体现在对于人才、资源、商品、信息的吸纳和输出的过程上，体现在对于各类资源配置的能力上，因此开放性是城市经济综合竞争力必备的特征之一。

2017 年底，党的十九大上提出了中国经济进入高质量发展阶段的总体判断。在我国发展阶段、发展环境和基本矛盾发生变化的宏观背景下，城市的发展同样要面临高质量发展的新要求。一是，城市的发展要主动适应经济发展的新常态，不应过度、片面地追求地区经济的增长速度，而是要遵循城市发展的中长期客观规律，推动城市全面、协调、持续的发展。二是，城市的发展要贯彻落实创新、协调、绿色、开放、共享五大发展理念，推动城市在科技创新、商业创新、绿色环保、生态宜居、对外开放、普惠发展等方面的多维度发展，实现城市的高质量发展。三是，城市的发展要适应基本矛盾的变化，不断满足人民群众对于美好生活的向往，在发展中破解不平衡、不充分的问题，不断提高城市居民生活的获得感、幸福感。四是，城市的发展同样要推动三大变革，通过城市制度环境、创新环境、人文环境等方面的改善，提高城市运营效率、经济效率，减少城市对于资源、环境的消耗，不断改善服务城市居民的水平。

（二）评价意义

2018 年，面对错综复杂的宏观环境，河南省坚持以新发展理念为引领，以供给侧结构性改革为主线，大力推动经济高质量发展，地区经济实现了平稳增长，经济结构不断优化升级，发展的质量效益显著提升，改革创新、对外开放、城乡协调发展、民生建设等各项事业稳步推进。当前，河南正处于贯彻习近平总书记考察调研河南时重要讲话精神，在中部地区崛起中奋勇争先、谱写新时代中原更加出彩新篇章的时期，由于省辖市是河南全省发展大局中的基本单元，因此本课题组以河南省辖市经济综合竞争力评价为选题开展研究，有着一定的理论和现实意义。第一，城市的经济综合竞争力是相对的概念，通过河南省辖市经济综合竞争力评价，能够在比较和评价中反映出不同省辖市在经济发展、科技创新、民生事业、企业效益、对外经济等方面的相对优势和劣势，有助于提升对河南省辖市经济综合竞争力的认识，为省辖市的发展提供参考和借鉴。第二，当前中国经济进入高质量发展阶段，因此城市发展也必须走向高质量发展的道路。在这样的背景下，课题组分析和研究省辖市经济综合竞争力评价问题，有助于探索和完善高质量发展阶段下城市经济综合竞争力评价的理论框架和应用实践。第三，未来课题组将持续跟踪研究河南省辖市经济综合竞争力评价问题，并逐年发布研究报告，从而动态地研究河南省辖市经济综合竞争力的发展变化，展现河南城市经济发展的历史过程。

二　2019年河南省辖市经济综合竞争力评价体系

城市经济综合竞争力评价是复杂性、系统性的问题，而科学合理地构建指标体系是做好城市经济综合竞争力评价工作的基础。课题组在借鉴国内外一些相关研究成果的基础上，遵循全面性、科学性等原则，同时贯彻高质量发展的新理念，构建了河南省辖市经济综合竞争力评价的指标体系。

（一）评价原则

第一，全面性原则。要开展城市经济综合竞争力评价，就必须体现全面性、综合性。因此要全面考虑地区的经济规模、人均发展水平、经济发展速度、经济结构、科技创新、民生水平、对外开放、财政金融、企业发展等多方面的要素和指标，通过构建全面丰富的指标体系，使评价结果更加能够反映城市经济综合竞争力的全貌。

第二，科学性原则。坚持评价体系和评价方法的科学性，是客观、公正地实施评价的基本要求。因此，评价体系当中的指标主要选取定量化指标，数据尽可能从统计年鉴、统计公报以及政府公开信息中获取，以保证数据的客观性和真实性。

第三，贯彻高质量发展的新理念。党的十九大以来，学术界关于高质量发展的评价指标体系已经有过一些研究。具体而言，研究的切入角度主要分为两个方向，一是从“五大发展理念”入手，从创新、协调、绿色、开放、共享五个角度来选取统计指标构建评价指标体系；二是从经济高质量发展的若干具体要求入手，例如从经济发展新动能、创新引领、民生事业发展、绿色生态、经济结构调整、发展质量效益等不同的方面选取统计指标构建指标体系。本课题组在构建城市经济综合竞争力评价指标体系的过程中，也将吸收借鉴这些研究经验。不仅如此，进入高质量发展阶段后，增长速度在经济发展中的受重视程度相对降低，而发展质量、发展效益、创新驱动、生态环境、民生保障等方面的受重视程度得到提升，这将会体现在指标权重的设置上。

第四，数据有效性和可得性原则。数据的获取是评价工作开展的第一步，因此数据的有效性和可得性是评价过程必须坚持的原则之一。课题组在研究中的数据基本都采集于统计年鉴、省辖市统计公报和政府公开信息，部分牵涉增速的指标会结合往年数据进行计算得到。如果统计数据无法通过客观、权威的渠道获取，那么课题组便不把该指标纳入评价体系当中。

（二）评价指标体系设定

按照上述的原则和思路，课题组制定了如表 1 所示的河南省辖市经济综合竞争力评价指标体系，指标体系当中包括了 9 个一级指标，29 个二级指标。

一级指标包括经济规模、发展速度、对外经济、财政金融、经济结构、企业效益、环境能耗、科技创新、民生保障共 9 个方面。其中，经济规模指标包括了地区生产总值、常住人口、人均地区生产总值和固定资产投资总额；发展速度指标包括了地区生产总值增速和人均地区生产总值增速；对外经济指标包括了实际利用外资和进出口总额；财政金融指标体现了财政收支规模和金融机构存贷款规模；经济结构指标体现了城镇化率、产业结构、消费在经济中占比；企业效益指标包括了规模以上工业企业利润总额和规模以上工业企业净资产收益率；环境能耗指标包括了空气质量优良天数、万元地区生产总值能耗及其下降比例；科技创新指标主要体现了财政对科学技术支出的规模和比例、当年专利授权数、每万人有效发明专利数；民生保障指标包括了城乡居民家庭人均可支配收入，以及每万人卫生技术人员数和每万人卫生机构床位数。

总的来看，指标体系包括经济规模、经济结构、发展效益、科技创新、绿色发展、对外开放等方面的指标，同时，从指标构成来看，包含了规模指标、发展速度指标、人均指标、结构比例指标等各种统计意义上的指标，既能够体现省辖市的发展基础，同时又包括了年度性、结构性的特点，基本能够全面、综合地评价省辖市经济综合竞争力。

表1　2019年河南省辖市经济综合竞争力评价指标体系

河南省辖市经济综合竞争力评价指标体系	经济规模	地区生产总值(亿元)
		常住人口(万人)
		人均地区生产总值(元)
		固定资产投资总额(亿元)
	发展速度	地区生产总值增速(%)
		人均地区生产总值增速(%)
	对外经济	实际利用外资(亿美元)
		进出口总额(亿元)
	财政金融	一般公共预算收入(亿元)
		一般公共预算支出(亿元)
		年末金融机构人民币存款余额(亿元)
		年末金融机构人民币贷款余额(亿元)
	经济结构	城镇化率(%)
		第二产业占地区生产总值比重(%)
		第三产业占地区生产总值比重(%)
		社会消费品零售总额与地区生产总值之比(%)
	企业效益	规模以上工业利润总额(亿元)
		规模以上工业企业净资产收益率(%)
	环境能耗	空气质量优良天数(天)
		万元地区生产总值能耗(吨标准煤/万元)
		万元地区生产总值能耗下降比例(%)

续表

河南省辖市经济综合竞争力评价指标体系	科技创新	公共预算支出用于科学技术部分(亿元)
		公共预算支出用于科学技术比例(%)
		专利授权数(件)
		每万人有效发明专利数(件)
	民生保障	城镇居民家庭人均可支配收入(元)
		农村居民家庭人均可支配收入(元)
		每万人卫生技术人员数(人)
		每万人卫生机构床位数(张)

(三)评价方法

河南省辖市经济综合竞争力评价报告的评价方法是加权综合评价法，即对基础统计数据进行归一化处理之后，通过专家打分法分配权重，然后经过逐层加权汇总，得到经济综合竞争力评价的总体效用值。

其中，数据归一化处理采用的是 max - min 标准化方法：

对于正向指标 A：$\frac{A_i - \min A}{\max A - \min A} \times 90\% + 0.1$

对于逆向指标 B：$\frac{B_i - \min B}{\max B - \min B} \times 90\% + 0.1$

其中，$\max A$ 和 $\min A$ 分别为指标 A 的最大值和最小值。在本评价指标体系当中，万元地区生产总值能耗为逆向指标，其他变量均为正向指标。

(四)数据来源

为了保证评价结果的客观性、科学性，评价过程中所采用的统计指标数据来自公开的统计年鉴和政府公开信息，其中主要包括《河南统计年鉴》、18 个省辖市的国民经济和社会发展统计公报等。2019 年河南省辖市经济综合竞争力评价所采用的统计数据主要是 2018 年的数据，个别牵涉增速的指标需要计算，计算过程中利用了往年的统计数据。

三 河南省辖市经济综合竞争力评价结果与分析

在构建2019年河南省辖市经济综合竞争力评价指标体系的基础上，课题组通过采集权威、可靠的统计数据，利用评价方法进行计算，得到2019年河南省辖市经济综合竞争力评价的排名结果。

（一）总体评价结果与分析

在2019年河南省辖市经济综合竞争力评价的总排名中，前三位依次是郑州市、洛阳市和许昌市，从第4位到第18位依次为焦作市、三门峡市、新乡市、南阳市、周口市、商丘市、开封市、漯河市、信阳市、驻马店市、平顶山市、济源市、鹤壁市、安阳市和濮阳市（见图1）。从河南省辖市经济综合竞争力评价的结果来看，可以发现如下几个方面的特点。

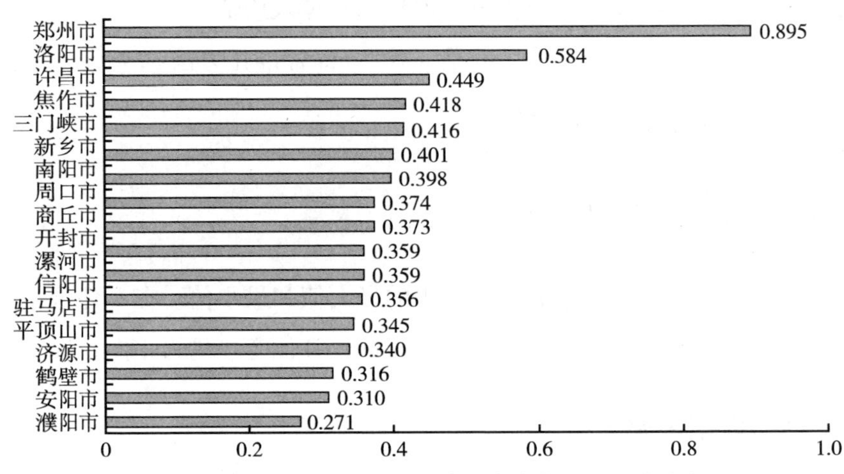

图1 2019年河南省辖市经济综合竞争力总评价结果

第一，从地理分布来看，河南省辖市经济综合竞争力存在“中间强、南北弱”的情况。具体来看，处在河南最北部的安阳市、濮阳市和鹤壁市在本次评价中处在垫底的位置，而处在河南最南部的驻马店市和信阳市排名也比较靠后，而排名前五位的郑州市、洛阳市、许昌市、焦作市和三门峡市都处在河南版图的中间位置。从发展现实来看，河南北部的三个省辖市是传统以资源为主导的工业城市，安阳市、濮阳市和鹤壁市在评价结果中的发展速度、企业效益、环境能耗三方面指标均排名比较靠后，而安阳市和濮阳市在经济结构和科技创新方面排名也比较靠后，濮阳市和鹤壁市经济规模又相对偏小，由此三个城市在排名中处于垫底的位置。河南南部的信阳市、驻马店市处在传统农区，这两个省辖市尽管在发展速度、财政金融、环境能耗等方面排名较好，但是在对外经济、经济结构、民生保障和科技创新方面排名比较靠后，周口市和商丘市也存在同样的特点，这体现了传统农区城镇化率低、二三产业占比偏低、人均收入不高、科技创新不发达等特点。

第二，郑州都市区的城市排名相对靠前。中原城市群规划要求，郑州市与开封市、新乡市、焦作市、许昌市融合发展，建设郑州大都市区。从本次河南省辖市经济综合竞争力评价中可以看到，郑州市排在第 1 位，许昌市、焦作市、新乡市和开封市分别排在第 3 位、第 4 位、第 6 位和第 10 位。总体来看，郑州大都市区板块的五个城市排名在全省比较靠前，从中可以看出，郑州市的辐射带动能力对于其他省辖市具有较强的影响。

第三，做好新旧动能转换是高质量发展阶段提升城市经济综合竞争力的关键。从评价排名前 6 位的郑州市、洛阳市、许昌市、焦作市、三门峡市和新乡市来看，这些城市均是在新旧动能转换方面走在前面的城市。郑州市、洛阳市和新乡市是建设郑洛新国家自主创新示范区的三个城市，处在河南省创新驱动发展的中心位置；许昌市则是近年来河南民营经济发展、产业转型升级走在前列的城市；焦作市作为国家首批资源枯竭城市，近年来大力推动产业转型，以旅游业为代表的第三产业快速发展，企业效益、科技创新方面同样排在前列；三门峡市则是在对外经济、环境能耗和企业效益三个方面排名靠前，同样体现了新旧动能转换带来的发展优势。

第四，评价结果具有一定的年度性特点。其中比较明显的是三门峡市。三门峡市并非河南传统的经济强市，经济规模不大，多项指标均位居全省中游，排名比较靠前的指标主要是对外经济、企业效益和环境能耗。其中，三门峡市 2018 年规模以上工业企业利润总额相对于 2017 年增长超过 30%，净资产收益率显著提高，反映了企业效益的显著改善。除此之外，从评价体系的总体来看，牵涉增速类的指标，例如地区生产总值增速、人均地区生产总值增速、万元地区生产总值能耗下降比例等，年度间的排名相对容易出现变化。

（二）分项指标的评价情况

1. 经济规模指标

经济规模指标方面，排在前列的都是经济总量较大的省辖市。另外，由于指标构成上纳入了人均地区生产总值，因此经济规模指标反映的也不仅仅是经济总量规模。从经济规模指标的排名情况看，排前五位的是郑州市、洛阳市、南阳市、许昌市、周口市（见图 2）。其中，郑州市不仅一级指标排在第 1 位，而且在地区生产总值、常住人口、人均地区生产总值、固定资产投资总额 4 个二级指标上均排在河南省第 1 位。值得一提的是，2018 年，郑州市的常住人口规模突破千万，超过南阳，成为河南省常住人口规模最大的省辖市。从评价排名和得分情况看，排在第二、第三位的洛阳市、南阳市相对排在其后的城市有着明显的优势，洛阳市的地区生产总值、固定资产投资总额均排在第 2 位，人均地区生产总值排在第 3 位，而南阳市则是河南省常住人口超千万的两个省辖市之一，地区生产总值和固定资产投资总额则排在第 3 位。

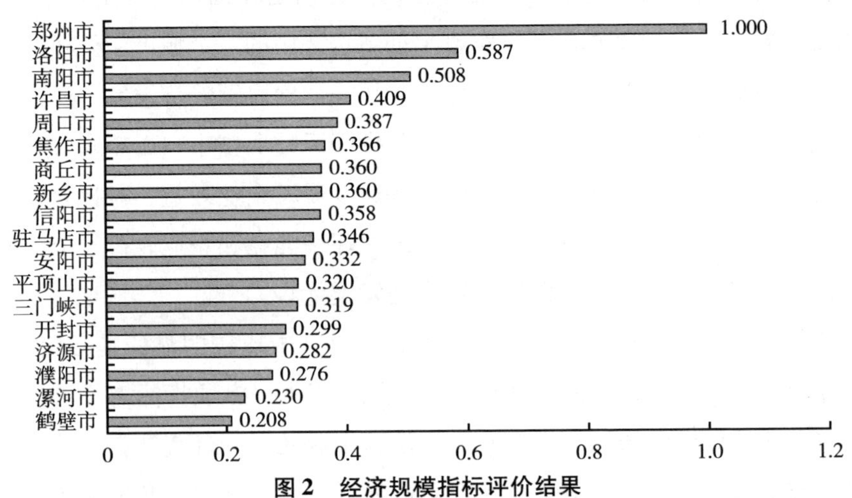

图 2　经济规模指标评价结果

2. 发展速度指标

发展速度指标由地区生产总值增速和人均地区生产总值增速构成。从指标排名情况看，前五位的省辖市分别是周口市、商丘市、驻马店市、济源市和许昌市（见图3）。值得注意的是，排在最后四位的安阳市、焦作市、濮阳市和鹤壁市都是传统以资源型经济为主的工业城市，尤其是排在最后三位的焦作市、濮阳市、鹤壁市的2018年地区生产总值增速都在6%左右，与之相对比，河南省总的地区生产总值增速为7.6%。这体现出传统资源型经济驱动城市转型存在困难，而同为资源型经济驱动城市的济源市，由于体量小、转身快，经济增速反而位居前列。此外，还需要认识到，在绿色发展理念日益深入人心、环境污染治理攻坚大力推进的宏观环境下，环境资源对于区域经济发展的约束力逐渐增强，结合其他分项指标可以看到，2018年发展速度垫底的四个城市，同样也在环境能耗指标排名上处在垫底的位置上，同时，2018年，焦作市和安阳市的固定资产投资增速也出现了明显的下滑。

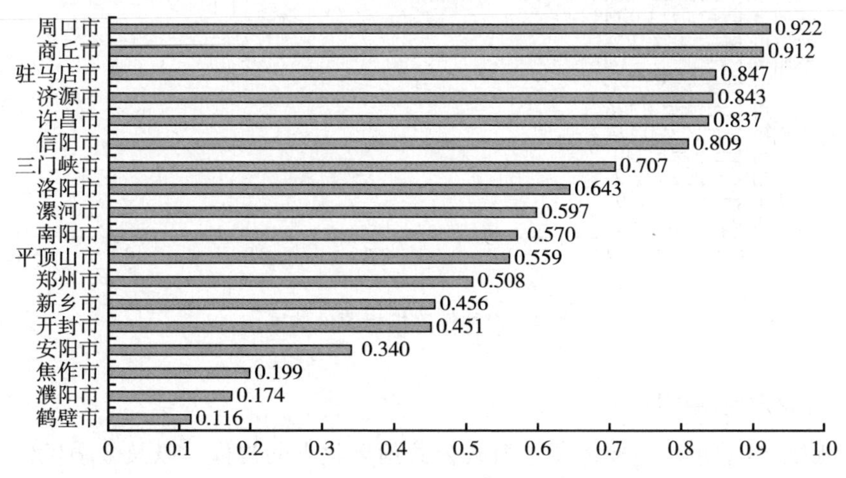

图3 发展速度指标评价结果

3. 对外经济指标

对外经济指标由实际利用外资和进出口总额构成。从指标排名情况来看，前五位的省辖市分别是郑州市、洛阳市、三门峡市、新乡市和焦作市

(见图4)。从对外经济指标评价得分来看，郑州市远高于洛阳市，而洛阳市也远高于其余省辖市，而从统计数字来看，郑州市的进出口总额接近于其他17个城市之和的三倍，实际利用外资方面，郑州市比排第二名的洛阳市要高50%以上。近年来，受益于郑州航空港的发展，郑州市的进出口总额相比于2010年增长了超过10倍，实际利用外资相比于2010年增长了1.2倍，商品进出口增长远快于外商投资的增长。未来，应当依托郑州航空港经济综合实验区、中国（河南）自由贸易试验区、中国（郑州）跨境电子商务综合试验区等开放平台，利用综合交通优势，增强郑州在开放方面的辐射带动能力，不断优化营商环境，带动河南全省对外开放的进一步发展。

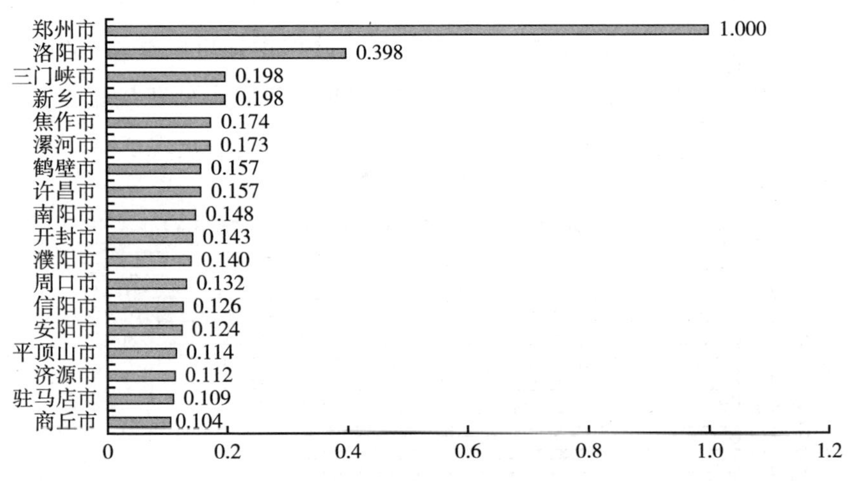

图4 对外经济指标评价结果

4. 财政金融指标

财政金融指标主要体现了财政公共预算收支的规模，以及金融机构人民币存贷款规模。从评价结果看，排在前五位是郑州市、洛阳市、南阳市、周口市、驻马店市（见图5）。通过对比，可以看出，财政金融指标排序和常住人口规模排序的相关性很高，与此同时，这些常住人口大市，除了郑州市和洛阳市，其余的南阳市、周口市、驻马店市、商丘市和信阳市都属于传统农区，这些省辖市的特点是在对外经济、经济结构、科技创新、民生保障等指标方面排名相对靠后，具体而言主要是利用外资、城镇化、科技创新、居民收入以及民生事业方面亟待提升。站位全国来看，河南是全国范围内的粮食主产区，同样存在类似的发展难题。那么，如何利用常住人口规模形成的市场、资金优势，带动区域经济社会全面发展，就是传统农区乃至河南全省发展的重要问题。

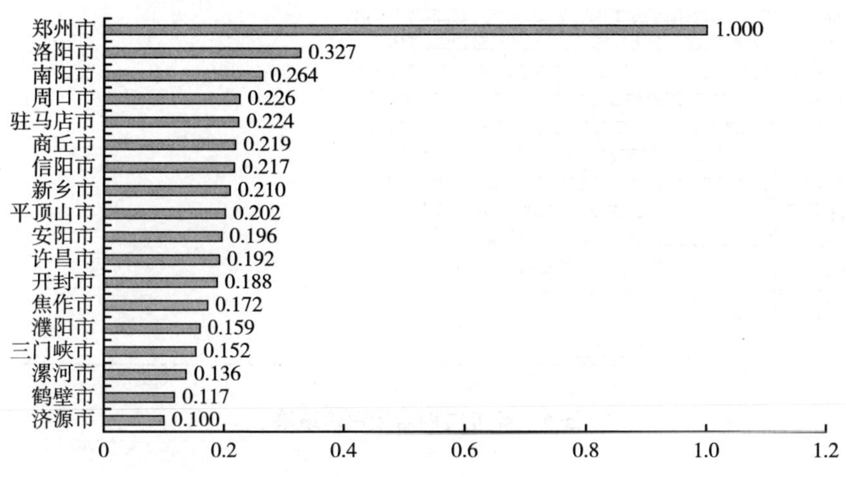

图5　财政金融指标评价结果

5. 经济结构指标

经济结构指标主要包括城镇化率、第二和第三产业占地区生产总值比重，以及社会消费品零售总额与地区生产总值之比。从排名结果来看，前五位的省辖市是郑州市、洛阳市、济源市、焦作市和平顶山市（见图6）。从经济结构指标的评价结果来看，除了领先的郑州市和洛阳市，以及排名靠后的几个省辖市，中间的省辖市之间的差异相对比较小。从具体指标方面来看，尽管当前河南省仍处在城镇化和工业化的中期到中后期的发展过程中，但是对于某个城市来讲，单个产业占比的高低很难作为产业结构是否优的判断标准。消费占比方面，尽管我国一直以来将提高消费在经济中的比重作为经济转型的判断之一，然而从统计数字上来看，河南省辖市社会消费品零售总额与生产总值之比与区域经济强弱的相关性并不是很高。因此，课题组给予产业结构、消费结构指标的权重相对不高，未来需要获取高技术产业占比等指标来丰富产业结构指标。

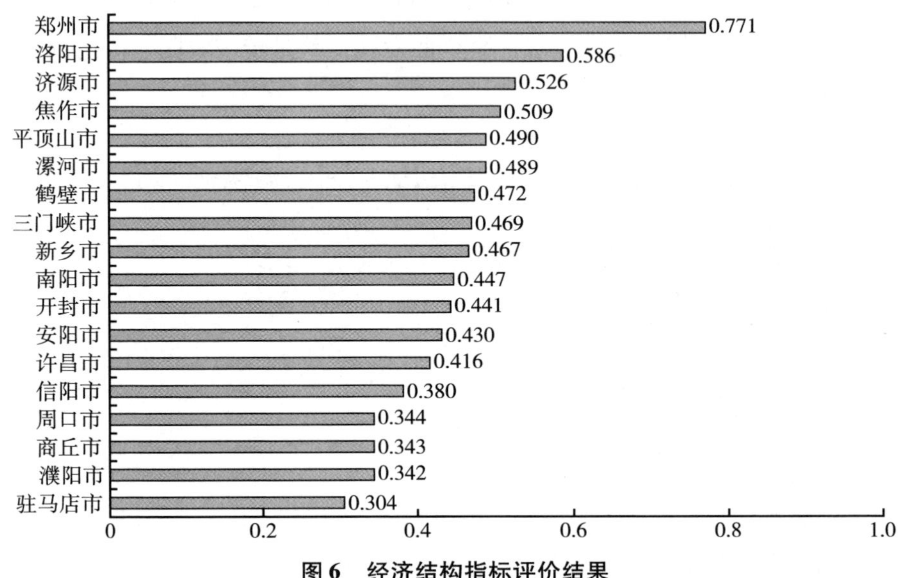

图 6　经济结构指标评价结果

6. 企业效益指标

企业效益指标由规模以上工业企业的利润总额和净资产收益率构成，从指标排名情况看，排前五位的省辖市是郑州市、周口市、焦作市、三门峡市和许昌市（见图 7）。企业经营效益是体现经济发展质量的指标之一，课题组选取的规模以上工业企业利润总额体现了省辖市规模以上工业企业的盈利规模，而规模以上工业企业的净资产收益率体现了规模以上工业企业的盈利水平。其中，净资产收益率通过规模以上工业企业利润除以净资产得到。2018 年，面对日益加大的经济下行压力、全国范围内的民间投资不振、金融市场屡次暴雷等严峻形势，河南省内多数省辖市的规模以上工业企业利润总额出现了下滑，而三门峡市、商丘市实现了规模以上工业企业利润的大幅增长，在严峻的市场环境下取得了较好的效益，帮助两个城市在企业效益指标方面排在前列。从中也可以看到，由于宏观经济形势、企业经营状况存在年度间的波动，因此企业效益指标具有一定的年度性特点。

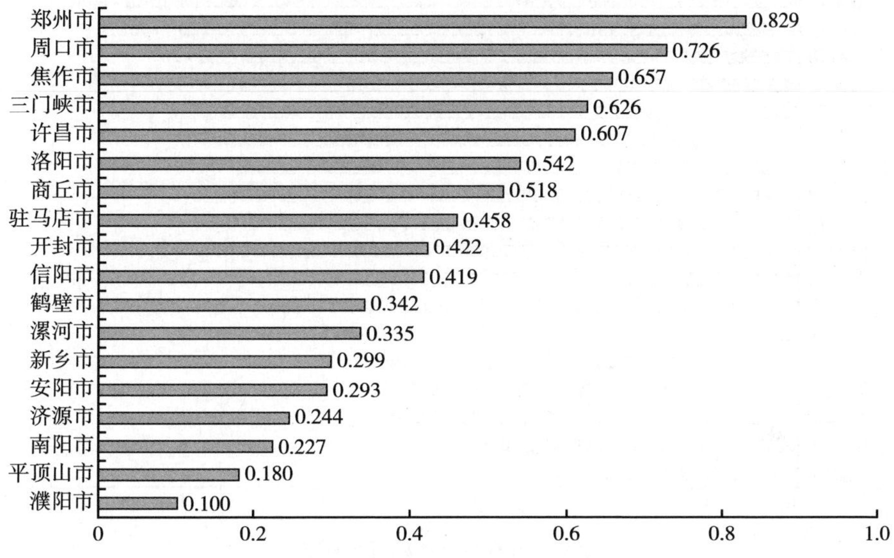

图 7　企业效益指标评价结果

7. 环境能耗指标

环境能耗指标由空气质量优良天数、万元地区生产总值能耗，以及万元地区生产总值能耗下降比例构成。从指标排名情况看，排在前五位的省辖市为信阳市、许昌市、三门峡市、南阳市和周口市。从环境能耗指标的排名情况看，同样可以看出河南省内南北状况不同，鹤壁市、濮阳市、安阳市等北部的资源型经济驱动的城市在环境能耗指标方面均排在垫底的位置，而信阳市、南阳市、周口市等南部的传统农区城市则在环境能耗指标方面排在前列（见图 8）。近年来，习近平总书记强调的“绿水青山就是金山银山”的观念日益深入人心，与此同时，资源环境条件对于经济发展的约束也日益增强，生态环境的改善、资源利用效率的提高将成为城市经济综合竞争力当中的重要组成部分。

8. 科技创新指标

科技创新指标由财政用于科学技术支出的规模和比例，以及年度专利授权数、每万人有效发明专利数构成，分别反映了科技创新的资金支

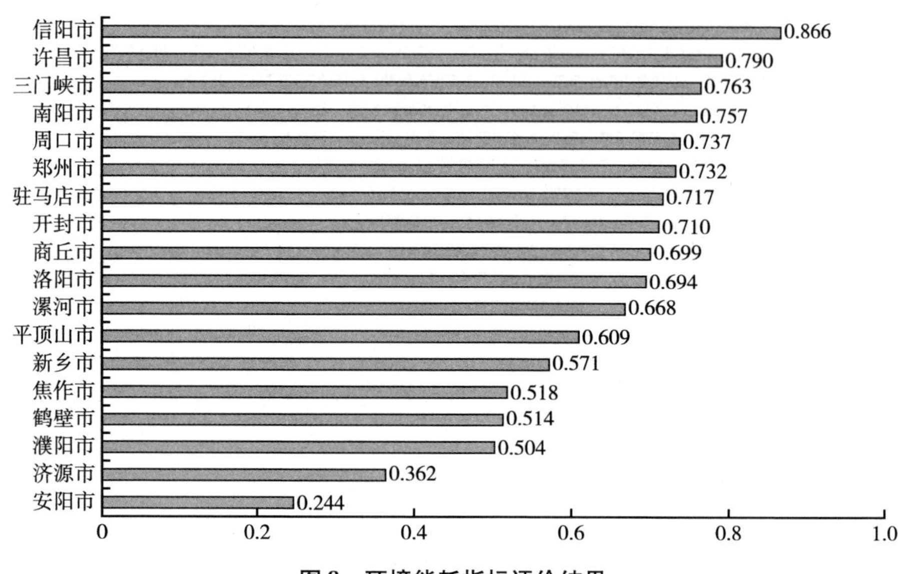

图 8 环境能耗指标评价结果

持、年度科技创新产出以及知识产权的存量。从指标评价结果来看，前五位的省辖市为郑州市、洛阳市、新乡市、焦作市和许昌市（见图 9）。从 4 个分项指标来看，郑州市、洛阳市、新乡市也都排在河南省的前列。建设郑洛新国家自主创新示范区的三个城市，确实在科技创新方面处于领先地位。可以说，科技创新水平的高低，既反映了一个城市的经济实力，同时也是科技创新能力和环境长期发展积累的结果。进入高质量发展阶段，科技创新是提升经济发展质量的关键，是实现新旧动能转换、推动产业迈向中高端的必由之路。因此，科技创新在城市经济综合竞争力中的重要性将日益增加。

9. 民生保障指标

民生保障指标由城乡居民人均可支配收入，以及每万人卫生技术人员和每万人卫生机构床位数构成。从指标评价结果看，前五位的省辖市为郑州市、洛阳市、焦作市、新乡市和济源市（见图 10）。从指标选取可以看出，民生保障指标反映了一个省辖市的居民收入高低、医疗卫生条件的好坏，也可以说反映了一个省辖市居民的富裕程度。中国特色社会主义进入新时代以

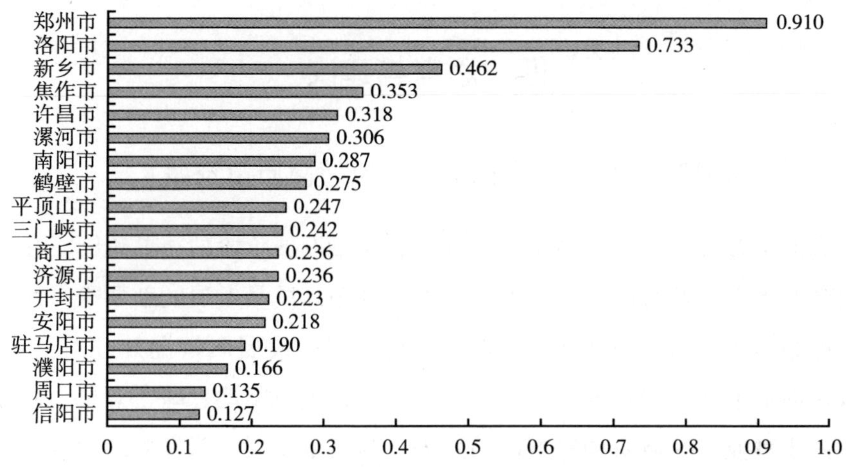

图 9　科技创新指标评价结果

后，社会基本矛盾转变为人民群众对美好生活的向往与发展的不平衡、不充分之间的矛盾，那么满足人民群众对于美好生活的新期待就是高质量发展的必然要求。因此，课题组对民生保障指标设定了较高的权重，然而由于数据可得性的限制，民生保障类指标的构成相对单一，未来需要进一步丰富完善。

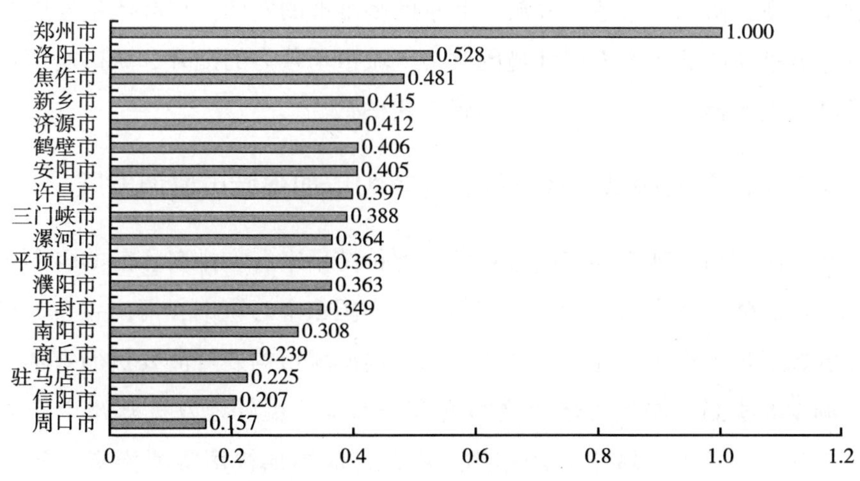

图 10　民生保障指标评价结果

四 思考与建议

（一）提升城市经济综合竞争力应坚持高质量发展

党的十九大上提出了中国经济进入高质量发展阶段的重要论断，在这样的宏观背景下，城市经济的发展也必然要遵循高质量发展的新要求。城市经济发展必须贯彻新发展理念，在新旧动能转换、发展质量提升方面下功夫，不再片面追求经济增长的速度，而是更加注重创新驱动、绿色发展、对外开放、民生事业、区域协调等方面的发展。高质量发展、新发展理念绝不是高台教化，而是发展现实中的迫切需求。例如，从本次河南省辖市经济综合竞争力评价的结果来看，多个环境能耗指标排名靠后的城市出现了地区生产总值、固定资产投资增速下滑，甚至于这些城市的企业效益也相对偏低。这当中反映了，在绿色发展日益深入人心、环境污染防治攻坚战深入推进的情况下，环境和资源对于城市经济发展的约束变得越来越强。如果不贯彻高质量发展的新理念，那么城市经济发展速度就会受到影响，城市经济综合竞争力的提升就无从谈起。因此，未来城市经济的发展、经济综合竞争力的提升，必然是创新、协调、绿色、开放、共享的多维度的发展。在高质量发展的前提下，城市才能够实现人居环境的改善、城市承载力的提升、城市运营效率的提高，进而提升城市居民的幸福感、获得感。

（二）提升河南城市经济综合竞争力应加强城市协调发展

从本次河南省辖市经济综合竞争力评价结果来看，排名靠前的多个城市和郑州市毗邻，从中可以看出，郑州市作为国家中心城市和河南省会，有着较强的辐射带动作用。课题组认为，未来河南城市的发展需要贯彻省辖市间的协调发展机制，加强省辖市之间的合作互动，更好地发挥郑州市作为经济、文化、创新等领域中心的作用。因此，应当加快落实河南省委省政府《建立更加有效的区域协调发展新机制实施方案》，建立区域间战略统筹、基本公共服务均等化、区域合作、市场一体化等方面的体制机制。支持郑州市建设国家中心城市，更好地发挥其在河南的经济中心、文化中心、科技创新中心、综合交通枢纽以及对外开放门户的作用，加强“五区联动”的发展机制，充分利用国家级战略平台的改革创新空间，不断增强郑州市的辐射带动能力。加快郑州大都市区发展步伐，推进1小时交通圈建设，完善郑州与开封、焦作、新乡、许昌在交通、产业布局、创新创业、生态建设、公共服务等领域的合作。支持洛阳市的副中心城市建设，推进南阳、商丘、安阳的区域性中心城市建设，增强其辐射带动作用，引领河南乃至中原城市群西部、南部、东部、北部的城市发展，并有效对接周边省份和区域。

（三）提升河南城市经济综合竞争力应坚持因地制宜

从本次评价结果来看，河南省辖市经济综合竞争力存在“中间强、南北弱”的情况。具体来看，处在河南最北部的安阳市、濮阳市和鹤壁市在本次评价中处在垫底的位置，而处在河南最南部的驻马店市和信阳市排名也比较靠后。不仅如此，北部的安阳市、濮阳市和鹤壁市是传统以资源为主导的工业城市，在评价结果中发展速度、企业效益、环境能耗三方面指标均排名比较靠后，而安阳市和濮阳市在经济结构和科技创新方面也比较靠后。南部的信阳市、驻马店市处在传统农区，这两个城市在发展速度、财政金融、环境能耗等方面排名较好，但是在对外经济、经济结构、民生保障和科技创新方面排名比较靠后，周口市和商丘市也存在同样的特点，这体现了传统农区城镇化率低、二三产业占比偏低、人均收入不高、科技创新不发达等特点。面对这样的城市特点和分布，未来河南省辖市经济综合竞争力的提升应当坚持因地制宜，针对北部传统资源驱动的工业城市，加快以科技创新实现新旧动能转换，以更高的发展效率破解环境、资源对于发展的束缚；针对南部的传统农区市，应发挥人口、资金和环境方面的优势，不断推进新型城镇化的发展，在保持生态的基础上发展绿色经济，加快经济结构调整和产业转型升级的步伐；针对中部的省辖市，应积极围绕郑州和洛阳这两个中心、副中心城市，在科技创新、产业发展、对外开放等领域实现城市间协同发展。

（四）城市经济综合竞争力的提升应落脚于民生

城市经济的发展、城市竞争力的提升，最终目的都是满足人民群众日益增长的对美好生活的向往。尤其是进入2020年，第一个“一百年”目标日益临近，打赢“三大攻坚战”、持续发展民生事业显得尤为重要，使人民群众更加真切地感受到全面建成小康社会目标即将实现。要全面推动教育、文化、医疗卫生等各项事业的发展，改善基础教育、高中、职业院校的办学条件和加强师资队伍建设，加快郑州大学、河南大学的“双一流”建设；持续完善公共卫生服务体系，提升各级医院的软硬件建设，积极推动全民健身活动发展；加快文化强省建设，加快文化产业的发展，鼓励文艺创作，不断为人民群众的精神生活提供更好的产品。做好民生实事，在稳定就业、养老和医疗保障、改善乡村人居环境、完善公共服务设施建设等方面加大工作力度。全面加强基层社会治理，及时回应人民群众的合理诉求，继续深入推动打击违法犯罪、扫黑除恶专项斗争，维护社会稳定。通过民生事业的稳步发展，使人民在全面建成小康社会的过程中，获得实实在在的幸福感。

参考文献

黄茂兴、李闽榕：《中国省域经济综合竞争力评价与预测的方法研究》，《福州师范大学学报》（哲学社会科学版）2008年第1期。

李金昌、史龙梅、徐蔼婷：《高质量发展评价指标体系探讨》，《统计研究》2019年第1期。

李梦欣、任保平：《新时代中国高质量发展的综合评价及其路径选择》，《财经科学》2018年第5期。

张震、刘雪梦：《新时代我国15个副省级城市经济高质量发展评价体系构建与测度》，《经济问题探索》2019年第6期。

中共河南省委、河南省政府：《建立更加有效的区域协调发展新机制实施方案》，2019年7月。

B.4

2019年河南省县域经济高质量发展评价报告

河南省社会科学院课题组*

摘　要： 本报告基于2019年河南省统计局综合处关于河南105个县（市）的统计基础数据，参照《河南省县（市）经济社会发展目标考核评价工作实施办法》（征求意见稿），将河南省县域经济发展分为：基础条件比较好（人均地区生产总值2.5万元以上）的县（市）17个、纳入中心城市组团发展范围的县（市）55个、农区县33个等三大类，同时将10个省直管县（市）单独列出，依据县域经济高质量发展的内涵特征和内在目标要求，从县域经济发展的规模水平、发展潜力活力、民生幸福、农业基础能力、发展结构、发展效益、发展持续性、发展外向度、科技创新等角度出发，构建县域经济高质量发展评价指标体系，并运用计量实证手段，进行分值计算和排名比较，然后进行结论反思，分析县域经济高质量发展差异性存在的典型性特征，发掘实现县域经济高质量发展的深层动因，以期促进河南省县域经济高质量发展。

关键词： 县域经济　经济高质量发展　熵值法

---

* 课题组组长：谷建全；课题组成员：完世伟、杜明军、赵然、武文超、崔理想、林园春、汪萌萌。执笔：杜明军，河南省社会科学院经济研究所研究员，主要研究方向为区域金融。

一　县域经济高质量发展评价的主要依据、基本原则、指标选择和方法选用

本报告参照《河南省县（市）经济社会发展目标考核评价工作实施办法》（征求意见稿），将河南省县域经济分为三大类：17 个基础条件比较好（人均地区生产总值2.5 万元以上）的县（市）、55 个纳入中心城市组团发展范围的县（市）、33 个农区县；同时将 10 个省直管县（市）单独列出，进行多角度分类评价比较。

本报告对河南省县域经济高质量发展评价的主要依据有四：一是遵循党的十九大报告对我国经济由高速增长阶段转向高质量发展阶段的重大科学判断；以及 2018 年 12 月的中央经济工作会议上基于新时代发展特征的理性认知，进一步明确的发展思路、政策导向、宏观调控等战略部署；二是基于专家学者如李京文（1996）、郭克莎（1996）、武义青（1995）、钟学义等（2001）等对经济发展质量的内涵研究；三是基于县域经济本身具有地域特色、具有特定的地理空间、属于区域经济范畴、具有相对独立性和能动性、具有特定比较优势、是国民经济的基本行政单元等内在本质特点；四是基于县域经济高质量发展具有的规模水平、结构协调性、成果有效性、发展潜能的充分性、生态环保持续性、创新性、开放度等内涵特征，从更宽阔的视野、从整体上进行评价研究。

本报告对县域经济高质量发展评价的基本原则：应具备分类控制的引导性、可比性、可操作性、可完善性，贯彻科学发展的总指向，融合创新、协调、绿色、开放和共享等高质量发展的五大发展理念。

本报告对县域经济高质量发展评价的指标体系选定：依据专家学者的相关研究成果，县域经济本身所具有的内在属性，县域经济高质量发展的内涵特征，评价的基本原则等，构建涵盖 9 类一级指标和 52 个二级指标的评价指标体系（参见表 1）。

表1　河南省县域经济高质量发展评价指标体系

一级指标	二级指标	指标计算及说明
发展规模水平	县(市)GDP	(正向指标)
	县(市)GDP增速	[报告期县(市)GDP - 基期县(市)GDP]/基期县(市)GDP×100%(正向指标)
	县(市)GDP人均水平	县(市)GDP/人口规模总数(正向指标)
	县(市)经济增长稳定性	县(市)当年与上年经济增长率之差与上年经济增长率相除(逆向指标)
	县(市)地方财政收入水平	(正向指标)
	县(市)地方财政收入与GDP之比	县(市)地方财政收入/县(市)GDP×100%(正向指标)
发展结构	工业增加值占地区生产总值的比重	县(市)工业增加值/GDP×100%(正向指标)
	第三产业增加值占地区生产总值的比重	县(市)第三产业增加值/GDP×100%(正向指标)
	县(市)城镇化率	县(市)城市人口/全部人口×100%(正向指标)
	县(市)城乡居民收入比	县(市)城镇居民人均收入/农民人均纯收入(逆向指标)
发展效益	县(市)劳动生产率	县(市)地区生产总值/全社会劳动者平均人数×100%(正向指标)
	县(市)投资产出率	县(市)地区生产总值/当年固定资产投资总额×100%(正向指标)
	县(市)贷款产出率	县(市)地区生产总值/银行贷款年平均余额×100%(正向指标)
	县(市)耕地产出率	农业总产值/农业耕地面积×100%(正向指标)
发展潜力活力	县(市)就业弹性系数	当期从业人员增长率/同期GDP增长率×100%(正向指标)
	县(市)生产能力利用率	实际产量/生产能力×100%(正向指标)
	投资对县域经济发展贡献率	县(市)全社会固定资产投资额/地区生产总值×100%(正向指标)
	消费对县域经济发展贡献率	县(市)社会消费品零售总额/地区生产总值×100%(正向指标)
民生幸福	城镇居民人均可支配收入	(正向指标)
	农民人均纯收入	(正向指标)
	城镇居民人均可支配收入增长率	县(市)报告期居民收入/基期居民收入×100%(正向指标)

续表

一级指标	二级指标	指标计算及说明
民生幸福	农民人均纯收入增长率	县(市)报告期居民收入/基期居民收入×100%(正向指标)
	恩格尔系数	食品支出占居民总支出的比例(逆向指标)
	基尼系数	在全部居民收入中,用于不平均分配的那部分收入占总收入的百分比(正向指标)
	人口就业率	县(市)从业人员/常住人口×100%(正向指标)
	城镇单位从业人员平均工资	(正向指标)
	在岗职工平均工资	(正向指标)
	县(市)居民人均储蓄额	县(市)居民储蓄存款/常住人口×100%(正向指标)
	城镇居民人均生活消费支出	(正向指标)
	农村居民人均生活消费支出	(正向指标)
发展可持续性	单位产值能源消耗量	县(市)能源消耗总量(标准煤)/地区生产总值×100%(逆向指标)
	单位地区生产总值水耗	县(市)水消耗总量/地区生产总值×100%(逆向指标)
	人均工业废水排放量	(逆向指标)
	人均工业废气排放量	(逆向指标)
	工业固体废物综合利用率	(正向指标)
	每立方米细颗粒物含量	(逆向指标)
	生活垃圾无害化处理率	(正向指标)
	农村饮水达标率	(正向指标)
	垃圾集中处理率	(正向指标)
	污水处理率	(正向指标)
	森林覆盖率	(正向指标)
科技创新	研究与开发投入占地区生产总值的比重	研究与开发经费投入额/同期地区生产总值×100%(正向指标)
	高技术产业增加值占地区生产总值的比重	高技术产业增加值/地区生产总值×100%(正向指标)
	专利授权指数	报告期获授权专利数/基期获授权专利数(正向指标)
发展外向度	进出口总值	(正向指标)
	进出口总值占地区生产总值比例	进出口总值/地区生产总值×100%(正向指标)
	利用外资和对外投资总额	(正向指标)
	服务贸易占对外贸易的比重	(正向指标)

续表

一级指标	二级指标	指标计算及说明
农业基础能力	农林牧渔业总产值	通常是按农林牧渔业产品及其副产品的产量分别乘以各自单位产品价格求得(正向指标)
	粮食产量	进出口总值/地区生产总值×100%(正向指标)
	有效灌溉面积	(正向指标)
	农林水基本建设支出	(正向指标)

资料来源：笔者设计选择整理。

本报告对县域经济高质量发展评价的方法选用：通过比较分析因子分析法、主成分分析法、模糊层次分析法（AHP）、数据包络分析（DEA）、熵值法等各类方法的优劣特性，结合数据基础，以及考虑到评价的连续性比照，倾向于采用较为客观地计算处理了指标权重问题的熵值法，以增加县域经济高质量发展评价的科学合理性。

二　县域经济高质量发展评价结果及分析

本报告的基础数据主要源于河南省统计局2018年的数据。但鉴于统计数据的局限性，县域经济发展的生态环保、科技创新、对外开放等类指标尚未系统纳入统计范围，因而涉及较少。另外，鉴于2019年开始准备评价报告时，数据公开发布的时滞性局限，县域经济发展的主要基础数据范围涵盖：总人口；城镇化率；GDP、第一产业GDP及增速、第二产业GDP及增速、第三产业GDP及增速、人均GDP；粮食播种面积、粮食产量；规模以上工业增加值增速；固定资产投资增速、房地产开发投资增速；一般公共预算收入及增速、一般公共预算支出及增速；社会消费品零售总额及增速；居民人均可支配收入、农村居民人均可支配收入、城镇居民人均可支配收入等类指标数据。尽管如此，本评价报告的主要评判依据、遵循的基本原则、指标体系结构框架的全局性设计、数据计算处理方法仍比较慎重，特别是，河南105个县域经济数据来源的权威性、同一性和统一性基础；以上条件内在的代表性和科学性、合理性和实用性，预示着本评价报告仍具有科学性、实用性和可操作性。

（一）纳入中心城市组团发展范围的55个县（市）

河南纳入中心城市组团发展范围的55个县（市）2019年评价结果如表2所示。

表2　纳入中心城市组团发展范围的55个县（市）2019年评价结果

县(市)	综合评价		发展规模水平		发展潜力活力		民生幸福		农业基础能力		发展结构		发展效益	
	得分	排名	得分	排名	得分	排名	得分	排名	得分	排名	得分	排名	得分	排名
新郑市	0.6855	1	0.8849	1	0.8424	1	0.9097	1	0.1814	48	0.6132	2	0.5015	11
荥阳市	0.6173	2	0.7153	2	0.7873	3	0.8726	2	0.2264	44	0.5663	5	0.4288	22
新密市	0.5764	3	0.6287	3	0.8161	2	0.8049	3	0.1699	51	0.5706	4	0.3799	30
偃师市	0.5112	4	0.4934	7	0.5880	5	0.7218	6	0.1794	50	0.5659	6	0.5223	8
登封市	0.5088	5	0.5700	4	0.6620	4	0.7341	5	0.1663	52	0.5244	8	0.3288	52
长葛市	0.4905	6	0.5291	6	0.4509	9	0.5771	13	0.2814	40	0.5423	7	0.5525	6
沁阳市	0.4589	7	0.4333	8	0.3404	17	0.6895	7	0.2020	45	0.5758	3	0.5826	1
禹州市	0.4427	8	0.3886	10	0.4989	7	0.5904	12	0.3051	37	0.4518	16	0.4486	18
新安县	0.4376	9	0.5302	5	0.3983	13	0.6340	10	0.1945	47	0.3684	26	0.4410	19
义马市	0.4293	10	0.3494	13	0.3458	16	0.7852	4	0.0173	55	0.8157	1	0.4161	24
孟州市	0.4233	11	0.3696	12	0.3339	19	0.6615	9	0.2019	46	0.5109	10	0.5391	7
灵宝市	0.4192	12	0.3943	9	0.4884	8	0.5408	17	0.3205	36	0.4296	19	0.3492	43
辉县市	0.3952	13	0.2947	15	0.3274	22	0.5261	18	0.4087	26	0.4099	24	0.4954	13
伊川县	0.3915	14	0.2870	16	0.5577	6	0.4562	21	0.2856	39	0.3372	29	0.4401	20
唐河县	0.3809	15	0.1099	38	0.4106	12	0.3652	27	0.8859	1	0.2855	39	0.3957	27
温　县	0.3775	16	0.2569	18	0.2677	31	0.5600	15	0.2581	42	0.4861	14	0.5642	3
渑池县	0.3761	17	0.3766	11	0.2732	30	0.6631	8	0.1795	49	0.4314	18	0.3799	31
武陟县	0.3761	18	0.2448	20	0.2795	29	0.5649	14	0.3498	34	0.4413	17	0.5051	10
鄢陵县	0.3567	19	0.2327	22	0.2300	40	0.5150	19	0.4143	24	0.4128	22	0.4671	15
临颍县	0.3558	20	0.1777	28	0.3227	24	0.4269	24	0.3502	33	0.4933	12	0.5127	9
博爱县	0.3556	21	0.2550	19	0.2295	41	0.5463	16	0.1534	53	0.4925	13	0.5776	2
濮阳县	0.3533	22	0.2077	23	0.4259	11	0.3611	28	0.5456	14	0.3092	36	0.3464	45
修武县	0.3473	23	0.1956	25	0.2608	33	0.6002	11	0.1530	54	0.4555	15	0.5616	4
孟津县	0.3450	24	0.3252	14	0.3358	18	0.4677	20	0.2382	43	0.3556	27	0.3680	35
襄城县	0.3393	25	0.2708	17	0.2026	48	0.4333	22	0.3657	31	0.4062	25	0.4520	16
项城市	0.3339	26	0.1533	31	0.3875	14	0.2835	38	0.5456	13	0.3314	33	0.4073	25

续表

县(市)	综合评价		发展规模水平		发展潜力活力		民生幸福		农业基础能力		发展结构		发展效益	
	得分	排名	得分	排名	得分	排名	得分	排名	得分	排名	得分	排名	得分	排名
尉氏县	0. 3332	27	0. 2414	21	0. 2977	26	0. 3554	29	0. 4739	18	0. 3314	34	0. 3728	34
浚　县	0. 3204	28	0. 0879	44	0. 2154	46	0. 3968	25	0. 4381	21	0. 5068	11	0. 4933	14
杞　县	0. 3202	29	0. 1714	30	0. 2568	35	0. 2484	43	0. 6510	4	0. 3332	31	0. 3804	29
镇平县	0. 3157	30	0. 1126	37	0. 4353	10	0. 3789	26	0. 3892	28	0. 3329	32	0. 3560	41
汤阴县	0. 3076	31	0. 1923	26	0. 1980	49	0. 4323	23	0. 3264	35	0. 4177	20	0. 4072	26
方城县	0. 3001	32	0. 0856	46	0. 3507	15	0. 3202	34	0. 5662	9	0. 2552	44	0. 3506	42
通许县	0. 2962	33	0. 1794	27	0. 2799	28	0. 3046	35	0. 4104	25	0. 3549	28	0. 3420	49
遂平县	0. 2959	34	0. 1776	29	0. 2960	27	0. 3263	33	0. 4251	23	0. 2934	38	0. 3387	50
卫辉市	0. 2949	35	0. 0613	49	0. 2243	43	0. 3501	30	0. 3510	32	0. 4121	23	0. 5591	5
淮阳县	0. 2845	36	0. 0689	48	0. 3290	20	0. 1691	50	0. 6534	3	0. 2109	49	0. 3930	28
罗山县	0. 2841	37	0. 1067	40	0. 2392	38	0. 3038	36	0. 5535	11	0. 2553	43	0. 3754	32
虞城县	0. 2828	38	0. 1297	33	0. 2411	37	0. 2578	41	0. 6061	7	0. 2014	51	0. 3625	37
西华县	0. 2800	39	0. 1017	41	0. 3280	21	0. 1841	49	0. 6228	5	0. 2254	48	0. 3164	53
汝南县	0. 2789	40	0. 0912	43	0. 2672	32	0. 2167	47	0. 6119	6	0. 2665	40	0. 3479	44
宜阳县	0. 2771	41	0. 2011	24	0. 3242	23	0. 2778	39	0. 3730	30	0. 1956	53	0. 3159	54
原阳县	0. 2720	42	0. 0606	50	0. 1882	52	0. 2328	45	0. 5520	12	0. 3171	35	0. 4495	17
确山县	0. 2704	43	0. 1444	32	0. 2475	36	0. 2707	40	0. 4508	20	0. 2523	45	0. 3449	47
舞阳县	0. 2701	44	0. 1168	36	0. 3147	25	0. 1583	54	0. 3841	29	0. 2999	37	0. 4326	21
商水县	0. 2693	45	0. 0871	45	0. 2254	42	0. 1656	52	0. 7187	2	0. 1991	52	0. 3433	48
内黄县	0. 2671	46	0. 1083	39	0. 2385	39	0. 1677	51	0. 5942	8	0. 2603	41	0. 3456	46
清丰县	0. 2661	47	0. 1190	35	0. 1402	54	0. 3271	32	0. 4609	19	0. 3357	30	0. 3617	38
获嘉县	0. 2652	48	0. 0321	54	0. 1921	50	0. 2855	37	0. 2794	41	0. 5140	9	0. 4986	12
柘城县	0. 2634	49	0. 0996	42	0. 2586	34	0. 1941	48	0. 5609	10	0. 2082	50	0. 3590	39
叶　县	0. 2590	50	0. 0783	47	0. 2114	47	0. 2538	42	0. 5299	17	0. 2579	42	0. 3581	40
民权县	0. 2579	51	0. 1208	34	0. 2155	45	0. 2202	46	0. 5303	16	0. 1873	54	0. 3633	36
延津县	0. 2536	52	0. 0514	52	0. 1148	55	0. 3310	31	0. 3912	27	0. 4154	21	0. 4187	23
社旗县	0. 2493	53	0. 0592	51	0. 2193	44	0. 2401	44	0. 5393	15	0. 2462	46	0. 3297	51
宁陵县	0. 2153	54	0. 0298	55	0. 1905	51	0. 1635	53	0. 4334	22	0. 2303	47	0. 3729	33
鲁山县	0. 1664	55	0. 0445	53	0. 1848	53	0. 1066	55	0. 2863	38	0. 1824	55	0. 2686	55

资料来源：河南省统计局综合处，笔者计算整理。

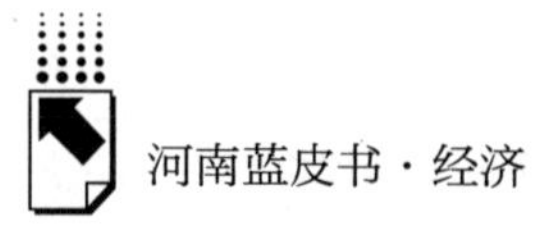

（1）经济高质量发展总体评价

位居前 5 位的依次分别是：新郑市（0.6855、第 1 位），荥阳市（0.6173、第 2 位），新密市（0.5764、第 3 位），偃师市（0.5112、第 4 位），登封市（0.5088、第 5 位）。

（2）发展规模水平评价

位居前 5 位的依次分别是：新郑市（0.8849、第 1 位），荥阳市（0.7153、第 2 位），新密市（0.6287、第 3 位），登封市（0.5700、第 4 位），新安县（0.5302、第 5 位）。

（3）发展潜力活力评价

位居前 5 位的依次分别是：新郑市（0.8424、第 1 位），新密市（0.8161、第 2 位），荥阳市（0.7873、第 3 位），登封市（0.6620、第 4 位），偃师市（0.5880、第 5 位）。

（4）民生幸福评价

位居前 5 位的依次分别是：新郑市（0.9097、第 1 位），荥阳市（0.8726、第 2 位），新密市（0.8049、第 3 位），义马市（0.7852、第 4 位），登封市（0.7341、第 5 位）。

（5）农业基础能力评价

位居前 5 位的依次分别是：唐河县（0.8859、第 1 位），商水县（0.7187、第 2 位），淮阳县（0.6534、第 3 位），杞县（0.6510、第 4 位），西华县（0.6228、第 5 位）。

（6）发展结构评价

位居前 5 位的依次分别是：义马市（0.8157、第 1 位），新郑市（0.6132、第 2 位），沁阳市（0.5758、第 3 位），新密市（0.5706、第 4 位），荥阳市（0.5663、第 5 位）。

（7）发展效益评价

位居前 5 位的依次分别是：沁阳市（0.5826、第 1 位），博爱县（0.5776、第 2 位），温县（0.5642、第 3 位），修武县（0.5616、第 4 位），卫辉市（0.5591、第 5 位）。

（二）基础条件比较好（人均GDP2.5万元以上）的17个县（市）

河南基础条件比较好（人均 GDP2.5 万元以上）的 17 个县（市）2019 年评价结果如表 3 所示。

表 3　基础条件比较好（人均 GDP2.5 万元以上）的 17 个县（市）2019 年评价结果

县(市)	综合评价		发展规模水平		发展潜力活力		民生幸福		农业基础能力		发展结构		发展效益	
	得分	排名	得分	排名	得分	排名	得分	排名	得分	排名	得分	排名	得分	排名
巩义市	0.6142	1	0.6904	1	0.8481	1	0.9129	1	0.1197	17	0.6580	1	0.3662	11
中牟县	0.5134	2	0.4975	2	0.5115	2	0.7351	2	0.1747	13	0.5608	4	0.6194	1
永城市	0.4675	3	0.3876	4	0.4372	3	0.4732	11	0.7179	1	0.3234	12	0.5064	4
林州市	0.4087	4	0.4304	3	0.2709	12	0.6736	3	0.2146	11	0.5678	3	0.3572	12
汝州市	0.4012	5	0.3440	5	0.4047	4	0.5070	8	0.3394	3	0.4493	7	0.4122	8
淇　县	0.3852	6	0.3222	6	0.2725	11	0.5579	6	0.2144	12	0.5818	2	0.4703	5
西峡县	0.3498	7	0.2531	8	0.3629	5	0.6064	4	0.2205	9	0.4098	9	0.3297	15
新乡县	0.3433	8	0.1757	10	0.1988	16	0.6063	5	0.1523	15	0.5560	5	0.5585	3
新野县	0.3405	9	0.1520	12	0.3358	7	0.4738	10	0.4574	2	0.3538	11	0.4072	9
安阳县	0.3128	10	0.1519	13	0.1974	17	0.4276	13	0.2243	8	0.4638	6	0.5690	2
宝丰县	0.3089	11	0.2699	7	0.2003	15	0.4894	9	0.2178	10	0.4157	8	0.3399	13
栾川县	0.3068	12	0.2447	9	0.3356	8	0.4495	12	0.1265	16	0.2894	14	0.4240	7
舞钢市	0.2884	13	0.1211	16	0.2231	14	0.5101	7	0.1680	14	0.4097	10	0.4512	6
新　县	0.2695	14	0.1251	15	0.2485	13	0.3725	14	0.2687	6	0.3215	13	0.3924	10
桐柏县	0.2681	15	0.1352	14	0.3465	6	0.3186	16	0.2683	7	0.2731	15	0.3359	14
洛宁县	0.2452	16	0.1621	11	0.2787	10	0.2795	17	0.3350	4	0.1653	17	0.2856	16
嵩　县	0.2386	17	0.1007	17	0.3163	9	0.3206	15	0.3174	5	0.1754	16	0.2669	17

资料来源：河南省统计局综合处，笔者计算整理。

（1）经济高质量发展总体评价

位居前 5 位的依次分别是：巩义市（0.6142、第 1 位），中牟县（0.5134、第 2 位），永城市（0.4675、第 3 位），林州市（0.4087、第 4

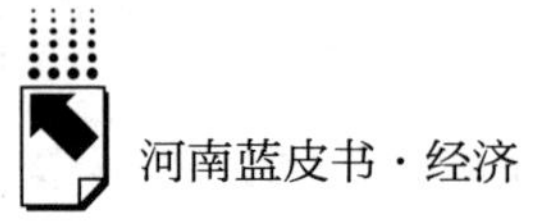

位），汝州市（0.4012、第5位）。

（2）发展规模水平评价

位居前5位的依次分别是：巩义市（0.6904、第1位），中牟县（0.4975、第2位），林州市（0.4304、第3位），永城市（0.3876、第4位），汝州市（0.3440、第5位）。

（3）发展潜力活力评价

位居前5位的依次分别是：巩义市（0.8481、第1位），中牟县（0.5115、第2位），永城市（0.4372、第3位），汝州市（0.4047、第4位），西峡县（0.3629、第5位）。

（4）民生幸福评价

位居前5位的依次分别是：巩义市（0.9129、第1位），中牟县（0.7351、第2位），林州市（0.6736、第3位），西峡县（0.6064、第4位），新乡县（0.6063、第5位）。

（5）农业基础能力评价

位居前5位的依次分别是：永城市（0.7179、第1位），新野县（0.4574、第2位），汝州市（0.3394、第3位），洛宁县（0.3350、第4位），嵩县（0.3174、第5位）。

（6）发展结构评价

位居前5位的依次分别是：巩义市（0.6580、第1位），淇县（0.5818、第2位），林州市（0.5678、第3位），中牟县（0.5608、第4位），新乡县（0.5560、第5位）。

（7）发展效益评价

位居前5位的依次分别是：中牟县（0.6194、第1位），安阳县（0.5690、第2位），新乡县（0.5585、第3位），永城市（0.5064、第4位），淇县（0.4703、第5位）。

（三）农区县33个

河南33个农区县2019年评价结果如表4所示。

表4　33个农区县2019年评价结果

农区县	综合评价		发展规模水平		发展潜力活力		民生幸福		农业基础能力		发展结构		发展效益	
	得分	排名	得分	排名	得分	排名	得分	排名	得分	排名	得分	排名	得分	排名
长垣县	0.4123	1	0.2769	1	0.2537	17	0.6012	1	0.4516	22	0.5724	1	0.4872	1
邓州市	0.4035	2	0.1855	3	0.4005	2	0.4143	2	0.8522	2	0.3163	3	0.3956	7
固始县	0.3733	3	0.1537	5	0.4319	1	0.3275	7	0.7404	4	0.2916	8	0.4165	3
鹿邑县	0.3412	4	0.1733	4	0.3722	3	0.3099	8	0.5901	13	0.3156	4	0.3882	10
滑　县	0.3265	5	0.0963	19	0.2680	15	0.2223	22	0.8631	1	0.1991	30	0.4587	2
潢川县	0.3182	6	0.1281	8	0.2898	12	0.3731	5	0.5364	18	0.3489	2	0.3787	16
西平县	0.3165	7	0.1247	10	0.3422	5	0.2667	17	0.6275	11	0.2695	11	0.3838	12
太康县	0.3120	8	0.1005	17	0.3269	8	0.1945	30	0.7684	3	0.2412	19	0.3682	19
兰考县	0.3108	9	0.2409	2	0.3269	7	0.2808	12	0.4330	23	0.2940	7	0.3291	24
内乡县	0.2973	10	0.1211	12	0.3297	6	0.3989	3	0.4112	24	0.2856	9	0.3508	20
郸城县	0.2915	11	0.1010	16	0.2516	19	0.2076	26	0.6972	6	0.2415	18	0.3805	13
沈丘县	0.2893	12	0.1309	7	0.2872	13	0.2024	28	0.5763	14	0.2333	23	0.3996	5
夏邑县	0.2855	13	0.0942	20	0.2404	23	0.2725	15	0.6580	8	0.1872	31	0.3874	11
光山县	0.2833	14	0.0777	23	0.2723	14	0.3279	6	0.5348	19	0.2459	16	0.3793	14
泌阳县	0.2811	15	0.1268	9	0.2627	16	0.3000	9	0.5687	15	0.2340	22	0.3013	28
南乐县	0.2783	16	0.1168	13	0.2909	11	0.2920	11	0.3938	25	0.3139	5	0.3729	17
新蔡县	0.2754	17	0.0719	26	0.2215	27	0.2193	23	0.6593	7	0.2350	21	0.3903	9
息　县	0.2731	18	0.0757	25	0.2456	21	0.2654	19	0.6560	9	0.2227	28	0.3113	26
平舆县	0.2730	19	0.1042	15	0.2128	30	0.2744	13	0.5484	17	0.2543	13	0.3715	18
淅川县	0.2729	20	0.1134	14	0.3500	4	0.3911	4	0.3674	27	0.2290	25	0.2737	32
上蔡县	0.2683	21	0.0686	28	0.2165	29	0.2179	24	0.6458	10	0.2231	27	0.3789	15
正阳县	0.2649	22	0.0709	27	0.2475	20	0.1882	31	0.7084	5	0.2078	29	0.2962	29
扶沟县	0.2567	23	0.0866	22	0.2432	22	0.1955	29	0.5185	20	0.2675	12	0.3473	21
睢　县	0.2526	24	0.0630	29	0.2297	25	0.2179	25	0.5544	16	0.1792	32	0.3908	8
淮滨县	0.2476	25	0.0769	24	0.2394	24	0.2729	14	0.4877	21	0.2369	20	0.2916	30
商城县	0.2473	26	0.0998	18	0.2205	28	0.2988	10	0.3915	26	0.2466	15	0.3345	23
封丘县	0.2438	27	0.0257	33	0.1573	33	0.2024	27	0.6153	12	0.2316	24	0.3969	6
郏　县	0.2305	28	0.0868	21	0.1722	31	0.2269	21	0.3004	29	0.3135	6	0.4034	4
汝阳县	0.2263	29	0.1212	11	0.2914	10	0.2456	20	0.2036	32	0.2261	26	0.3193	25
南召县	0.2218	30	0.0463	31	0.2969	9	0.2690	16	0.2290	31	0.2437	17	0.3448	22
范　县	0.2152	31	0.1408	6	0.2519	18	0.1233	33	0.2558	30	0.2799	10	0.2838	31
卢氏县	0.2031	32	0.0398	32	0.2256	26	0.2664	18	0.3297	28	0.1402	33	0.3108	27
台前县	0.1569	33	0.0522	30	0.1709	32	0.1514	32	0.1877	33	0.2521	14	0.2084	33

资料来源：河南省统计局综合处，笔者计算整理。

（1）经济高质量发展总体评价

位居前 5 位的依次分别是：长垣县（0.4123、第 1 位），邓州市（0.4035、第 2 位），固始县（0.3733、第 3 位），鹿邑县（0.3412、第 4 位），滑县（0.3265、第 5 位）。

（2）发展规模水平评价

位居前 5 位的依次分别是：长垣县（0.2769、第 1 位），兰考县（0.2409、第 2 位），邓州市（0.1855、第 3 位），鹿邑县（0.1733、第 4 位），固始县（0.1537、第 5 位）。

（3）发展潜力活力评价

位居前 5 位的依次分别是：固始县（0.4319、第 1 位），邓州市（0.4005、第 2 位），鹿邑县（0.3722、第 3 位），淅川县（0.3500、第 4 位），西平县（0.3422、第 5 位）。

（4）民生幸福评价

位居前 5 位的依次分别是：长垣县（0.6012、第 1 位），邓州市（0.4143、第 2 位），内乡县（0.3989、第 3 位），淅川县（0.3911、第 4 位），潢川县（0.3731、第 5 位）。

（5）农业基础能力评价

位居前 5 位的依次分别是：滑县（0.8631、第 1 位），邓州市（0.8522、第 2 位），太康县（0.7684、第 3 位），固始县（0.7404、第 4 位），正阳县（0.7084、第 5 位）。

（6）发展结构评价

位居前 5 位的依次分别是：长垣县（0.5724、第 1 位），潢川县（0.3489、第 2 位），邓州市（0.3163、第 3 位），鹿邑县（0.3156、第 4 位），南乐县（0.3139、第 5 位）。

（7）发展效益评价

位居前 5 位的依次分别是：长垣县（0.4872、第 1 位），滑县（0.4587、第 2 位），固始县（0.4165、第 3 位），郏县（0.4034、第 4 位），沈丘县（0.3996、第 5 位）。

（四）105个县（市）总体评价

河南 105 个县（市）2019 年总体评价结果如表 5 所示。

表 5　河南 105 个县（市）2019 年总体评价结果

县(市)	综合评价		发展规模水平		发展潜力活力		民生幸福		农业基础能力		发展结构		发展效益	
	得分	排名	得分	排名	得分	排名	得分	排名	得分	排名	得分	排名	得分	排名
新郑市	0.6855	1	0.8849	1	0.8424	2	0.9097	2	0.1814	93	0.6132	3	0.5015	15
荥阳市	0.6173	2	0.7153	2	0.7873	4	0.8726	3	0.2264	82	0.5663	9	0.4288	30
巩义市	0.6142	3	0.6904	3	0.8481	1	0.9129	1	0.1197	104	0.6580	2	0.3662	65
新密市	0.5764	4	0.6287	4	0.8161	3	0.8049	4	0.1699	97	0.5706	7	0.3799	53
中牟县	0.5134	5	0.4975	8	0.5115	8	0.7351	6	0.1747	96	0.5608	11	0.6194	1
偃师市	0.5112	6	0.4934	9	0.5880	6	0.7218	8	0.1794	95	0.5659	10	0.5223	11
登封市	0.5088	7	0.5700	5	0.6620	5	0.7341	7	0.1663	99	0.5244	14	0.3288	91
长葛市	0.4905	8	0.5291	7	0.4509	11	0.5771	19	0.2814	74	0.5423	13	0.5525	9
永城市	0.4675	9	0.3876	14	0.4372	12	0.4732	31	0.7179	7	0.3234	48	0.5064	13
沁阳市	0.4589	10	0.4333	10	0.3404	28	0.6895	9	0.2020	89	0.5758	5	0.5826	2
禹州市	0.4427	11	0.3886	13	0.4989	9	0.5904	18	0.3051	70	0.4518	23	0.4486	26
新安县	0.4376	12	0.5302	6	0.3983	19	0.634	13	0.1945	91	0.3684	37	0.4410	27
义马市	0.4293	13	0.3494	17	0.3458	26	0.7852	5	0.0173	105	0.8157	1	0.4161	34
孟州市	0.4233	14	0.3696	16	0.3339	32	0.6615	12	0.2019	90	0.5109	16	0.5391	10
灵宝市	0.4192	15	0.3943	12	0.4884	10	0.5408	24	0.3205	68	0.4296	27	0.3492	75
长垣县	0.4123	16	0.2769	23	0.2537	64	0.6012	16	0.4516	43	0.5724	6	0.4872	19
林州市	0.4087	17	0.4304	11	0.2709	56	0.6736	10	0.2146	86	0.5678	8	0.3572	71
邓州市	0.4035	18	0.1855	38	0.4005	18	0.4143	39	0.8522	3	0.3163	51	0.3956	43
汝州市	0.4012	19	0.3440	18	0.4047	17	0.5070	28	0.3394	64	0.4493	24	0.4122	35
辉县市	0.3952	20	0.2947	21	0.3274	36	0.5261	25	0.4087	52	0.4099	33	0.4954	17
伊川县	0.3915	21	0.2870	22	0.5577	7	0.4562	33	0.2856	73	0.3372	42	0.4401	28
淇　县	0.3852	22	0.3222	20	0.2725	54	0.5579	22	0.2144	87	0.5818	4	0.4703	20
唐河县	0.3809	23	0.1099	68	0.4106	16	0.3652	46	0.8859	1	0.2855	62	0.3957	42
温　县	0.3775	24	0.2569	26	0.2677	58	0.5600	21	0.2581	78	0.4861	20	0.5642	5
渑池县	0.3761	25	0.3766	15	0.2732	53	0.6631	11	0.1795	94	0.4314	26	0.3799	54
武陟县	0.3761	26	0.2448	29	0.2795	51	0.5649	20	0.3498	63	0.4413	25	0.5051	14
固始县	0.3733	27	0.1537	46	0.4319	14	0.3275	52	0.7404	5	0.2916	59	0.4165	33
鄢陵县	0.3567	28	0.2327	33	0.2300	77	0.5150	26	0.4143	49	0.4128	31	0.4671	21
临颍县	0.3558	29	0.1777	40	0.3227	40	0.4269	38	0.3502	62	0.4933	18	0.5127	12

续表

县(市)	综合评价		发展规模水平		发展潜力活力		民生幸福		农业基础能力		发展结构		发展效益	
	得分	排名	得分	排名	得分	排名	得分	排名	得分	排名	得分	排名	得分	排名
博爱县	0. 3556	30	0. 2550	27	0. 2295	79	0. 5463	23	0. 1534	100	0. 4925	19	0. 5776	3
濮阳县	0. 3533	31	0. 2077	34	0. 4259	15	0. 3611	47	0. 5456	32	0. 3092	55	0. 3464	78
西峡县	0. 3498	32	0. 2531	28	0. 3629	22	0. 6064	14	0. 2205	84	0. 4098	34	0. 3297	88
修武县	0. 3473	33	0. 1956	36	0. 2608	61	0. 6002	17	0. 1530	101	0. 4555	22	0. 5616	6
孟津县	0. 3450	34	0. 3252	19	0. 3358	30	0. 4677	32	0. 2382	80	0. 3556	38	0. 3680	64
新乡县	0. 3433	35	0. 1757	42	0. 1988	94	0. 6063	15	0. 1523	102	0. 5560	12	0. 5585	8
鹿邑县	0. 3412	36	0. 1733	43	0. 3722	21	0. 3099	58	0. 5901	22	0. 3156	52	0. 3882	48
新野县	0. 3405	37	0. 1520	48	0. 3358	29	0. 4738	30	0. 4574	42	0. 3538	40	0. 4072	38
襄城县	0. 3393	38	0. 2708	24	0. 2026	92	0. 4333	35	0. 3657	60	0. 4062	36	0. 4520	23
项城市	0. 3339	39	0. 1533	47	0. 3875	20	0. 2835	65	0. 5456	31	0. 3314	46	0. 4073	36
尉氏县	0. 3332	40	0. 2414	31	0. 2977	43	0. 3554	48	0. 4739	40	0. 3314	47	0. 3728	61
滑　县	0. 3265	41	0. 0963	78	0. 2680	57	0. 2223	84	0. 8631	2	0. 1991	96	0. 4587	22
浚　县	0. 3204	42	0. 0879	81	0. 2154	89	0. 3968	41	0. 4381	45	0. 5068	17	0. 4933	18
杞　县	0. 3202	43	0. 1714	44	0. 2568	63	0. 2484	79	0. 6510	14	0. 3332	44	0. 3804	52
潢川县	0. 3182	44	0. 1281	55	0. 2898	48	0. 3731	44	0. 5364	34	0. 3489	41	0. 3787	57
西平县	0. 3165	45	0. 1247	58	0. 3422	27	0. 2667	74	0. 6275	16	0. 2695	65	0. 3838	50
镇平县	0. 3157	46	0. 1126	67	0. 4353	13	0. 3789	43	0. 3892	56	0. 3329	45	0. 3560	72
安阳县	0. 3128	47	0. 1519	49	0. 1974	96	0. 4276	37	0. 2243	83	0. 4638	21	0. 5690	4
太康县	0. 3120	48	0. 1005	75	0. 3269	38	0. 1945	94	0. 7684	4	0. 2412	80	0. 3682	63
兰考县	0. 3108	49	0. 2409	32	0. 3269	37	0. 2808	66	0. 4330	47	0. 2940	57	0. 3291	90
宝丰县	0. 3089	50	0. 2699	25	0. 2003	93	0. 4894	29	0. 2178	85	0. 4157	29	0. 3399	84
汤阴县	0. 3076	51	0. 1923	37	0. 1980	95	0. 4323	36	0. 3264	67	0. 4177	28	0. 4072	37
栾川县	0. 3068	52	0. 2447	30	0. 3356	31	0. 4495	34	0. 1265	103	0. 2894	60	0. 4240	31
方城县	0. 3001	53	0. 0856	85	0. 3507	23	0. 3202	56	0. 5662	25	0. 2552	71	0. 3506	74
内乡县	0. 2973	54	0. 1211	60	0. 3297	33	0. 3989	40	0. 4112	50	0. 2856	61	0. 3508	73
通许县	0. 2962	55	0. 1794	39	0. 2799	50	0. 3046	59	0. 4104	51	0. 3549	39	0. 3420	83
遂平县	0. 2959	56	0. 1776	41	0. 2960	45	0. 3263	54	0. 4251	48	0. 2934	58	0. 3387	85
卫辉市	0. 2949	57	0. 0613	95	0. 2243	82	0. 3501	49	0. 3510	61	0. 4121	32	0. 5591	7
郸城县	0. 2915	58	0. 1010	73	0. 2516	66	0. 2076	90	0. 6972	9	0. 2415	79	0. 3805	51
沈丘县	0. 2893	59	0. 1309	53	0. 2872	49	0. 2024	92	0. 5763	23	0. 2333	84	0. 3996	40
舞钢市	0. 2884	60	0. 1211	61	0. 2231	83	0. 5101	27	0. 1680	98	0. 4097	35	0. 4512	24
夏邑县	0. 2855	61	0. 0942	79	0. 2404	73	0. 2725	71	0. 6580	11	0. 1872	100	0. 3874	49

续表

县(市)	综合评价		发展规模水平		发展潜力活力		民生幸福		农业基础能力		发展结构		发展效益	
	得分	排名	得分	排名	得分	排名	得分	排名	得分	排名	得分	排名	得分	排名
淮阳县	0. 2845	62	0. 0689	92	0. 3290	34	0. 1691	98	0. 6534	13	0. 2109	92	0. 3930	44
罗山县	0. 2841	63	0. 1067	70	0. 2392	75	0. 3038	60	0. 5535	28	0. 2553	70	0. 3754	58
光山县	0. 2833	64	0. 0777	87	0. 2723	55	0. 3279	51	0. 5348	35	0. 2459	77	0. 3793	55
虞城县	0. 2828	65	0. 1297	54	0. 2411	72	0. 2578	77	0. 6061	20	0. 2014	95	0. 3625	67
泌阳县	0. 2811	66	0. 1268	56	0. 2627	60	0. 3000	61	0. 5687	24	0. 2340	83	0. 3013	97
西华县	0. 2800	67	0. 1017	72	0. 3280	35	0. 1841	97	0. 6228	17	0. 2254	89	0. 3164	93
汝南县	0. 2789	68	0. 0912	80	0. 2672	59	0. 2167	89	0. 6119	19	0. 2665	67	0. 3479	76
南乐县	0. 2783	69	0. 1168	65	0. 2909	47	0. 2920	63	0. 3938	53	0. 3139	53	0. 3729	59
宜阳县	0. 2771	70	0. 2011	35	0. 3242	39	0. 2778	68	0. 3730	58	0. 1956	98	0. 3159	94
新蔡县	0. 2754	71	0. 0719	90	0. 2215	84	0. 2193	86	0. 6593	10	0. 2350	82	0. 3903	47
息　县	0. 2731	72	0. 0757	89	0. 2456	70	0. 2654	76	0. 6560	12	0. 2227	91	0. 3113	95
平舆县	0. 2730	73	0. 1042	71	0. 2128	90	0. 2744	69	0. 5484	30	0. 2543	72	0. 3715	62
淅川县	0. 2729	74	0. 1134	66	0. 3500	24	0. 3911	42	0. 3674	59	0. 2290	87	0. 2737	102
原阳县	0. 2720	75	0. 0606	96	0. 1882	99	0. 2328	82	0. 5520	29	0. 3171	50	0. 4495	25
确山县	0. 2704	76	0. 1444	50	0. 2475	68	0. 2707	72	0. 4508	44	0. 2523	73	0. 3449	80
舞阳县	0. 2701	77	0. 1168	64	0. 3147	42	0. 1583	102	0. 3841	57	0. 2999	56	0. 4326	29
新　县	0. 2695	78	0. 1251	57	0. 2485	67	0. 3725	45	0. 2687	76	0. 3215	49	0. 3924	45
商水县	0. 2693	79	0. 0871	82	0. 2254	81	0. 1656	100	0. 7187	6	0. 1991	97	0. 3433	82
上蔡县	0. 2683	80	0. 0686	93	0. 2165	87	0. 2179	87	0. 6458	15	0. 2231	90	0. 3789	56
桐柏县	0. 2681	81	0. 1352	52	0. 3465	25	0. 3186	57	0. 2683	77	0. 2731	64	0. 3359	86
内黄县	0. 2671	82	0. 1083	69	0. 2385	76	0. 1677	99	0. 5942	21	0. 2603	68	0. 3456	79
清丰县	0. 2661	83	0. 1190	63	0. 1402	104	0. 3271	53	0. 4609	41	0. 3357	43	0. 3617	68
获嘉县	0. 2652	84	0. 0321	103	0. 1921	97	0. 2855	64	0. 2794	75	0. 5140	15	0. 4986	16
正阳县	0. 2649	85	0. 0709	91	0. 2475	69	0. 1882	96	0. 7084	8	0. 2078	94	0. 2962	98
柘城县	0. 2634	86	0. 0996	77	0. 2586	62	0. 1941	95	0. 5609	26	0. 2082	93	0. 3590	69
叶　县	0. 2590	87	0. 0783	86	0. 2114	91	0. 2538	78	0. 5299	37	0. 2579	69	0. 3581	70
民权县	0. 2579	88	0. 1208	62	0. 2155	88	0. 2202	85	0. 5303	36	0. 1873	99	0. 3633	66
扶沟县	0. 2567	89	0. 0866	84	0. 2432	71	0. 1955	93	0. 5185	38	0. 2675	66	0. 3473	77
延津县	0. 2536	90	0. 0514	99	0. 1148	105	0. 3310	50	0. 3912	55	0. 4154	30	0. 4187	32
睢　县	0. 2526	91	0. 0630	94	0. 2297	78	0. 2179	88	0. 5544	27	0. 1792	102	0. 3908	46
社旗县	0. 2493	92	0. 0592	97	0. 2193	86	0. 2401	81	0. 5393	33	0. 2462	76	0. 3297	89
淮滨县	0. 2476	93	0. 0769	88	0. 2394	74	0. 2729	70	0. 4877	39	0. 2369	81	0. 2916	99

续表

县(市)	综合评价		发展规模水平		发展潜力活力		民生幸福		农业基础能力		发展结构		发展效益	
	得分	排名	得分	排名	得分	排名	得分	排名	得分	排名	得分	排名	得分	排名
商城县	0.2473	94	0.0998	76	0.2205	85	0.2988	62	0.3915	54	0.2466	75	0.3345	87
洛宁县	0.2452	95	0.1621	45	0.2787	52	0.2795	67	0.3350	65	0.1653	104	0.2856	100
封丘县	0.2438	96	0.0257	105	0.1573	103	0.2024	91	0.6153	18	0.2316	85	0.3969	41
嵩　县	0.2386	97	0.1007	74	0.3163	41	0.3206	55	0.3174	69	0.1754	103	0.2669	104
郏　县	0.2305	98	0.0868	83	0.1722	101	0.2269	83	0.3004	71	0.3135	54	0.4034	39
汝阳县	0.2263	99	0.1212	59	0.2914	46	0.2456	80	0.2036	88	0.2261	88	0.3193	92
南召县	0.2218	100	0.0463	100	0.2969	44	0.2690	73	0.2290	81	0.2437	78	0.3448	81
宁陵县	0.2153	101	0.0298	104	0.1905	98	0.1635	101	0.4334	46	0.2303	86	0.3729	60
范　县	0.2152	102	0.1408	51	0.2519	65	0.1233	104	0.2558	79	0.2799	63	0.2838	101
卢氏县	0.2031	103	0.0398	102	0.2256	80	0.2664	75	0.3297	66	0.1402	105	0.3108	96
鲁山县	0.1664	104	0.0445	101	0.1848	100	0.1066	105	0.2863	72	0.1824	101	0.2686	103
台前县	0.1569	105	0.0522	98	0.1709	102	0.1514	103	0.1877	92	0.2521	74	0.2084	105

资料来源：河南省统计局综合处，笔者计算整理。

（1）经济发展质量总体评价

位居前10位的依次分别是：新郑市（0.6855、第1位），荥阳市（0.6173、第2位），巩义市（0.6142、第3位），新密市（0.5764、第4位），中牟县（0.5134、第5位），偃师市（0.5112、第6位），登封市（0.5088、第7位），长葛市（0.4905、第8位），永城市（0.4675、第9位），沁阳市（0.4589、第10位）。

（2）发展规模水平评价

位居前10位的依次分别是：新郑市（0.8849、第1位），荥阳市（0.7153、第2位），巩义市（0.6904、第3位），新密市（0.6287、第4位），登封市（0.5700、第5位），新安县（0.5302、第6位），长葛市（0.5291、第7位），中牟县（0.4975、第8位），偃师市（0.4934、第9位），沁阳市（0.4333、第10位）。

（3）发展潜力活力评价

位居前10位的依次分别是：巩义市（0.8481、第1位），新郑市

（0.8424、第2位），新密市（0.8161、第3位），荥阳市（0.7873、第4位），登封市（0.6620、第5位），偃师市（0.5880、第6位），伊川县（0.5577、第7位），中牟县（0.5115、第8位），禹州市（0.4989、第9位），灵宝市（0.4884、第10位）。

（4）民生幸福评价

位居前10位的依次分别是：巩义市（0.9129、第1位），新郑市（0.9097、第2位），荥阳市（0.8726、第3位），新密市（0.8049、第4位），义马市（0.7852、第5位），中牟县（0.7351、第6位），登封市（0.7341、第7位），偃师市（0.7218、第8位），沁阳市（0.6895、第9位），林州市（0.6736、第10位）。

（5）农业基础能力评价

位居前10位的依次分别是：唐河县（0.8859、第1位），滑县（0.8631、第2位），邓州市（0.8522、第3位），太康县（0.7684、第4位），固始县（0.7404、第5位），商水县（0.7187、第6位），永城市（0.7179、第7位），正阳县（0.7084、第8位），郸城县（0.6972、第9位），新蔡县（0.6593、第10位）。

（6）发展结构评价

位居前10位的依次分别是：义马市（0.8157、第1位），巩义市（0.6580、第2位），新郑市（0.6132、第3位），淇县（0.5818、第4位），沁阳市（0.5758、第5位），长垣县（0.5724、第6位），新密市（0.5706、第7位），林州市（0.5678、第8位），荥阳市（0.5663、第9位），偃师市（0.5659、第10位）。

（7）发展效益评价

位居前10位的依次分别是：中牟县（0.6194、第1位），沁阳市（0.5826、第2位），博爱县（0.5776、第3位），安阳县（0.5690、第4位），温县（0.5642、第5位），修武县（0.5616、第6位），卫辉市（0.5591、第7位），新乡县（0.5585、第8位），长葛市（0.5525、第9位），孟州市（0.5391、第10位）。

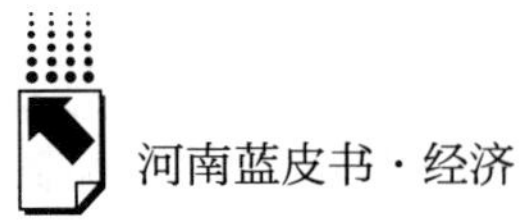

（五）10个省直管县（市）的评价结果

河南 10 个省直管县（市）2019 年评价结果如表 6 所示。

表 6　10 个省直管县（市）2019 年的评价结果

县(市)	综合评价		发展规模水平		发展潜力活力		民生幸福		农业基础能力		发展结构		发展效益	
	得分	排名	得分	排名	得分	排名	得分	排名	得分	排名	得分	排名	得分	排名
巩义市	0.6142	1	0.6904	1	0.8481	1	0.9129	1	0.1197	10	0.6580	1	0.3662	9
永城市	0.4675	2	0.3876	2	0.4372	2	0.4732	4	0.7179	4	0.3234	4	0.5064	1
长垣县	0.4123	3	0.2769	4	0.2537	9	0.6012	2	0.4516	7	0.5724	2	0.4872	2
邓州市	0.4035	4	0.1855	6	0.4005	5	0.4143	5	0.8522	2	0.3163	5	0.3956	6
汝州市	0.4012	5	0.3440	3	0.4047	4	0.5070	3	0.3394	9	0.4493	3	0.4122	5
固始县	0.3733	6	0.1537	8	0.4319	3	0.3275	6	0.7404	3	0.2916	8	0.4165	4
鹿邑县	0.3412	7	0.1733	7	0.3722	6	0.3099	7	0.5901	6	0.3156	6	0.3882	8
滑　县	0.3265	8	0.0963	9	0.2680	8	0.2223	9	0.8631	1	0.1991	10	0.4587	3
兰考县	0.3108	9	0.2409	5	0.3269	7	0.2808	8	0.4330	8	0.2940	7	0.3291	10
新蔡县	0.2754	10	0.0719	10	0.2215	10	0.2193	10	0.6593	5	0.235	9	0.3903	7

资料来源：河南省统计局综合处，笔者计算整理。

（1）经济高质量发展总体评价

位居前 3 位的依次分别是：巩义市（0.6142、第 1 位），永城市（0.4675、第 2 位），长垣县（0.4123、第 3 位）。

（2）发展规模水平评价

位居前 3 位的依次分别是：巩义市（0.6904、第 1 位），永城市（0.3876、第 2 位），汝州市（0.3440、第 3 位）。

（3）发展潜力活力评价

位居前 3 位的依次分别是：巩义市（0.8481、第 1 位），永城市（0.4372、第 2 位），固始县（0.4319、第 3 位）。

（4）民生幸福评价

位居前 3 位的依次分别是：巩义市（0.9129、第 1 位），长垣县（0.6012、第 2 位），汝州市（0.5070、第 3 位）。

（5）农业基础能力评价

位居前 3 位的依次分别是：滑县（0.8631、第 1 位），邓州市（0.8522、第 2 位），固始县（0.7404、第 3 位）。

（6）发展结构评价

位居前 3 位的依次分别是：巩义市（0.6580、第 1 位），长垣县（0.5724、第 2 位），汝州市（0.4493、第 3 位）。

（7）发展效益评价

位居前 3 位的依次分别是：永城市（0.5064、第 1 位），长垣县（0.4872、第 2 位），滑县（0.4587、第 3 位）。

三　反思与建议

通过对河南 105 个县域经济中，纳入中心城市组团发展范围的县（市）55 个、基础条件比较好（人均生产总值 2.5 万元以上）的县（市）17 个、农区县 33 个等三大分类，以及 10 个省直管县等，进行各类评价指标的多类别视角比较，可以发现：河南县域经济发展的差异性分化明显；地理区位禀赋的重要性突出，交通基础条件成为县域经济高质量发展的独特比较优势；体现要素吸引力的经济份额—人口份额的比值不同，导致产业优势与人才吸纳存在差异，要素吸引力成为县域经济高质量发展的重要源泉；城镇化具有缩小城乡收入差异的效应，对各类人均可支配收入的提升具有内生差异性互动规律，成为县域经济高质量发展必需的牢牢依托；产业发展效应的类别差异性和个体异质性明显，产业支撑力的打造与协同成为县域经济高质量发展的关键所在；需要全面把握县域经济高质量发展的努力方向，努力突出“特色”目标，深度打造“融合”机制，高度重视“内合外联”机遇，时刻关注“借势借力”发掘，持续追求县域经济高质量发展。

（一）县域经济发展分化明显与异质性挑战严峻

依据河南省统计局综合处可得的权威数据，得到的河南县域经济高质量发展的规模水平、潜力活力、民生幸福、农业基础能力、发展结构、发展效益等层面的评价结果，表明河南县域经济发展的差距依然存在，甚至部分县域之间的差距有拉大的趋势，实现河南县域经济高质量发展的空间地域非均衡格局挑战严峻。在此，借用最早由意大利统计与社会学家基尼（Corrado Gini）在1912年提出的、国际上通用的、用以衡量一个国家或地区居民收入或其他指标发展差距的基尼系数，来分析判断县域经济发展的不平等程度。一般而言，基尼系数的最大值为“1”，最小值等于“0”；越接近0表明越是趋向平等。国际惯例把基尼系数在0.2以下视为绝对平均；0.2～0.3视为比较平均；0.3～0.4视为相对合理；0.4～0.5视为差距较大；当基尼系数达到0.5以上时，则表示发展差异悬殊。可以发现：在河南县域经济发展的总体105个县（市）之间，在纳入中心城市组团发展范围的55个县（市）之间，在基础条件比较好的17个县（市）之间，在农区县域经济33个县之间，在省直管县10个县（市）之间，以及在县域经济高质量发展评价的总体评价指数、规模水平、潜力活力、民生幸福、农业基础能力、发展结构、发展效益等一个总体评价指数、6个层级分指数之间，基尼系数均表现出明显的空间地域性异质性和发展评价指数的非均衡性态势。

（1）55个城市组团县（市）相互之间的发展不均衡程度差异相对较大；33个农区县相互之间的发展不均衡程度差异相对较小；55个城市组团县（市）、33个农区县以及17个条件比较好的县（市）相互之间的发展不均衡程度明显。

基于对河南105个县域经济评价指数类别的组成视角，我们发现对总体评价指数、规模水平、潜力活力、民生幸福、农业基础能力、发展结构、发展效益等一个总体评价指数，6个分指数而言，其绝大部分评价指数的基尼系数的最大值属于55个城市组团县（市）；所有的评价指数的基尼系数的最小值属于33个农区县；只有个别评价指数的基尼系数的最大值属于17个条件比较好的县（市）；且所有评价指数的基尼系数的最值之间的比值较大。这意味着，发展不均衡程度相对较大的在55个城市组团县（市）相互之间；发展不均衡程度相对较小的在33个农区县相互之间；在55个城市组团县（市）、33 个农区县以及 17 个条件比较好的县（市），相互之间的发展不均衡程度存在明显差异（参见表 7）。

表 7　河南 105 个县域经济评价指数的基尼系数数据

类别	总体评价指数	规模水平	潜力活力	民生幸福	农业基础能力	发展结构	发展效益
105 个县域经济	0. 147	0. 408	0. 212	0. 266	0. 262	0. 211	0. 111
17 个条件比较好的县(市)	0. 147	0. 310	0. 215	0. 168	0. 257	0. 193	0. 132
55 个城市组团县(市)	0. 151	0. 413	0. 241	0. 273	0. 248	0. 199	0. 107
33 个农区县	0. 102	0. 252	0. 128	0. 168	0. 192	0. 125	0. 083
10 个省直管县(市)	0. 122	0. 341	0. 202	0. 248	0. 220	0. 202	0. 070

资料来源：河南省统计局综合处，笔者计算整理。

（2）所有的规模水平评价指数所揭示的发展不均衡程度差异相对较大；所有的发展效益评价指数所揭示的发展不均衡程度差异相对较小，且所有的县域经济评价指数所揭示的发展不均衡程度差异明显。

按照河南 105 个县域经济评价中的县域类别划分，对 55 个城市组团县（市）、17 个条件比较好的县（市）、33 个农区县等三大类别而言，所有的县域经济评价指数的基尼系数的最大值源于规模水平；所有的评价指数的基尼系数的最小值源于发展效益；且最值之间的比值水平较大；且对总体评价指数、规模水平、潜力活力、民生幸福、农业基础能力、发展结构、发展效益等一个总体评价指数，6 个分指数的评价指数体系而言，所有的县域经济评价指数的基尼系数的最大值与最小值之比值范围在 1. 3 至 1. 9 之间。这意味着，在一个总体评价指数，6 个分指数的评价指数体系中，相互之间均存在明显差异（参见表 7）。

（3）河南 105 个县域经济的发展不平衡程度差异，最大值部分主要源于体现省辖市相互之间差异的组间系数，最小值部分主要源于体现省辖市内部相互之间差异的组内系数，且省辖市相互之间的发展不平衡程度要远远大于省辖市内部。

按照对河南105个县域经济各项评价指数的设计，对总体评价指数、规模水平、潜力活力、民生幸福、农业基础能力、发展结构、发展效益等一个总体评价指数，6个分指数而言，依据所有各项评价指数的基尼系数的分解构成，评价指数的基尼系数的最大值部分主要源于组间系数；评价指数的基尼系数的最小值部分主要源于组内系数；且最大值与最小值之间的比值一般在15至25之间，最值之间的比值水平较大。这意味着，按照河南105个县域经济的各项评价指数的基尼系数的分解构成，评价指数的基尼系数的最大值部分主要取决于体现省辖市所属的县域经济整体相互之间发展差异的组间系数；评价指数的基尼系数的最小值部分主要取决于体现省辖市内部所属的县域经济相互之间发展差异的组内系数；体现省辖市之间与省辖市之内的基尼系数的重叠（overlap）系数部分也占一定的份额（参见表8）。

表8　河南105个县域经济评价指数的基尼系数的分解数据及结构

基尼系数类别	组间(Between)	重叠(Overlap)	组内(Within)	总系数(Total_Gini)
总体评价	0.098	0.044	0.006	0.147
占比(%)	66.467	29.532	4.001	100.000
规模水平	0.305	0.088	0.014	0.408
占比(%)	74.887	21.669	3.444	100.000
潜力活力	0.159	0.045	0.008	0.212
占比(%)	75.118	21.320	3.563	100.000
民生幸福	0.205	0.052	0.009	0.266
占比(%)	77.042	19.564	3.395	100.000
农业基础能力	0.197	0.054	0.011	0.262
占比(%)	75.147	20.744	4.109	100.000
发展结构	0.161	0.043	0.007	0.211
占比(%)	76.441	20.209	3.351	100.000
发展效益	0.080	0.027	0.004	0.111
占比(%)	71.448	24.531	4.021	100.000

资料来源：河南省统计局综合处，笔者计算整理。

（4）发展不平衡程度最大值部分主要来源于各个省辖市的县域经济评价指数的规模水平或农业基础能力；发展不平衡程度的最小值部分主要来源

于绝大部分省辖市的县域经济评价指数的发展效益；且其余评价指数所体现的发展不平衡程度差异明显。

通过对河南105个县域经济的评价指数的基尼系数按照省辖市进行归类比较，对总体评价指数、规模水平、潜力活力、民生幸福、农业基础能力、发展结构、发展效益等一个总体评价指数，6个分指数而言，评价指数的基尼系数的最大值部分，主要取决于以各个省辖市所属县域经济为类别划分进行评价的规模水平或农业基础能力指数；评价指数的基尼系数的最小值部分，主要取决于以各个省辖市所属县域经济为类别划分进行评价的发展效益指数；且最值之间差异较大；各个省辖市的一个总体评价指数，6个分指数的基尼系数相互之间均存在差异（参见表9）。

表9　河南105个县域经济评价指数的基尼系数的省辖市归类数据

地市	总体评价指数	规模水平	潜力活力	民生幸福	农业基础能力	发展结构	发展效益
郑州市	0.058	0.102	0.084	0.050	0.094	0.040	0.121
开封市	0.024	0.081	0.049	0.072	0.097	0.035	0.032
洛阳市	0.156	0.293	0.143	0.201	0.176	0.217	0.121
平顶山	0.145	0.372	0.154	0.246	0.198	0.156	0.088
安　阳	0.074	0.307	0.074	0.254	0.300	0.197	0.103
鹤　壁	0.046	0.286	0.059	0.084	0.171	0.034	0.012
新　乡	0.108	0.445	0.157	0.216	0.192	0.142	0.064
焦　作	0.054	0.149	0.076	0.049	0.164	0.048	0.025
濮　阳	0.144	0.211	0.216	0.208	0.200	0.054	0.103
许　昌	0.083	0.177	0.201	0.063	0.084	0.062	0.043
漯　河	0.068	0.103	0.006	0.229	0.023	0.122	0.042
三门峡	0.126	0.235	0.161	0.186	0.318	0.279	0.060
南　阳	0.098	0.238	0.086	0.136	0.250	0.098	0.055
商　丘	0.120	0.381	0.132	0.179	0.082	0.102	0.054
信　阳	0.070	0.141	0.105	0.067	0.145	0.084	0.062
周　口	0.050	0.156	0.099	0.113	0.071	0.092	0.043
驻马店	0.028	0.181	0.083	0.094	0.085	0.056	0.052

资料来源：河南省统计局综合处，笔者计算整理。

（5）各个省辖市所属县域经济的所有评价指数所体现的发展不平衡程度的最大值和最小值的来源存在明显差异性；各个省辖市所属县域经济的所有评价指数所体现的发展不平衡程度均表现出分化与异质性。

依据河南 105 个县域经济的评价指数的基尼系数，对各个省辖市进行归类比较，发现各个省辖市县域经济的所有各类评价指数的基尼系数的最大值和最小值来源于不同的省辖市；各个省辖市县域经济的总体评价指数、规模水平、潜力活力、民生幸福、农业基础能力、发展结构、发展效益等指数的基尼系数均表现出明显的差异分化与异质性（参见表 9）。

（二）地理区位禀赋重要性突出，交通基础条件差异成为县域经济高质量发展的独特比较优势

作为典型的区域经济发展的基本行政单元，县域经济发展繁荣的基本逻辑依赖于人口的吸纳集聚与产业集聚效应的互动。县域的人口规模和经济规模水平的重要决定因素在于地理区位禀赋基础，以及在此基础上形成的交通运输条件的完善与便利性。

运用 2018 年河南 105 个县域经济的截面数据，对河南 105 个县域经济距其所在省辖市的交通距离水平与其所拥有的地区生产总值规模水平进行比照，可以发现县域经济的地区生产总值规模水平与县域经济距其所在省辖市的交通距离之间的互动关系，以及异质性问题。可用一条拟合线来描述它们之间的互动关系。可以发现：河南 105 个县域经济距其所在省辖市的交通距离与其 GDP 规模水平之间，大体呈现较为明显的负向相关关系，即县域经济距其所在省辖市的交通距离增加，其地区生产总值规模水平同步减少；在县域经济层面，其所在省辖市的空间距离，与其 GDP 规模水平的引领互动价值存在；部分县域经济分享到了省会城市郑州的发展红利，但存在明显的个体异质性，且大多数发展水平处于中低端。总体而言，区域中心城市对周边县域经济的带动力，也取决于它的地理空间位置，越是距离区域中心城市比较近的县域经济，受到的辐射带动影响相对越大。可见区位禀赋与交通条件对县域经济创造 GDP 规模水平的重要性。

（三）经济份额—人口份额的比值不同导致产业优势与人才吸纳能力存在差异，营商环境的要素吸引能力成为县域经济高质量发展的重要源泉

县域经济的产业优势与人才吸纳魅力存在差异，成为县域经济高质量发展和经济发展水平存在差距的重要原因。县域经济在人口、面积等方面存在巨大差异，因而单纯比较其 GDP 意义有限。在此借鉴 OECD 的研究方法，比较各县域经济的经济份额 - 人口份额之比值（县域经济 GDP 占全省比重/县域经济常住人口占全省比重）。该比值刻画了县域经济单位人口创造的 GDP 的相对水平，该比值越高，意味着县域经济的产业优势越明显，对人口、劳动力人才的吸引力越强。因而，经济份额 - 人口份额比值（区域经济份额/人口份额）可反映县域经济层面的总体人口吸引力，既刻画县域经济对要素吸引力的累积效应，也可用来描述与经济发展水平效应的互动分化，这两个角度相互印证。

运用 2018 年的河南 105 个县域经济的截面数据，对河南 105 个县域经济的经济份额—人口份额的比值与人均地区生产总值水平进行比照，可以发现河南 105 个县域经济的经济份额 - 人口份额的比值水平和人均 GDP 水平的互动关系，以及异质性问题。可用一条拟合线来描述它们之间的互动关系。可以发现：河南 105 个县域经济的经济份额 - 人口份额的比值与人均地区生产总值水平之间存在相当理想的互动提升的协调一致性。经济份额 - 人口份额的比值与人均地区生产总值水平之间，呈现非常明显的线性正向相关关系，意味着随着经济份额 - 人口份额的比值的累积增加，人均地区生产总值水平同步增加；县域经济层面的经济份额 - 人口份额的比值的集聚进程，与人均地区生产总值水平的引领互动价值非常明显；但个体异质性明显，且发展水平大多处于低端。总体意味着营商环境的用心打造与日益完善，应该成为促进县域经济高质量发展的重中之重的政策意蕴。

（四）县域经济发展的土地流转进程不足，个体异质性明显，实现农业劳动力的真正事实性流出对县域经济高质量发展而言任重道远

作为县域经济发展水平提升的重要前提和基础要件，伴随着生产要素的

市场化机制的调控流动，人均耕地面积只有不断增加，农业人均生产条件持续改善和劳动生产率不断提升，才能保证农业生产基础持续筑牢和转型，这既是乡村振兴的迫切需要，也是县域经济高质量发展的内在要求。只有完善土地流转体制机制，只有农业劳动力的真正事实性流出，只有让剩下的农民能够真正增加人均土地面积，顺应农业生产非常明显的规模化经营规律，使得人均耕地面积或者人均的农场面积越来越大，产品的生产成本实际上变得越来越低，才可以同时解决农民收入提高、农产品的经营成本降低、农产品竞争力提高等多元问题。

运用2018年河南105个县域经济的截面数据，对河南105个县域经济的人均粮食播种面积变动情况，与农村居民人均可支配收入、居民人均可支配收入水平进行比照，可以发现县域经济的人均粮食播种面积变动水平与县域经济发展收入水平的互动变化关系，以及异质性问题。可用一条线来拟合进程轨迹关系。可以发现：河南105个县域经济的人均耕地面积，与农村居民人均可支配收入、居民人均可支配收入水平之间，呈现明显的负向相关关系，即随着县域经济的人均耕地面积的增加，农村居民人均可支配收入、居民人均可支配收入水平下降；意味着县域经济人口转向非农业领域的事实性进程严重滞后，乡村人口城镇化转移明显不足；各个县域经济之间的异质性明显；绝大部分县域经济处在低端互动发展水平。

（五）城镇化具有缩小城乡收入差异的效应，对人均可支配收入提升具有内生差异性互动规律，成为县域经济高质量发展必需的重要依托

根据理论和实践证明，县域经济发展对居民家庭人均可支配收入、城镇居民家庭人均可支配收入、农村居民家庭人均可支配收入均具有提升价值，但存在明显的差异性。县域经济发展对居民家庭人均可支配收入提升的城乡差异，存在积极的缩小推动作用，居民家庭人均可支配收入在提升进程中的城乡差异缩小，与城镇化进程水平之间存在一定的互动促进关系。

运用2018年的河南105个县域经济的截面数据，对河南105个县域经济的城镇化水平与居民家庭人均可支配收入提升的城乡差异、居民家庭人均可

支配收入、城镇居民家庭人均可支配收入、农村居民家庭人均可支配收入等进行比照，可以发现河南105个县域经济的居民家庭人均可支配收入水平提升的城乡差异、居民家庭人均可支配收入、城镇居民家庭人均可支配收入、农村居民家庭人均可支配收入，与城镇化比率的互动提升关系，以及个体异质性问题。可用一条拟合线来描述它们之间的互动关系。

（1）河南县域经济的居民家庭人均可支配收入提升的城乡差异存在互动缩小效应。县域经济居民家庭人均可支配收入的城乡差异减小与城镇化进程具有互动同步性，但存在个体微小差异性。

河南105个县域经济居民家庭人均可支配收入在提升过程中的城乡差异缩小水平，与城镇化进程具有互动协调同步性；但存在明显的个体微小差异性。城镇化进程存在一种机制，可以使剩余劳动力脱离生产率相对低的农村和农业部门，进入生产率相对更高的非农领域，均衡城乡收入差异。

（2）河南县域经济的居民家庭人均可支配收入提升与城镇化进程具有互动协调同步性，但存在明显的个体差异性。

（3）河南县域经济的农村居民家庭人均可支配收入提升与城镇化进程具有互动协调同步性，但存在明显的个体差异性。

（4）河南县域经济的城镇居民家庭人均可支配收入提升与城镇化进程具有互动协调同步性，但存在明显的个体差异性。

（六）产业发展效应的类别差异性和个体异质性明显，产业支撑力的打造与协同成为县域经济高质量发展的关键所在

运用2018年河南105个县域经济的截面数据，对河南105个县域经济的第二、三产业增加值，以及第二、三产业增加值之和占GDP比重，与人均一般公共预算收入进行比照，可以发现河南105个县域经济的人均一般公共预算收入水平与第二、三产业增加值及第二、三产业增加值之和占GDP比重的互动提升关系，以及个体异质性问题。

（1）河南105个县域经济的人均一般公共预算收入与第二产业增加值占GDP比重具有互动提升的内在互动同步性，但存在明显的个体差异性。

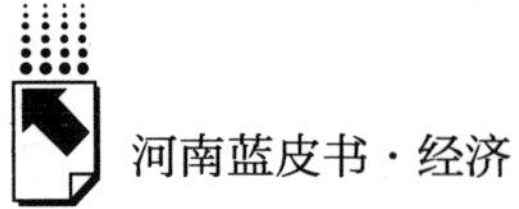

（2）河南105个县域经济的人均一般公共预算收入与第三产业增加值占GDP比重具有互动提升的同步性，但存在明显的个体差异性。

（3）河南105个县域经济的人均一般公共预算收入与第二、三产业增加值之和占GDP比重具有互动提升的同步性，但存在明显的个体差异性。

（七）县域经济高质量发展需要全面把握努力方向

县域经济虽在国民经济发展中有重要地位，但其内部自身产业结构整体上处于较低层次，主导行业领域的现代化程度较低，在附加值“微笑曲线”轨迹中的位阶不高；受制于市场利益机制驱动，县域经济外部的“虹吸效应”较为明显。要实现县域经济高质量发展，推动县域经济迈向新的水平或更高台阶，实施经济社会转型，必须全面把握努力方向。

（1）突出“特色”这个基本点

基于县域经济发展自身的实际资源禀赋，依托特色条件凸显优势，利用特色要素带动品质，借力特色基础发掘竞争力，发挥特色组合带来高效益。一是发展县域经济的特色产业。在利用自身比较优势的基础上，打造一乡镇一精品，甚至是一县域一名品等，做强做大产业集群，发挥规模经济效应，成就自身发展特色。二是打造县域经济的特色平台。基于县域经济发展的实际基础，对标现代化建设要求，构筑特色鲜明的小镇、园区、农庄、基地等特色产业、产镇融合有效载体。三是探寻县域经济发展的特色模式，把握经济发展规律内在要求，寻求与大生产接轨，同现代经营方式对接，最大限度地利用先进科技手段，在生产模式、经营方式、组织形式等方面，探寻打造促进产业升级、产品换代的县域经济高质量发展的有效体制机制和组织构架。

（2）突出“融合”这个关键点

依托县域经济的融合发展开拓商机新天地，创造产品新商机，追求产业新高度；依托县域经济的融合发展极致挖掘政策信息价值，拓展要素配置空间，提高要素组合效益，促进县域和大区域的协调发展；依托县域经济的融合发展，提升规避经营风险的有效能力，增加产品运营盈利水平，提升产品和产业档次水平。一是推进县域经济基础设施一体化建设，扩展县域经济发展空间。大胆创新、全面破除城乡二元体制结构，扎实推动城乡要素平等交换，利用城乡融合关键环节机制的有效突破，充分发现利用农村资源市场化规制的能量。二是推进县域经济产业深度融合机制，做强做精做深单项产业，实现拉长产业链条与提升规模经济效应的有效对接，融合拓展和催生新的产业，实现第一、二、三产业融合发展。三是推动县域经济发展的功能融合，利用现有存量基础，科学优化产业发展、需求拓展和政策指向的结构功能与有机耦合，依托生产领域与服务层面的多样化对接整合，打造完善的田园综合体、康养综合体、特色小镇等，以及现代化的农业经营体，以综合性满足县域经济高质量发展的社会多方需求。

（3）突出“内合外联”这个发力点

县域经济发展必须树立全局性综合意识，以宽广的胸襟，以鸟瞰的视野，依托内外联动补发展短板，以内外共赢避免两败俱伤，要特别杜绝“零和博弈”的恶性竞争；要依托内外联动控风险、减风险、规避风险，首要的在于周边县域间的联动，同时跨界跨区联合，共进共赢。一是联合构建产业发展园区构架，探索县域经济发展的“飞地经济”等模式，联合开拓合作园区发展，突破县域经济行政辖区自身资源供给的约束瓶颈，打破县域经济发展的行政封锁和市场分割，实现超出县域经济传统发展空间的更大范围内的统筹规划和要素优化配置。二是联合推进县域经济的重大项目建设，实现超出县域经济传统发展能力的区域性的重要基础设施的共建和共享。

（4）突出“借势借力”这个支撑点

县域经济发展必须牢固树立借势得产业创新实惠、得经济增长实惠的理念，高度重视把握借势可以获得发展先机的机会，努力通过借势借力实现超越发展、跨越发展。一是借力国家区域性发展战略囊括的重要的资金、项目和政策等之势，发掘县域经济发展可以利用的浓缩度极高的综合红利。积极融入区域发展战略，谋划和实施牵一发而带动全身、得一棋活全局的县域经济发展政策。争取国家重大战略利好，通过战略平台争取县域经济发展先行先试的权利，在发挥引领示范作用的同时，促进县域经济高质量发展。二是借先进县域和区域发展之势，借鉴发达县域一流营商环境构建的丰富经验和典型做法，学习发达县域在新经济新动能培育构建方面的有效路径探索，借力与发达县域在互换比较优势基础上的合作，吸引先进的资源要素，努力通过搭便车、乘快船，齐头并进，甚至后来居上，实现县域经济高质量发展。

参考文献

李京文：《快速发展中的中国经济：热点　对策　展望》，社会科学文献出版社，1996。

任保平：《以质量看待增长：对新中国经济增长质量的评价与反思》，中国经济出版社，2010。

武义青：《经济增长质量的度量方法及其应用》，《管理现代化》1995 年第 10 期。

郭克莎：《论经济增长的速度与质量》，《经济研究》1996 年第 1 期。

钟学义等：《增长方式转变与增长质量提高》，经济管理出版社，2001。

毛海波：《浅谈经济增长质量的内涵》，《企业导报》2009 年第 4 期。

单薇：《基于熵的经济增长质量综合评价》，《数学的实践与认识》2003 年第 10 期。

李俊霖、叶宗裕：《中国经济增长质量的综合评价》，《税务与经济》2009 年第7 期。

毛燕玲、肖教燎、傅春：《中部 6 市经济增长质量的综合比较》，《统计与决策》2008 年第 5 期。

王文彬、王雅华：《中部地区 6 省经济增长质量的评价与分析》，《价值工程》2009 年第 4 期。

河南省发改委：《关于发布 2014 年度产业集聚区考核综合排序的通知》（豫集聚办〔2016〕1 号），河南省发改委豫集聚办，2016 年 5 月 4 日。

分析预测篇

Analysis and Forecast

B.5
2019年河南产业高质量发展分析及2020年展望

唐晓旺*

摘　要： 产业高质量发展的本质要求是产业结构合理，不断实现转型升级，并显著提升产业发展的效益。2019年，河南战略新兴产业和高技术制造业增长显著，经济要素和组织效率明显提高，经济效益显著改善，产业高质量发展取得可喜的成效。同时，也应该看到，河南产业发展“含金量”还不高，供给与需求之间的适配性较差，存在着诸多结构性失衡。2020年是河南产业高质量发展的关键之年，面临着诸多有利条件，也存在一些挑战。河南要加快完善促进产业高质量发展的体制机制，完善促进高质量发展的政策体系和支撑体系，优化

* 唐晓旺，河南省社会科学院经济研究所研究员，主要研究方向为区域经济。

发展环境，推进全省供给结构优化、生产效率提高和价值创造提升。

关键词： 产业高质量发展　高技术制造业　产业结构

产业高质量发展是构建现代经济体系的重要命题，是产业迈向中高端的重要途径和手段。产业高质量发展，是发展方式、结构、动力的多重转向，是结构高级化、效率最佳化和价值最大化的有机统一。2019 年以来，河南产业发展质量尽管有了一定的提高，但与发达省份相比，整体仍处于产业链、价值链中低端，核心竞争力较弱。未来一个时期，河南要加快完善促进产业高质量发展的体制机制、政策体系和支撑体系，促进供给结构优化、生产效率提高和价值创造提升，推动产业向高质量发展。

一　2019年河南产业高质量发展的现状分析

（一）产业结构进一步优化，经济发展动能加速转换

产业高质量发展首先表现为产业结构的优化和升级。作为工业大省，河南产业高质量发展的首要任务是优化工业结构，推进先进制造业和高新技术产业发展，实现经济发展动能的转换。1～9 月，河南规模以上工业增加值增速为7.9%，比年初增长0.7%，其中，传统产业增加值增长6.5%，低于规模以上工业增幅；而战略新兴产业增加值增长 15.7%，高技术制造业增加值增长 8%，均高于规模以上工业增速，显示出河南工业发展的质量有明显提高（见表 1）。同时，产业高质量发展还表现为服务业比重的提高。1～9 月，河南服务业占 GDP 的比重为 45.1%，比上年同期提高 1.1 个百分点；对 GDP 增长的贡献率达 45.8%，高于工业 1.5 个百分点，表明河南 2019 年前三季度在产业高级化方面有了新的进展。

表1　2019 年 1 ~9 月规模以上工业增加值增速（累计）

单位：%

指标＼月份	2	3	4	5	6	7	8	9
传统产业	9. 3	9. 4	9. 2	8. 8	9. 1	8. 6	6. 5	6. 5
战略新兴产业	8. 8	8. 2	9. 1	8. 6	10. 1	10. 6	12. 6	15. 7
高技术制造业	8. 4	7. 4	7. 4	5. 3	6. 3	5. 9	6. 5	8

资料来源：河南省统计局、国家统计局河南调查总队：《河南统计月报》，2019 年 9 月。

（二）高新技术产业发展较快，产品结构持续优化

产业高质量发展还要求产品和服务结构的优化升级。2019 年 1 ~9 月，与产业结构优化升级相对应，河南的产品和服务结构也呈现持续优化的特征。就行业结构来说，2019 年 1 ~9 月规模以上工业增加值增速贡献率十大产业中，属于先进制造业的有五项，前三名分别是通用设备制造业，计算机、通信和其他电子设备制造业和汽车制造业（见表 2）。就具体产品来说，前三季度，产量增长较快的产品主要有：工业机器人增长 102. 2%，新能源汽车增长 49. 6%，锂离子电池增长 21. 2%。就服务业来说，随着互联网的发展，河南省新业态蓬勃发展，其中，快递业务总量增长 39. 5%，同比提高 1. 5 个百分点；跨境电商进出口（不含快递包裹）增长 23. 1%。

表 2　2018 年、2019 年 1 ~9 月规模以上工业增加值增速贡献率十大产业

单位：%

产业＼时间/指标	2018 年		2019 年 1 ~9 月	
	增速	贡献率	增速	贡献率
通用设备制造业	8. 0	5. 0	12. 6	13. 1
计算机、通信和其他电子设备制造业	14. 4	11. 8	15. 8	9. 7
汽车制造业	7. 5	5. 7	5. 9	9. 1
食品制造业	9. 3	5. 5	11. 5	8. 6
有色金属冶炼和压延加工业	12. 9	7. 7	14. 7	7. 5
黑色金属冶炼和压延加工业	12. 9	6. 6	14. 0	7. 1
金属制品业	2. 3	-0. 5	12. 1	6. 8

续表

产业 \ 时间 指标	2018 年		2019 年 1～9 月	
	增速	贡献率	增速	贡献率
电气机械和器材制造业	14.3	7.4	17.2	6.4
医药制造业	5.4	1.9	7.6	6.2
非金属矿物制品业	6.8	7.7	5.0	5.7

资料来源：河南省统计局、国家统计局河南调查总队：《河南统计月报》，2019 年 9 月。

（三）非公有制经济增速较快，经济要素和组织效率明显提高

产业的高质量发展还体现在生产效率上，包括要素效率和组织效率的提高，体现了产业体系的整体有机性。以工业为例，2019 年 1～9 月，河南高新技术产业快速发展，推动着全省全要素生产率的提升。与此同时，随着经济体制改革的推进，生产的组织效率也持续提升。以工业为例，2019 年 1～9 月，全省规模以上工业增加值增速为 7.9%，其中，国有控股企业增加值增速只有 0.3%，而非公有制企业增速则达到 9.7%，非公有经济成为促进生产和组织效率提高的关键力量（见图 1）。2019 年 1～9 月，随着河南国有企业改革和混合所有制企业改革的推进，非公有经济的比重持续上升，全省经济要素效率和组织效率明显提高，产业发展的质量明显改善。

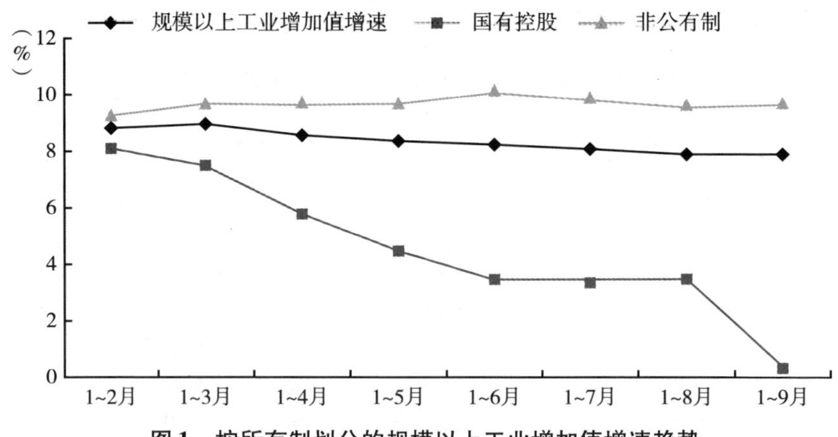

图 1　按所有制划分的规模以上工业增加值增速趋势

资料来源：河南省统计局、国家统计局河南调查总队：《河南统计月报》，2019 年 9 月。

（四）经济效益明显改善，产品和服务附加值显著提升

产业的高质量发展的最终成果是投入产出比的改善，体现为经济效益的提高。2019 年 1 ~ 8 月，随着产业和产品结构的不断优化，全省企业的经济效益有了明显改善。1 ~ 8 月，全省规模以上工业企业营业收入累计增长 14.7%，利润总额累计增长 22.2%，显示出良好的经济效益，体现着河南经济产业发展质量的明显提升。图 2 显示出全省 1 ~ 8 月规模以上工业企业经济效益增长趋势，表明河南 1 ~ 8 月产业发展质量快速提高。

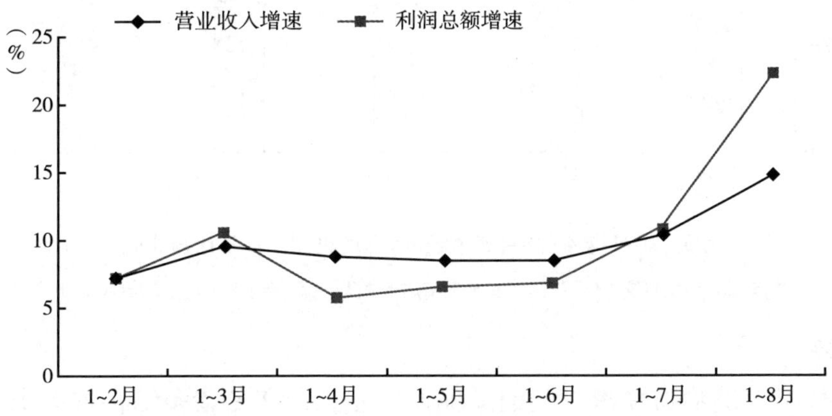

图 2　2019 年 1 ~ 8 月规模以上工业营业收入和利润总额增速趋势

资料来源：河南省统计局、国家统计局河南调查总队：《河南统计月报》，2019 年 9 月。

二　2019年河南产业高质量发展存在的问题

（一）税收收入占 GDP 的比重较低，产业发展含金量不高

税收收入占 GDP 的比重，表明单位 GDP 所带来的税收收入。在税率相同的情况下，税收收入占 GDP 的比重反映着各地区生产总值的含金量，数

值越高表明该地区产业发展的质量越高。图3是2019年1～9月五个经济大省税收占GDP比重比较，可以看出，在五个经济大省中，河南税收收入占GDP的比重最低，只有5.6%，不及浙江省的一半，说明河南经济体量尽管很大，但是含金量较低，反映产业发展质量有待提高。

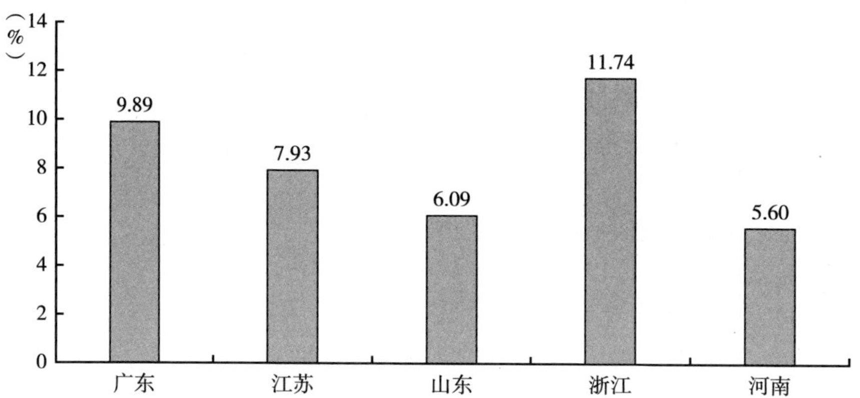

图3　2019年1～9月五个经济大省税收占GDP比重比较

资料来源：河南省统计局、国家统计局河南调查总队：《河南统计月报》，2019年9月。

（二）供给与需求之间的适配性较差，存在着诸多结构性失衡

2019年初以来，河南三次产业之间的数量比例关系持续调整，总体符合产业结构高级化的一般规律，但产业之间的融合性、产业链环节的协调性并没有明显提升，生产供给与消费需求的匹配度不高。一是三次产业结构不太合理。河南第一产业比重仍然较大，比重达到9.2%，与兄弟省份相比比重较高。二是工业比重较大，但是内部结构不合理。河南工业结构中，资源型产业比重较高，经济发展活力不足。煤炭、钢铁、水泥、有色金属、化工和电力等行业产能过剩，经济增长后劲不足。高新技术产业和其他战略新兴产业，如网络通信、精密机械、仪器仪表、制药等领域，尽管发展很快，但是比重还太小，不足以支撑全省经济的快速发展。三是服务业比重相对较低。2019年9月，河南服务业比重为45.1%，低于全国近10个百分点，与

发达地区差距较大。而且，在服务业内部，传统的服务业比重较大，金融、信息服务、文化旅游等比重偏低，不利于服务业高质量发展。

（三）多数产品处于价值链中低端，受市场波动的冲击较大

近年来，河南工业快速发展，基本形成了门类齐全的产业体系和配套网络，但是与发达地区相比较，河南产业整体处于价值链底部，不但产业效益不高，而且受市场波动的影响较大，形成产业高质量发展的制约。一方面，河南资源型产业突出，传统的资源型产品较多，这些产品大多处于价值链的上游，受外部市场波动的影响较大。2019 年 1 ~9 月，中美贸易摩擦不断升级，沿海发达地区产品出口受到较大影响，进而影响到河南资源型产品的生产，对河南省经济造成较大的负面影响。另一方面，新兴产业呈现低端化现象。近年来，河南引进的一些高新技术产业，很多是组装、简单加工等低端环节，市场风险较大，产业发展的质量不高。2019 年 1 ~9 月，受劳动成本增加和市场经济竞争加剧的影响，2018 年河南智能手机生产下降 25.9%，2019 年 1 ~9 月，全省智能手机产量下降 5.3%。受此影响，2019 年前三季度，河南对外进出口均呈现较大幅度的下降，影响着经济的稳定发展。

（四）要素配置效率和技术效率不高，创新能力不强

目前，河南已经进入经济发展新阶段，但产业发展仍主要靠要素投入、规模扩张，自主创新能力不强。一方面，河南要素配置效率和技术效率不高，企业创新能力不强。随着河南城镇化的推进以及人口老龄化的发展，部门之间要素重新配置对效率增长的驱动力不断减弱。中小企业、民营经济发展还存在一些制度障碍，影响着部门内部资源配置效率的提升。河南科技发展相对落后，高新技术产业滞后，很多产品处在装配环节，处于产业链的低端，产品的附加值较低。另一方面，产业发展与现代金融、现代物流和人力资源不协调。河南金融发展相对滞后，对实体经济的支持明显不足，制约着生产效率的提高。河南现代物流业发展不足，也制约着生产流通的发展，与农业、制造业发展不相协调。此外，河南高等教育发展相对落后，科技资源

不足，人力资本配置与技术追赶、产业转型和区域竞争的需要尚不适应。综上所述，河南在产业的组织和效率方面，还存在较多的问题，导致全省经济发展的动能不强，创新能力不足，全省经济的可持续发展面临着诸多挑战。

（五）产出效率不高，产业经济效益偏低

一方面，河南产业整体产出效率不高。产出规模增速与增加值增速不匹配，工业和服务业增加值率不高。以工业为例，2019 年 1～9 月，河南平均工业增加值率不足 20%，低于沿海发达省份，显示河南工业发展的质量不高。另一方面，河南产业成本居高不下。2019 年前三季度，受资源要素紧缺的影响，产品价格上升较快，河南产业发展无论是人工成本、原料成本还是物流成本均呈现快速上涨，降低了企业利润的增长，影响着产业发展的质量。此外，河南很多产品还处于价值链中低端。许多制造业企业仍以“代工”为主，在价值链中的“垂直分工”地位偏弱，产品附加值不高，缺少自主品牌和知名品牌，市场竞争力不强。

三　2020年河南产业高质量发展的展望与建议

2020 年是河南产业高质量发展的关键之年，产业高质量发展面临着诸多有利条件：减税降费降低了企业发展的成本、改革创新增添了产业高质量发展新动能、开放发展拓展了高质量发展新空间、黄河流域生态保护和高质量发展战略又为河南产业高质量发展提供了新机遇。与此同时，河南产业高质量发展还面临着一些挑战：世界经济增速放缓增加了外部的不确定性，宏观经济系统性风险的逐步释放为产业高质量发展造成了一些障碍，资源要素趋紧、环保高压政策加大了产业高质量发展的难度，财政收支矛盾缩小了政府产业政策操作的空间。2020 年，河南经济将继续保持总体平稳、稳中有进的态势，在此背景下，河南产业高质量发展总体上机遇大于挑战，将继续取得新进展。具体来看，2020 年，河南要加快完善促进产业高质量发展的体制机制，完善促进高质量发展

的政策体系和支撑体系，优化发展环境，推进供给结构优化、生产效率提高和价值创造提升。

（一）健全产业高质量发展的体制机制

推动产业高质量发展的关键在于建立健全高质量发展的体制机制，强化“高质量指挥棒”的导向作用。一是坚持和完善生产率导向机制。产业高质量发展的关键在于产业结构的优化和升级，其本质是高生产率的部门替代低生产率部门的过程，因此，推动产业高质量发展必须坚持生产率导向，将产业结构调整的主线转向提高生产率、提升产业质量能力。二是坚持和完善新发展理念导向机制。产业高质量发展务必要体现创新发展、协调发展、绿色发展、开放发展、共享发展等新发展理念，坚持质量第一，效益优先，促进产业全面、协调、可持续发展。三是健全和完善产业高质量发展的绩效评价和政绩考核机制。按照产业高质量发展内涵和理念，加快建立推动产业高质量发展的指标体系，建立健全地方政府推动产业高质量发展的绩效评价和政绩考核体系。

（二）完善产业高质量发展的政策体系

产业高质量发展需要优化产业政策，构建更加包容、竞争、动态的产业政策，推动产业结构优化、创新、可持续发展。一是强化产业政策的引导功能。按照附加价值高、竞争力强、可持续发展的要求，积极引导各方资源向基础性、战略性、关键性的产业集聚，提升重点领域和行业的竞争力。二是调整产业政策的作用方式。主要方向是推动支持特定行业的选择性和特惠式政策，向普惠性、重点支持关键领域的功能性政策和竞争性政策转变。三是做好产业政策的动态评估和调整。坚持和完善促进创新、促进新业态新模式发展、促进可持续发展的产业政策，清理和废止不合时宜、制约产业高质量发展的政策，推动产业转型升级和可持续发展，增强市场主体创新动力和发展活力。

（三）强化产业高质量发展的要素支撑

产业高质量发展的实现需要诸多要素支撑，没有高质量的要素支撑，产业高质量发展就是无源之水、无本之木。未来一个时期，我们要结合河南产业发展现状，强化要素对产业高质量发展的基础性支撑作用，构建与现代产业体系发展相匹配的高质量要素供给体系。一是加强人力资本的优化配置。坚持培养与引进相结合，加快创新型人才在河南的集聚，推动全省由人力资源大省向人才大省转变。同时，完善人才流动机制，促进人力资本在部门、行业和地区之间的合理配置。二是强化金融资本的支撑作用。强化郑州金融中心建设，完善全省金融体系，引导资金向全省经济薄弱环节和重点领域集聚，增强金融支持产业高质量发展的能力。三是强化自主创新能力。依托郑洛新自主创新示范区的建设，加快建立以企业为主体、市场为导向、产学研相结合的技术创新体系。重点支持一批对全省经济发展有重大影响的关键技术和关键领域创新，增强全省产业高质量发展的技术支撑。

（四）优化产业高质量发展的营商环境

优良的营商环境是集聚生产要素的重要保障，推动产业高质量发展，必须加快营商环境建设，促进资金、人才、技术等要素的聚集。一是深入推进市场化改革。推进人力资本、土地、能源等要素价格市场化改革，破除各种隐形门槛，推动资源要素自由流动和优化配置。进一步深化垄断行业改革，推进减税降费，降低企业用工、物流等成本。二是提高政府行政效能。深化简政放权改革，推动政务流程再造，提高行政效能。实施“智慧政务”工程，建立集办公、审批、对外服务、监察、信息公开等于一体的智慧政务平台，提高行政效率。三是努力营造良好的生态环境。大力加强信用生态环境建设，强化文化和社会建设，大力推动低碳产业发展，保护“绿水青山”，营造良好的生态环境。

参考文献

河南省统计局、国家统计局河南调查总队：《河南统计月报》，2019 年 9 月。

涂圣伟：《我国产业高质量发展面临的突出问题与实现路径》，《中国发展观察》2018 年第 7 期。

郭朝先：《以产业融合推动制造业高质量发展》，《经济日报》2019 年 9 月 11 日。

B.6
河南省固定资产投资对经济增长的影响分析及对策

李　斌*

摘　要： 本报告以河南固定资产投资对经济增长的影响为视角，在对河南固定资产投资的主要特点进行分析的基础上，从投资的滞后效应、投资与经济增长的协调性、投资效率、民间投资、固定资本形成额等层面，分析了固定资产投资对经济增长的影响程度，进而从优化投资结构、增强投资信心、改善投资环境、提升投资效率等角度，提出推动河南固定资产投资健康发展的对策建议，为相关部门制定决策提供科学有效的借鉴和参考。

关键词： 固定资产投资　投资效率　投资结构

改革开放以来，河南省社会经济发展取得了巨大的成就，其中固定资产投资是驱动区域经济发展的关键因素之一。近年来，在经济高质量发展背景下，特别是2019年前三季度，河南省固定资产投资在投资结构及效率等层面呈现出新的特征，其对经济增长的影响也呈现出新的趋势。鉴于此，对河南省2012年至2019年前三季度固定资产投资情况进行系统分析，考察其对区域经济增长的总体影响效果及具体影响因素，对高质量发展背景下，优化

---

* 李斌，管理学博士，河南省社会科学院经济研究所助理研究员，主要研究方向为区域经济。

河南固定资产投资结构、提升固定资产投资效率，促使固定资产投资更好地发挥拉动经济增长的作用具有重要的现实意义。

一　2012年至2019年前三季度河南省固定资产投资总体发展状况分析

党的十八大以来，随着河南经济发展进入新常态，减速换挡成为经济领域的主要发展特征和趋势，特别是十九大后，随着河南社会经济进入高质量发展阶段，河南省固定资产投资在规模、增速、结构及资金来源渠道等方面表现出一系列新的特点，反映出高质量发展背景下，河南通过供给侧结构性改革、以人为本的新型城镇化、产业结构优化升级、社会民生及基础设施领域补短板等一系列战略举措，在培育经济发展新动能，激发高质量发展新动力过程中取得了初步成效。2012～2018 年及 2019 年前三季度河南省固定资产投资基本情况如表 1 所示。

表 1　2012 年至 2019 年前三季度河南省固定资产投资数据

单位：亿元，%

时间	固定资产投资	增速	工业投资	增速	占比	基础设施投资	增速	占比	民间投资	增速	占比
2012 年	20558.61	23.20	11024.18	23.10	53.62	2755.72	16.22	13.40	17513.16	26.70	85.19
2013 年	25188.06	22.52	13132.81	19.13	52.14	3259.53	18.28	12.94	21540.29	22.99	85.52
2014 年	30012.28	19.20	15378.16	17.10	51.24	3883.47	19.14	12.94	26203.10	21.65	87.31
2015 年	34951.28	16.50	17023.35	10.70	48.71	5246.64	35.10	15.01	30368.11	15.90	86.89
2016 年	39753.93	13.70	18536.63	8.89	46.63	6770.19	29.04	17.03	32075.89	5.62	80.69
2017 年	43890.36	10.40	19190.97	3.53	43.72	8831.39	30.45	20.12	34841.15	8.62	79.38
2018 年	47445.48	8.10	19574.79	2.00	41.26	10465.20	18.50	22.06	35851.54	2.90	75.56
2019 年 1～9 月	36118.76	8.20	15339.60	7.50	42.47	8317.32	15.00	23.03	26648.50	5.70	73.78

资料来源：历年《河南省统计年鉴》。

（一）固定资产投资规模持续增加

2012 年以来，随着河南省在基础设施提升工程、百城提质工程、民生改善工程、企业信息化智能化改造工程等领域固定资产投资力度的不断扩大，全省固定资产投资总体规模不断增加。如表 1 所示，2018 年河南省固定资产投资完成 47445.48 亿元，是 2012 年的 2.31 倍；2019 年前三季度河南省固定资产投资额达到 36118.76 亿元，为 2012 年全年的 1.76 倍。其中，2018 年河南省工业投资规模、基础设施投资规模、民间投资规模分别达到 19574.79 亿元、10465.20 亿元、35851.54 亿元，分别是 2012 年的 1.78 倍、3.80 倍、2.05 倍；2019 年前三季度，河南省工业投资、基础设施投资、民间投资分别达到 15339.60 亿元、8317.32 亿元、26648.50 亿元，已分别实现 2018 年的 78.36%、79.48%、74.33%。

（二）固定资产投资增速探底回升

2012 年以来，受宏观经济形势影响，河南省固定资产投资增速呈现逐步下降趋势，2018 年与 2012 年相比，固定资产投资总额增速、工业投资增速、民间投资增速分别降低了 15.1 个、21.1 个、23.8 个百分点。2019 年前三季度，全省固定资产投资同比增长 8.2%，高于全国平均水平 2.8 个百分点，高于 2018 年全年增速 0.1 个百分点。投资增速基本探底，结束下滑态势，呈现平稳增长势头。其中，民间投资增长 5.7%，比上半年提高 1.9 个百分点，增速自 2019 年 3 月以来逐月回升；工业投资增长 7.5%，比 2019 年上半年提高 1.9 个百分点；基础设施投资增长 15.0%。

（三）固定资产投资结构不断优化

近年来，随着河南在基础设施领域及工业领域投资力度的持续增加，固定资产投资的结构逐步优化。在基础设施领域，2012 年以来基础设施投资占固定资产投资的比重逐年增加，2019 年前三季度基础设施投资占固定资产投资的比重达到 23.03%，高于 2012 年 9.63 个百分点。在工业投资内部，高成长性制造业、传统支柱产业、六大高载能产业占固定资产投资比重分别由2012年的13.7%、21.3%、15.4%，增长到2017年的43.4%、36.9%、26.5%。其中电子信息、装备制造、汽车及零部件等高成长性主导产业占固定资产投资比重分别由2012年的1.3%、5.6%、1.2%，增长到2017年的3.9%、21.1%、4.8%。从固定资产投资空间结构来看，河南省固定资产投资呈现出向区域重点城市和产业集聚区集中的趋势，2017年，郑州、洛阳、南阳、新乡4市固定资产投资占全省固定资产投资额的比重达到41.2%；2017年产业集聚区固定资产投资占全省固定资产投资的比重达到49.9%，比2012年提高了2.9个百分点。

（四）固定资产投资渠道日益多元

一般而言，固定资产投资的资金来源渠道包括国家预算资金、国内贷款、债券、利用外资、自筹资金、其他资金等形式。近年来，河南省固定资产投资来源渠道日益多元化，2017年国家预算资金、国内贷款、利用外资、自筹资金、其他资金与2012年相比，分别增长了292.48%、63.45%、7.04%、112.73%、54.88%。2019年前三季度，固定资产投资实际到位资金增长9.5%，其中，国家预算资金增长36.3%，自筹资金增长6.0%，利用外资增长42.3%。近年来，在河南省固定资产投资来源中，自筹资金占比长期维持在75%以上，从所有制性质来看，固定资产投资的渠道又可分为国有控股投资和民间投资两大类，自有资金投资绝大多数属于民间投资，2012年以来，民间投资占河南省固定资产投资的比重长期保持在70%以上，2018年民间投资实现35851.54亿元，占全省固定资产投资比重达到75.56%，2019年前三季度民间投资实现26648.50亿元，同比增长5.70%，占全省固定资产投资比重达到73.78%。2017年，河南全省民营经济增加值完成3.2万亿元，占全省GDP比重为71%。由此可见，民间投资对河南省固定资产投资贡献率长期保持高位态势，同时对全省经济增长的拉动作用非常明显。

二 高质量发展背景下河南省固定资产投资存在的问题分析

（一）投资对经济增长的滞后效应较突出

近年来，随着河南在战略性新兴产业、传统优势产业、新型城镇化、基础设施建设等领域固定资产投资的不断攀升，投资对经济增长的拉动效应显著。如图1所示，2012年以来，河南省固定资产投资总量持续增加，2018年达到47445.48亿元，为2012年的2.31倍，同期河南省GDP持续攀升，2018年河南省GDP达到48055.86亿元，为2012年的1.61倍，2012～2018年河南省固定资产投资与GDP变动趋势基本相当，二者之间“趋同性”明显，投资作为经济增长的“三驾马车”之一，在河南经济稳增长过程中发挥了巨大的作用。

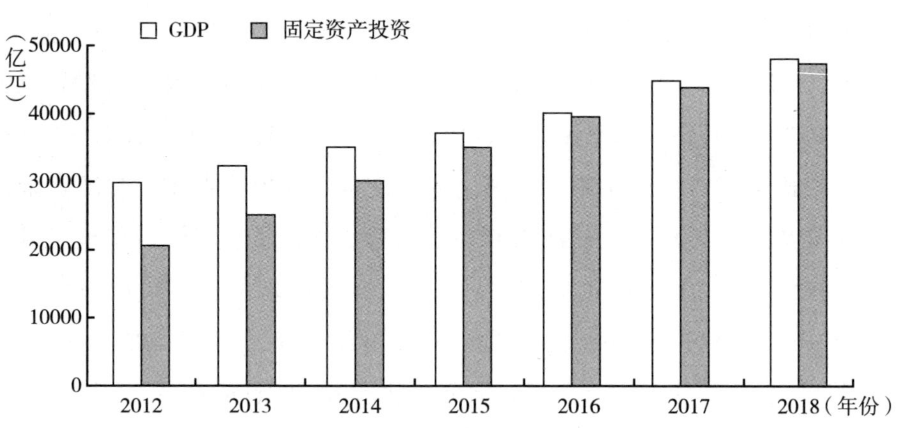

图1 2012～2018年河南省GDP及固定资产投资

资料来源：历年《河南统计年鉴》。

然而，从2012～2018年河南省固定资产投资率，以及固定资产投资增速与GDP增速的变动趋势来看，河南省固定资产投资对经济增长的拉动作

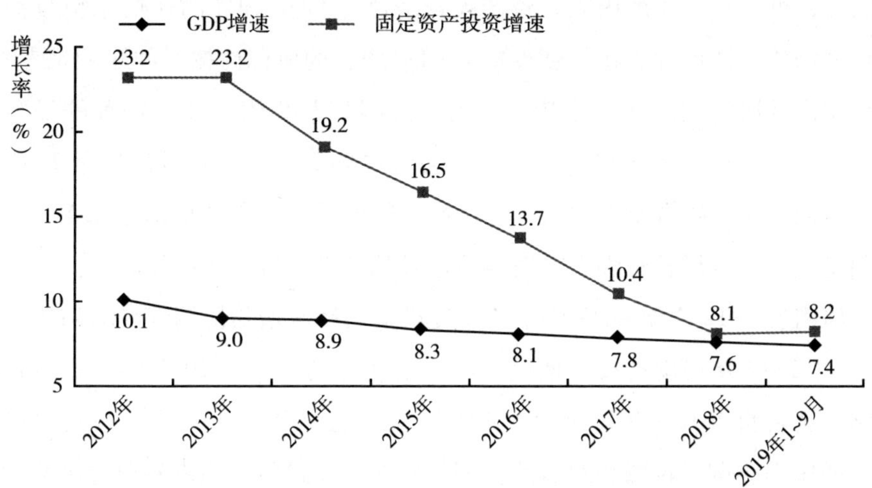

图2　2012 年至 2019 年 9 月河南省 GDP 及固定资产投资增速变动趋势

资料来源：历年《河南统计年鉴》。

用存在较为显著的“滞后性”。河南省固定资产投资率从 2012 年的 0. 73 上升到 2018 年的 0. 99，也即 2018 年河南省固定资产投资额占当年 GDP 的比重达到 99%，然而 2012 ~2018 年河南省 GDP 增速呈现持续下降趋势，这表明当前固定资产投资效率不高，且存在局部投资结构不合理风险，其对经济增长的拉动效应明显滞后。另外，固定资产增速与 GDP 增速的变动趋势呈现出一致性的下降趋势，如图 2 所示，河南省固定资产投资增速从 2014 年开始出现明显的降幅，同期 GDP 增速也逐步下降，但 GDP 增速下降与固定资产投资增速下降在时间上存在 1 ~2 年的滞后期。2018 年河南省固定资产投资增速降到 8. 1% 的最低值，2019 年前三季度，河南省固定资产投资增速触底反弹，达到 8. 2%，由于固定资产投资在拉动经济增长过程中存在滞后效应，可以预期目前固定资产投资对经济拉动作用仍将存在显著滞后性，在 1 ~2 年的投资滞后效应完全释放后，其对经济增长的拉动作用将逐步回升。

（二）投资与经济增长的协调性波动明显

固定资产投资对经济增长的拉动作用遵循规模效应和边际递减规律。一般而言，可用一个年度内固定资产投资增速与 GDP 增速的比值来衡量投资与经济增长的协调性。将年度投资与 GDP 增长的协调性按时间序列来考察，可反映出其协调性的变动趋势。根据发达国家及我国工业化进程的经验数据，固定资产投资增速与 GDP 增速的合理区间为 2∶1；若该值超过 2.5∶1，则表明固定资产投资增速过快，经济有过热的风险；若该值低于 1.5∶1，表明固定资产投资增长较慢，其对经济增长的拉动效应处于抑制状态。

河南省 2012 年至 2019 年前三季度投资与经济增长协调性波动趋势如图 3 所示。2012 年河南省投资增速与经济增速比为 2.30，2013 年达到最高值 2.58，这表明 2012 ~2013 年河南省投资拉动经济增长过程中，投资增速与经济增速不协调，投资相对过热，相应地在实践过程中河南省通过供给侧结构性改革，化解了经济运行过程中的风险，2014 ~2015 年投资增速与经济增速逐步维持在 2 左右；2016 年开始该值从 1.69 逐步走低，到 2018 年下降到 1.5 以下，为 1.07，这表明自 2016 年起，河南省固定资产投资对经济增长的拉动效应呈现边际递减趋势，特别是有效投资相对不足，未来亟须提振有效投资体量和增速，以对冲投资对经济拉动效应下滑的风险。

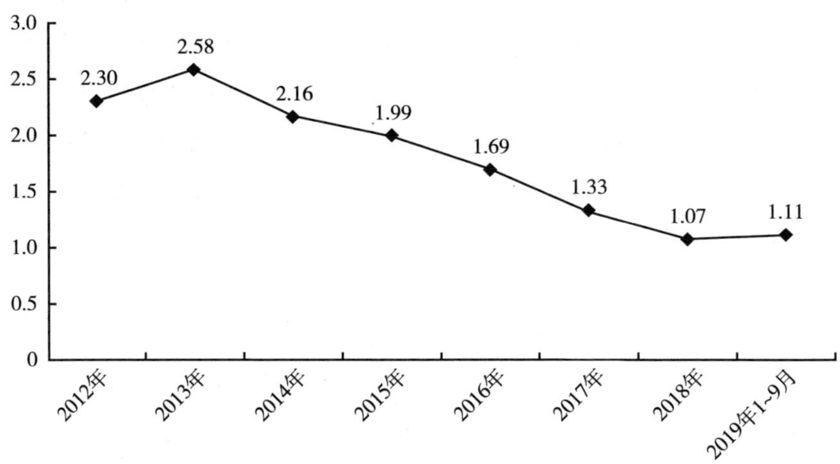

图 3　2012 年至 2019 年 9 月河南省投资与经济增长协调性趋势

资料来源：历年《河南统计年鉴》。

（三）固定资产投资效益及效率相对较低

一般而言，可以用投资弹性系数来表征固定资产投资对经济增长的拉动效应。投资弹性系数是一个年度内 GDP 增速与固定资产投资增速的比值，其反映了固定资产投资每增长一个百分点带动 GDP 增长的百分点数。当投资弹性系数小于 1.0 时，表示投资对经济增长拉动缺乏弹性；当投资弹性系数等于 1.0 时，表明固定资产投资每增长一个百分点，GDP 相应增长一个百分点，此时投资为单一弹性；当投资弹性系数大于 1.0 时，表明固定资产投资富有弹性，其每增长一个百分点，能拉动 GDP 增长大于一个百分点。因此，固定资产投资弹性系数可以反映区域固定资产投资的效率和效益。

如图 4 所示，2012 年至 2019 年前三季度，我国投资弹性系数从 0.38 上升为 1.15，由此可知，从我国固定资产投资宏观趋势来看，其投资弹性系数呈上升趋势，特别是从 2017 年开始至 2019 年前三季度，投资弹性均突破 1.0，固定资产投资对经济增长的拉动效应仍较为显著。而同期河南省投资弹性系数从 2012 年的 2.61 逐步下调至 2017 年的 0.99，2012 ~ 2017 年，河

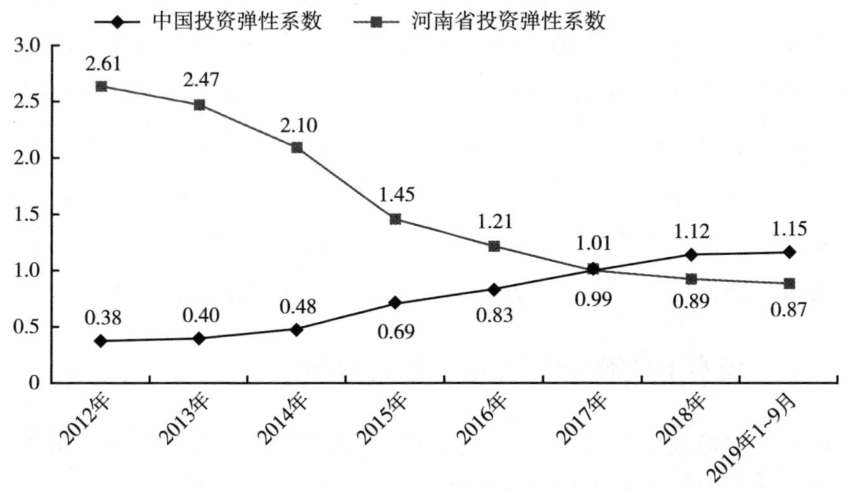

图 4　2012 年至 2019 年 9 月我国及河南省投资弹性系数

资料来源：历年《河南统计年鉴》。

南固定资产投资弹性系数均高于全国水平，反映出在此期间河南固定资产投资效率及效益高于全国水平；而从 2018 年至 2019 年前三季度数据来看，2018 年河南省投资弹性系数为 0.89，低于全国平均水平，2019 年前三季度该数据再破新低，下滑至 0.87。河南投资弹性系数逐步下滑的趋势表明，2012 年以来河南固定资产投资对经济增长的拉动效应逐步降低，固定资产投资的效率和效益从高于全国平均水平降至全国平均水平以下，反映了未来河南投资效率及效益亟待提升。

（四）民间投资增长乏力或制约经济增长

长期以来，民间投资一直是河南固定资产投资的主力军，如图 5 所示，河南省民间投资增速曾经高达 20% 以上；在固定资产投资结构中，2014 年民间投资占比高达 87.31%，民间投资的高增长和高占比为河南经济增长做出了巨大贡献。但近年来，由于民间资本投资信心不足、投资渠道不畅、营商环境不优、投资成本偏高等因素的影响，河南民间投资呈现出“投资增速、投资占比”双下滑的趋势。从投资增速来看，河南省民间投资增速由 2012 年的 26.7%，下降到 2018 年的 2.9%，同比下降 23.8 个百分点，尽管 2019 年前三季度民间投资增速触底反弹，达到 5.7%，但整体而言民间投资增速“断崖式”下跌的趋势相当明显；从投资占比来看，河南省民间投资在固定资产投资中所占比重由 2012 年的 85.19% 下降到 2019 年前三季度的 73.78%，同比下降 11.41 个百分点。河南民间投资增速下滑，投资份额下降，对未来经济增长造成了一定的压力，亟须提振民间投资信心，扩大民间投资渠道，推动民间投资增速及占比回升，为经济发展注入活力。

（五）资本形成额较低脱实向虚风险仍在

固定资本形成总额是固定资产投资转化为拉动经济增长的社会资本的数量，其反映了固定资产投资转化为资本要素的能力和水平，一般而言，固定资本形成总额占固定资产投资的比重越大，其投入实体经济生产过程中的固定资产转化为经济增长资本的份额就越多，其对未来经济增长的拉动效应就

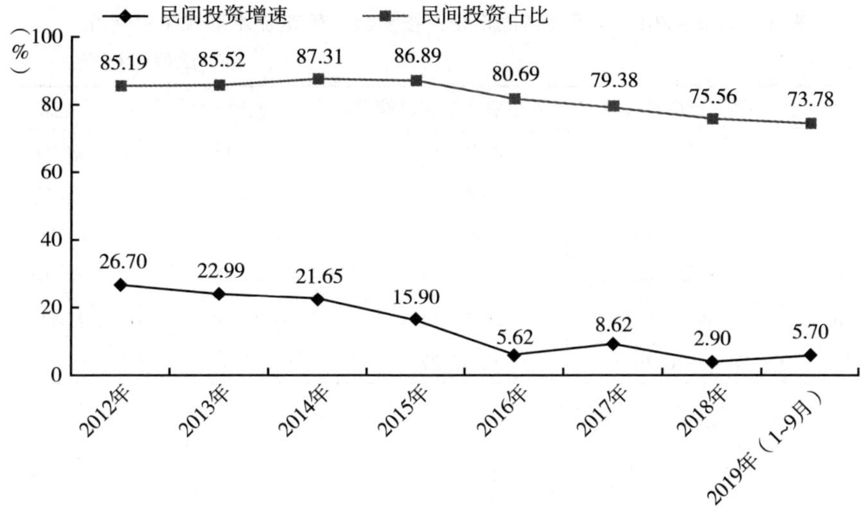

图5　2012年至2019年9月河南省民间投资增速及占比情况

资料来源：历年《河南统计年鉴》。

越明显。一般而言，某年的固定资本形成总额等于当年固定资产投资总额、规模以下投资额、无形资产投资额之和，减去当年购买以前年度产品额和当年土地交易金额。近年来随着城镇化的快速发展，土地出让金在固定资产投资中所占的比重逐步增大，最终反映为固定资本形成总额占固定资产投资的比重逐步缩小，经济呈现出脱实向虚的风险。

如表2所示，2012年以来，河南固定资本形成总额占固定资产投资额的比重由2012年的99.99%逐步降低为2017年的69.30%；同期，河南房地产投资由2012年的3035.29亿元增长到2017年的7090.25亿元，同比增长134%。从河南省固定资产投资与固定资本形成总额之间的差额来看，亦呈现逐步扩大的趋势，其中2017年二者差额达到13475.09亿元，其中52.62%为房地产投资额，这表明近年来河南省固定资产投资中房地产投资总量及增速过快，挤压了固定资本形成总额的提升空间，也反映出固定资产投资中实体经济部门投资占比逐步下滑，经济运行中的脱实向虚现象依旧存在，构成了经济高质量发展过程中的潜在压力和风险。

表2　2012～2017年河南省固定资产投资额、固定资本形成总额情况

单位：亿元，%

年份	固定资产投资额	固定资本形成总额	差额	占比
2012	21761.54	21759.40	2.14	99.99
2013	26220.92	24467.94	1752.98	93.31
2014	30782.16	26749.96	4032.20	86.90
2015	35660.34	27811.88	7848.46	77.99
2016	39753.93	29372.55	10381.38	73.89
2017	43890.36	30415.27	13475.09	69.30

资料来源：历年《河南统计年鉴》。

三　推动河南固定资产投资健康发展的相关对策建议

近年来，河南省固定资产投资领域出现的新现象和新趋势，从本质上反映出在经济高质量发展背景下，河南在投资结构、投资信心、投资环境、投资效率等领域仍存在较多短板和问题，应围绕“四个着力”，重点解决制约河南固定资产投资高质量发展的突出问题，推动河南经济高质量发展。

（一）着力优化固定资产投资结构

投资结构决定了投资对经济发展拉动作用的效果，要从优化投资结构入手，着力提升河南固定资产投资对区域经济发展的拉动作用。一是着力优化固定资产投资的产业结构。加快优化固定资产投资在第一、二、三产业间的布局，以工业投资和基础设施建设投资为重点，以培育新的经济增长点为导向，加大对电子信息、装备制造、汽车及零部件等高成长性产业的投资力度；以技术升级改造为重点，加大对冶金、建材、化工、轻纺、能源等传统产业的投资力度；以百城提质工程为核心，加大对城乡基础设施改造领域的投资力度；适度控制房地产领域投资，推动投资回归实体经济，化解经济脱实向虚风险。二是着力优化基础设施投资的空间结构。在基础设施投资领域，紧扣河南省城镇化领域的弱项和短板，以提升郑州大都市区基础设施互联互通为重点，加大对全省城镇化薄弱领域的基础设施投资力度。三是着力提升固定资产投资的集聚度。以遍布全省的180多个产业集聚区为依托，发挥固定资产投资的集聚效应，提升工业投资集聚水平，推动工业经济高质量发展；以黄河流域生态保护治理为重点，强化对沿黄区域生态治理的投资，形成河南沿黄区域生态环保投资集聚效应，为黄河流域高质量发展奠定基础。

（二）着力提升固定资产投资效率

河南省固定资产投资效率不高的根本原因在于经济发展短板领域、优势先导产业领域及创新驱动发展领域的有效投资不足，应着力于“补短板、抢先机、夯基础”，推动河南固定资产投资效率效益稳步提升。一是突出补短板，发挥投资的拉动效应。长期以来，河南在涉及民生领域的教育、医疗、养老、环保等领域存在较大的投资缺口，有效投资的不足，导致这些领域成为制约社会经济发展的突出短板，未来应着力强化对民生领域的有效投资，补齐高质量发展的短板，发挥投资的拉动效应，推动社会经济高质量发展。二是突出抢先机，发挥先导产业的头雁效应。数字经济、大数据、人工智能、区块链、智慧城市、5G等先导产业是新兴的经济发展驱动力量，对该领域的投资具有较高的投资回报和投资效率，未来应充分发挥河南省“国家级大数据综合试验区”的先行先试优势，加大对新一代互联网、智慧城市、智慧政务等领域的投资力度，发挥先导产业的头雁带动效应，助力河南经济高质量发展。三是突出夯基础，发挥创新驱动的引领效应，积极培育支撑未来经济增长的新动能。强化创新体系建设投资，实施开放式创新，构建现代创新体系；加大对创新型企业的投资力度，增强企业技术创新的源头作用。以智能制造为导向，强化制造业智能化投资力度，推动信息技术与制造业融合，加强传统产业技术升级投资，提升制造业信息化、智能化水平。

（三）着力提振民间投资信心活力

民间投资是河南固定资产投资的重要力量，要改变民间投资增速下滑趋势，需着力破解影响民间投资信心的若干不利因素。一是着力改善企业融资服务。深入实施小微企业应收账款融资三年专项行动，扩大小微企业风险补偿资金、应急转贷资金池覆盖范围。推广政府采购合同融资模式。扩大专项企业债发债规模，对符合要求的按规定放宽发债条件，简化审核程序。推动创业投资和产业投资基金扩大企业股权投资，加快建设郑州龙子湖智慧岛私募基金集聚区。探索发展科技金融、绿色金融，深入实施科技金融深度融合专项行动计划，创新和推广绿色债券、绿色发展基金、环境污染强制责任险等绿色金融产品。二是着力激发民间有效投资活力。坚决消除对非公有制经济主体感情上、政策上和服务上的歧视，坚决打破针对民间投资的“玻璃门”“弹簧门”“旋转门”等隐性门槛，全面实施市场准入负面清单制度。落实关于优化营商环境激发民间有效投资活力的实施意见，在融资协调、要素保障、项目建设等方面制定更实更细的激励政策。谋划筛选一批经济社会效益显著、非公有制企业参与意愿强烈的示范项目，向民间资本公开推介。

（四）着力改善固定资产投资环境

良好的投资环境是固定资产投资稳增长提效率的关键，应以优化营商环境为契机，着力改善河南投资环境，促进河南固定资产投资健康发展。一是持续改善政商关系。创新政商互动机制，建立健全党委、政府与企业、商会常态化联系沟通机制，完善企业家正向激励机制，全面降低政商沟通协调成本。二是切实降低企业税费负担。依法查处各类涉企违法违规收费，持续清理规范涉企保证金和行业协会商会收费。健全政府性基金、行政事业性收费、经营服务性收费目录清单制度。积极推进电子退库、更正、免抵调业务，开展新办纳税人“套餐”式办税业务。三是加大产权保护力度。严厉打击各类侵害产权和欺行霸市、商业贿赂、制假售假等严重扰乱市场秩序的行为，建立定期专项检查制度。在招商引资、政企合作等活动中严格兑现政府承诺，坚决杜绝政务失信。四是大力弘扬企业家精神。持续落实支持企业家发展政策措施，进一步激发企业家创新活力和创造潜能，对有突出贡献的优秀企业家，积极宣传典型事迹，按程序以适当方式予以表彰。对企业家合法经营中出现的失误失败给予更多理解、宽容、帮助，营造鼓励创新、宽容失败的文化和社会氛围。

参考文献

孟晓倩、张家璇：《我国固定资产投资与经济增长实证分析》，《合作经济与科技》2018 年第 10 期。

胡淑红、赵艳、李荷娟：《河南省投资与经济增长的关联度实证研究》，《金融理论与实践》2017 年第 4 期。

魏勇强、乔彦芸：《我国房地产投资与经济增长关系分析》，《现代管理科学》2018 年第 4 期。

姚明霞：《中国民间投资的变化特征及其原因分析》，《中国物价》2017 年第 12 期。

河南省统计局网站，http：//www. ha. stats. gov. cn。

B.7
2019~2020年河南省消费品市场形势分析与展望

石　涛*

摘　要： 2019年前三季度，河南省消费品市场发展呈现稳中趋缓的态势，增速同比继续收窄0.2个百分点，但仍高于全国平均水平2.2个百分点。空间格局上，河南省继续以规模优势领跑中部六省，增速位次前移一位，消费品仍旧集中于郑州、南阳等地市。结构上，全省限额以上消费品增幅回升，仅化妆品消费继续下滑。在国内外经济不确定性持续加大的现实下，2020年，河南省消费品市场继续挑战与机遇并存，预计全年全省消费品市场规模将持续扩大，但增速继续收窄，增速保持在10.0%左右。

关键词： 消费品　消费结构　河南省

2019年，是加快打好三大攻坚战，全面建成小康社会的关键之年。在经济下行压力逐步加大的现实背景下，河南省坚持稳中求进的工作基调，坚持新发展理念，按照高质量发展要求，继续扩大消费需求，持续创造消费热点，挖掘消费潜力，全省社会零售消费市场保持稳中求进的发展态势。2020年，全球经济继续承压，河南省消费市场发展仍旧面临巨大压力，由此，深

---

* 石涛，管理学博士，河南省社会科学院经济研究所助理研究员，主要研究方向为计量经济、区域金融。

入分析2019年全省消费品市场发展现状，展望2020年全省消费品市场发展趋势，对于促进河南省消费品市场健康稳定发展具有十分重要的现实意义。

一 2019年河南省消费品市场运行总体态势

2019年，河南省继续保持较好发展态势，前三季度实现社会消费品零售总额16414.3亿元，同比增长10.4%（名义），高于全国同期平均水平2.2个百分点，但较上年同期收窄0.2个百分点。同时，河南省消费品继续在中部六省中处于较好位次，消费增量进一步释放。

（一）河南省社会消费品零售规模及总体状况

图1显示了2019年前三季度河南省和中国全社会消费品零售总额及增速趋势。规模上，河南省全社会消费品零售总额规模稳步扩大。2019年前三季度中国全社会消费品零售总额达到296674.0亿元，河南省占比达到5.5%，较上年提高0.1个百分点，河南消费总额占全国的比重稳步提高。同时，前三季度河南和中国全社会消费品零售总额平均值分别达到1789.4亿元、32944.3亿元，较上年同期均有所提高。增速上，河南省全社会消费品零售总额增速明显加快。

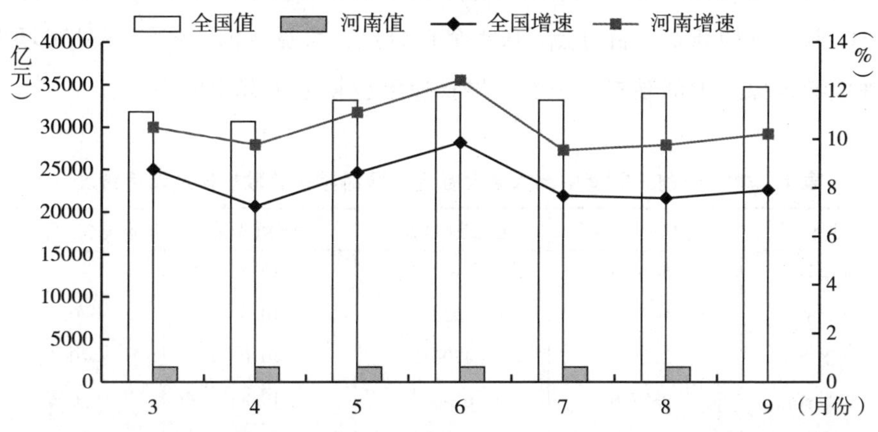

图1 2019年3～9月中国和河南全社会消费品零售月度总额及增速趋势

资料来源：河南省统计局、国家统计局河南调查总队：《河南统计月报》。

2019年前三季度河南和全国全社会消费品零售总额增速分别达到10.4%、8.2%，分别较上年同期收窄0.2个百分点、1.1个百分点，同时，前三季度河南和中国全社会消费品零售增速平均值分别为10.4%、8.2%，河南增速高于同期全国平均水平2.2个百分点，河南省消费增速明显快于全国平均水平。由此可见，河南省消费品市场规模稳步扩大，增速明显加快，高于全国平均水平。

（二）中部六省消费市场发展速度对比分析

表1显示了2019年前三季度中部六省全社会消费品零售总额规模及增速情况。可以看出：规模上，2019年前三季度，河南、湖北、湖南、安徽、江西、山西的全社会消费品零售总额分别达到16414.3亿元、14475.3亿元、12115.8亿元、9857.6亿元、5789.5亿元、5762.0亿元，河南分别高出湖北、湖南、安徽、江西及山西1939.0亿元、4298.5亿元、6556.7亿元、10624.8亿元、10652.3亿元，河南省全社会消费品零售总额规模稳居中部六省第一位。增速上，河南、江西、安徽、湖北、山西及湖南全社会消费品零售总额增速分别达到10.4%、11.2%、10.8%、10.3%、7.8%、10.0%，河南增速上升至中部六省第三位，较上年同期上升一个位次，分别高于湖北、山西及湖南0.1个百分点、2.6个百分点、0.4个百分点，分别低于江西、安徽0.8个百分点、0.4个百分点，可见，河南省消费品市场发展规模继续保持中部领先的位次，增长速度也较上年有所加快。

表1　2019年前三季度中部六省全社会消费品零售总额规模及增速情况

地区	总额（亿元）	规模差（亿元）	增速（%）	增速差（个百分点）
河南省	16414.3	—	10.4	—
湖北省	14475.3	-1939.0	10.3	-0.1
湖南省	12115.8	-4298.5	10.0	-0.4
安徽省	9857.6	-6556.7	10.8	0.4
江西省	5789.5	-10624.8	11.2	0.8
山西省	5762.0	-10652.3	7.8	-2.6

注：规模差以河南总额为基准值，增速差以河南增速为基准值。

（三）河南省地市消费市场发展状况

图 2 显示了 2019 年前 7 个月河南省 18 个省辖市全社会消费品零售总额及增速趋势。总体上，18 个省辖市全社会消费品零售总额规模均值达到 712.0 亿元，较上年同期增加 67.6 亿元；同比增速 10.5%，较上年同期下降 0.5 个百分点，消费规模稳步扩大，增速有所收窄。规模上，2019 年，1～7 月河南省 18 个省辖市全社会消费品零售总额规模居前五位的省辖市从大到小依次是郑州、洛阳、南阳、周口、信阳，前五位省辖市全社会消费品零售总额占到 18 个地市总额的 52.5%，较上年同期收窄，前五位省辖市全社会消费品零售总额均值高于其余 13 个省辖市的同期均值，全省全社会消费品市场继续保持集中的空间分布态势。增速上，全社会消费品零售总额增速前五位的省辖市从大到小依次是商丘、驻马店、周口、平顶山、开封，前五位增速均值达到 11.0%，高于全省均值 0.5 个百分点，同时，全省仅有 4 个省辖市增速未达到全省平均值，各地市全社会消费品零售总额增速普遍较高。

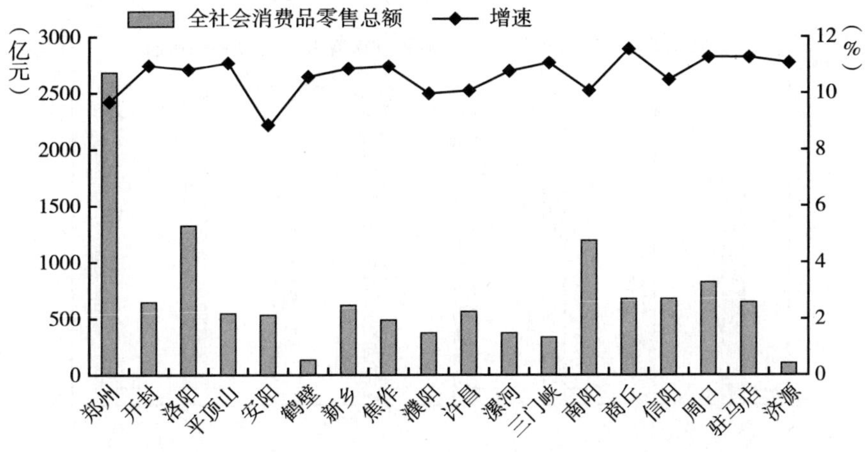

图 2　2019 年 1～7 月河南省 18 个省辖市全社会消费品零售总额及增速趋势

资料来源：河南省统计局、国家统计局河南调查总队：《河南统计月报》。

二 2019年河南省消费品市场运行特点分析

2019 年前三季度，河南省全社会消费品零售总额规模稳步扩大，增速较上年同期继续收窄。同时，全省消费结构持续升级，餐饮业增速持续快于商品零售行业，农村消费市场增速明显加快且好于城镇市场，中西药品、烟酒、粮油食品、日用品、饮料等消费品保持较快增长势头，有效地推动了全省消费品市场的持续发展。

（一）餐饮行业增长持续快于商品零售行业

图 3 显示了 2019 年前三季度河南餐饮及商品零售收入总额及相应增速趋势。总体上，全社会商品零售总额规模仍旧高于餐饮业同期值，但餐饮行业增速基本高于商品零售行业。2019 年，前三季度限额以上单位消费品零售额达到 4200. 1 亿元，同比上涨 8. 1%，其中，商品零售额达到 3937. 1 亿元，同比增长 7. 9%；餐饮业收入达到 263. 0 亿元，同比增长 11. 6%。同时，商品零售、餐饮收入额占比分别达到 93. 7%、6. 3%，商品零售收入持

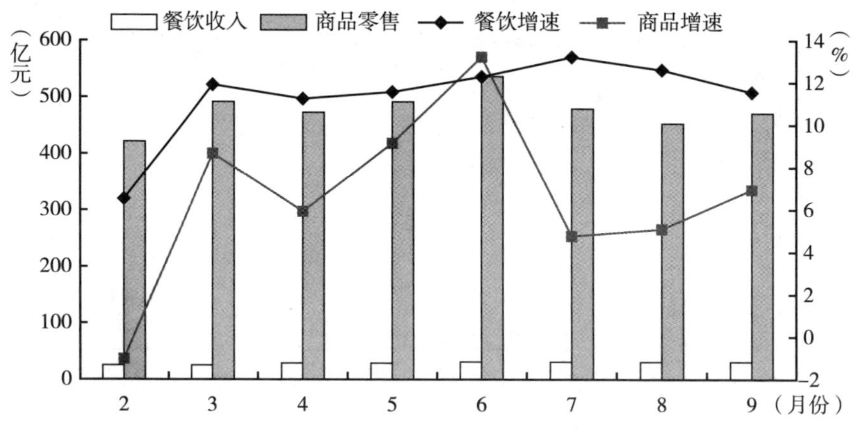

图 3　2019 年 2 ~ 9 月河南全社会餐饮及商品零售收入总额及增速趋势

资料来源：河南省统计局、国家统计局河南调查总队：《河南统计月报》。

续扩大，餐饮收入规模有所收窄。从月份来看，前三季度商品零售、餐饮收入实现销售额均值分别达到 480.9 亿元、31.0 亿元，增速均值分别为 6.6%、11.4%，规模及增速均较上年同期有所提高。

（二）消费结构逐步升级

图4 显示了 2018 年和 2019 年前三季度河南全社会 15 种消费品累计零售总额及增速趋势。总体上，2019 年前三季度，河南省全社会 15 种消费品零售总额规模达到 3717.8 亿元，平均增速达到 8.9%，较上年同期增加 214.3 亿元，增速回落 2.7 个百分点，特定消费品的消费规模稳步扩大，消费增速继续收窄。规模上，2019 年前三季度全省 15 种消费品消费总额规模前五位从大到小的商品种类依次是汽车，石油及制品，粮油食品，服装鞋帽、针纺织品与家用电器和音像器材，与上年同期基本一致，同时，销售规模分别达到 1416.5 亿元、526.8 亿元、361.3 亿元、308.8 亿元、211.7 亿元，其中，前五位商品销售总额 2825.0 亿元，占比达到 67.3%，品类集中度有所下降。增速上，2019 年前

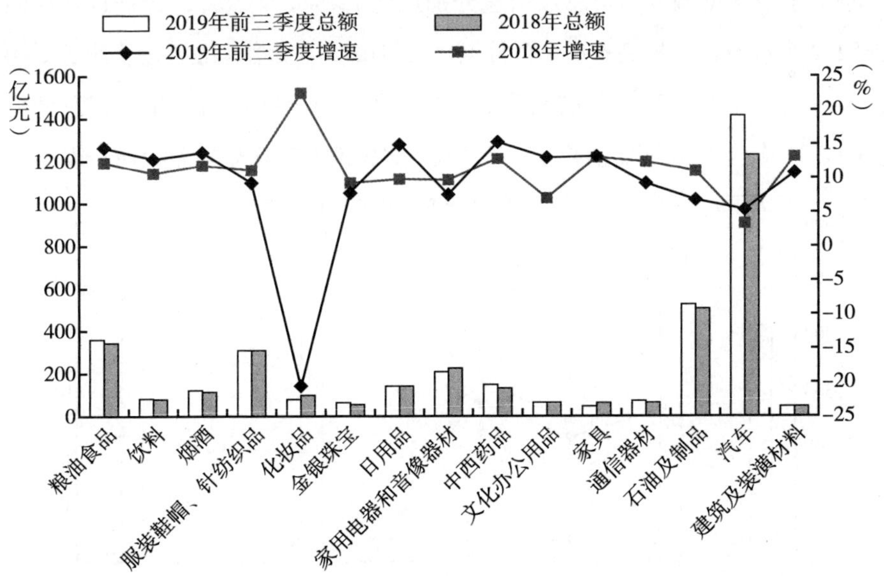

图4　2018 年、2019 年前三季度河南全社会 15 种消费品累计零售总额及增速趋势

资料来源：河南省统计局、国家统计局河南调查总队：《河南统计月报》。

三季度15种消费品零售总额增速前五位从大到小依次是中西药品、日用品、粮油食品、烟酒、文化办公用品，增速分别为15.1%、14.8%、14.4%、13.9%、13.2%，增速较高的种类集中于基本消费类商品，与往年以房地产商品为主略有不同。值得注意的是，仅有化妆品增速为负，其他种商品正向增长，但通信器材，服装鞋帽、针纺织品，家用电器和音像器材，金银珠宝，石油及制品，汽车等品类增速低于平均值。

（三）城乡差异收窄

图5显示了2019年前三季度河南城镇和农村全社会消费品零售月度总额及增速趋势。2019年前三季度，河南省城镇和农村全社会消费品零售总额分别达到3858.8亿元、341.3亿元，分别较上年同期增加159.4亿元、32.6亿元，城乡消费品市场规模持续扩大。2019年前三季度，城镇和农村居民全社会消费零售总额月均规模分别达到470.1亿元、41.3亿元，增速均值分别达到6.5%、12.5%，前三季度城乡消费总额增速分别达到7.7%、13.7%，分别较上年同期收窄1.2个百分点、提高6.0个百分点，农村市场消费增速继续显著快于城镇市场。值得注意的是，2019年前三季度，城镇和农村全社会消费品零售总额比值达到11.3，较上年同期比值收窄0.7，城乡居民消费市场规模差距稳步缩小。

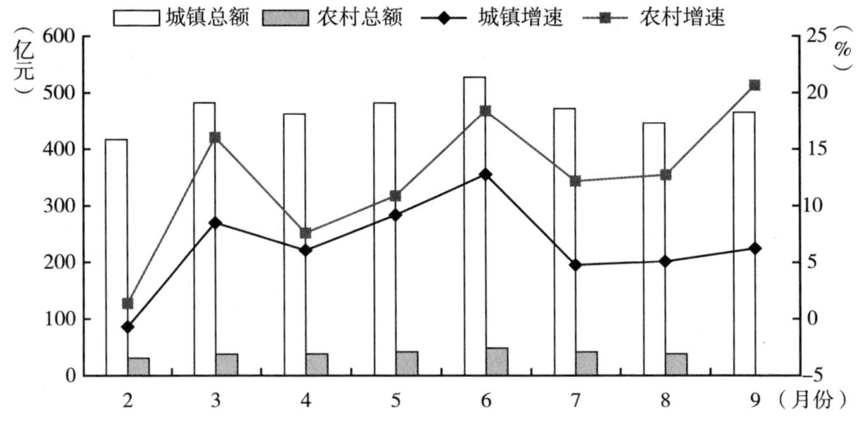

图5　2019年2~9月河南城镇和农村全社会消费品零售月度总额及增速趋势

资料来源：河南省统计局、国家统计局河南调查总队：《河南统计月报》。

三　2019年河南省消费市场的关键影响因素

2019 年，河南省社会经济持续发力，省内消费活力持续释放，为全省消费品市场的有序发展提供了有力支撑。但是，在国内宏观经济下行压力大等多种因素的干扰下，2019 年全省社会消费品零售总额增速继续保持放缓态势。

（一）河南省消费品市场发展的支撑因素

2019 年，河南省城乡居民可支配收入稳步增长，消费日趋理性，互联网基础稳步夯实，跨境电商取得显著成效，为全省消费激活提供了有效支撑。

1. 城乡居民收入水平增长较快，居民消费能力稳步增强

2019 年前三季度，河南省居民人均可支配收入达到 17050.2 元，同比增长 8.9%，其中，城镇、农村居民人均可支配收入分别达到 25122.3 元、10397.6 元，增长 7.4%、9.6%，农村居民收入增速快于城镇居民，城乡居民收入差距进一步缩小。同时，前三季度全省就业形势向好，城镇失业再就业人数、新增就业人数、就业困难人员实现就业人数分别达到 27.4 万人、102.8 万人、9.9 万人，新增农村劳动力转移就业达到 42.1 万人，实现总量 3037.9 万人，有力地支撑了全省居民收入的提高，为全省消费市场的扩大打下坚实基础。

2. 居民消费日趋理性，消费结构稳步升级

2019 年前三季度，全省粮油食品及日用品等普通消费类商品增速最高，其中，中西药品消费总额达到 154.7 亿元，同比增长 15.1%，较上年同期上升 2.2 个百分点，增速最快；日用品消费总额达到 144.9 亿元，同比增长 14.8%，较上年同期上升 4.9 个百分点，增速增幅最高。同时，粮油食品消费总额达到 361.3 亿元，同比增长 14.4%，较上年同期上升 1.9 个百分点；烟酒消费总额达到 127.8 亿元，同比增长 13.9%，较上年同期上升 1.9 个百

分点。此外，文化办公用品、家具、饮料、建筑及装潢材料均分别高出限额以上产品增速2.8个百分点、2.6个百分点、2.5个百分点、0.3个百分点，涉房地产类商品增速仍然较高。此外，汽车类消费有所回升。2019年前三季度，汽车消费额达到1416.5亿元，增长5.6%，较上年上升2.1个百分点，有力地支撑了全省消费规模的扩大。

3. 互联网基础稳步夯实，跨境电商持续发力

2019年，全省互联网用户持续突破1亿人，河南省50M、100M以上宽带用户占比和4G用户渗透率稳居全国前列，互联网基础稳步夯实。在良好的互联网基础上，跨境电商快速发展。2019年1~7月，全省跨境电商进出口额（含快递包裹）达到928.0亿元，同比增长21.9%，其中，进口额达到250.3亿元，同比增长18.8%；出口额达到677.7亿元，同比增长23.0%；快递包裹出口4757.6万件，货值103.9亿元，增长6.6%。同时，跨境电商零售进出口清单6180.5万票，增长19.1%；货值78.3亿元，增长15.8%。同时，值得注意的是，仅2019年一季度全省电子商务交易额就超过4000亿元，同比增长21.6%，电子商务交易加快发展，有效地支撑了全省消费市场规模的扩大。

（二）河南省消费品市场发展的制约因素

2019年，在中美贸易摩擦持续加深、国内经济下行压力持续加大、房地产等商品消费增长乏力等因素的约束下，全省消费品市场增速有所收窄。

1. 省内经济下行压力较大

2019年前三季度，全国坚持稳中求进的总基调，实现国内生产总值697798.0亿元，同比增长6.2%，较上年同期收窄0.5个百分点。同期，河南省实现地区生产总值39055.6亿元，增长7.4%，高于全国平均水平1.2个百分点，与上年同期持平。2019年前三季度，河南省全社会消费品零售额增速10.4%，同比收窄0.2个百分点，扣除价格等因素的干扰，实际收窄幅度将持续扩大。

2. 消费价格指数仍然较高

2019 年前三季度，河南省居民消费价格指数同比上涨 2.5%，与上年同期持平。其中，价格指数上涨幅度最高的商品种类分别为食品烟酒、教育文化和娱乐、医疗保健、居住、衣着，分别上涨 5.0%、3.3%、2.0%、0.9%、0.9%，教育文化和娱乐、医疗保健等仍旧是全省价格指数上涨的关键种类，与上年情况基本相似。同时，农村价格指数上涨 2.4%，城镇价格指数上涨 2.5%，较上年同期上涨明显。此外，值得注意的是，自 2015 年以来，河南省居民消费价格指数已经连续 5 年高位运行，2019 年 9 月仍高于全国水平 0.3 个百分点，在一定程度上抑制了居民的消费潜力。

3. 房地产等商品增速乏力

2019 年前三季度，河南省全省限额以上单位消费除化妆品外，其余 14 种商品均保持了稳定的增长速度，但是，与 2018 年同期相比，家用电器和音像器材、家具、通信器材、石油及制品、建筑及装潢材料等商品的增速明显收窄。一是化妆品等消费增速明显回落。2019 年前三季度，全省化妆品商品消费额为 81.1 亿元，同比下降 20.6%，较上年同期扩大 42.9 个百分点。二是房地产类商品增速明显回落。2019 年前三季度，家用电器和音像器材、家具、建筑及装潢材料等商品消费增速分别为 7.6%、13.0%、10.7%，增速较上年同期分别收窄 2.3 个百分点、0.6 个百分点、2.9 个百分点。三是石油及制品类商品增速下滑。2019 年前三季度，全省石油及制品商品消费额为 526.8 亿元，同比增长 6.7%，较上年同期收窄 4.5 个百分点。此外，受其他因素的多种干扰，服装鞋帽、针纺织品，金银珠宝，通信器材等商品增速亦出现明显收窄现象，在一定程度上制约了全省消费品市场的健康发展。

四　2020年河南省消费品市场运行前景展望

2020 年是深入推进供给侧结构性改革，着力推进经济高质量发展，全面建成小康社会的收官之年，在国内外经济下行压力继续加大的复杂环境下，预计全省消费品市场仍将保持稳中趋缓的发展势头，2020 年全省消费品零售总额增速将保持在 10.0% 左右，与 2019 年基本持平。

（一）2020年河南省消费品市场稳定增长的支撑条件

1. 消费活力进一步激发

2019 年 8 月，国家发展改革委、工业和信息化部等十部委发布了《关于印发〈进一步优化供给推动消费平稳增长促进形成强大国内市场的实施方案（2019 年）〉的通知》（发改综合〔2019〕181 号），明确提出要多措并举促进汽车消费，更好满足居民出行需要，推进老旧汽车报废更新，优化新能源汽车补贴结构，促进农村汽车更新换代，稳步推进皮卡进城限制，加快二手车市场发展，优化政府机动车管理；补足城镇消费供给短板，满足城镇化和老龄化需求，加快老旧小区改造，满足转移人口住房需求，鼓励按政策生育等；促进农村消费升级，拉动城乡消费联动，挖掘农村网购潜力，畅通城乡双向联动渠道，优化农村消费市场；加强引导支持，带动新品消费，支持绿色、智能家电销售，积极开展消费扶贫等；扩大优质产品和服务供给，满足高品质消费，升级信息消费，推进高清视频产品消费；进一步优化消费市场环境，完善基础设施，加强认证体系建设；等等。

2. 消费体制机制进一步优化

2019 年 6 月，河南省政府办公厅印发《河南省完善促进消费体制机制实施方案》，明确六大重点任务，挖掘旅游消费潜力，加快体育消费，拓展文化消费，扩大养老消费，升级家政消费，推进托幼消费，规范培训消费等。逐步完善实物消费升级的政策体系，推动汽车消费、住房消费、信息消费等；加快推进重点领域产品和服务标准建设，实施“同线同标同质”工程，建设品牌强省；建立健全消费领域信用体系，推动信息公开、信息共享，健全维权机制；强化促进居民消费的配套保障，提升金融服务，深化收入分配改革；加强消费宣传推介和信息引导，强化消费统计监测，推进大数据运用。

3. 消费举措进一步落实

2019 年 8 月，河南省正式启动消费促进活动暨苏宁易购家电以旧换新活动，首月投入 6300.0 万元资金用于以旧换新，单件家电最高补贴 600 元。苏宁易购将提供上万款家电产品，实现首月服务 15 万户家庭的目标，并且提供面向全省消费者的免检净水检测、家电检测、除螨除尘、生活健康教育及家电使用安全普及服务。此次活动是河南省商务厅落实国家进一步挖掘消费潜力政策，积极开展全省消费促进月的重要活动，有利于进一步释放省内家电消费潜力，同时，提高居民消费意识、安全意识。

（二）2020年河南省消费品市场稳定增长的制约因素

1. 全球经济发展继续面临不确定性

2019 年，中美贸易摩擦进一步升级，有由贸易摩擦向服务、金融摩擦升级的趋向，全球经济形势恢复仍面临一定难度。同时，英国脱欧、中东地缘政治等事件导致区域发展风险仍旧存在，进一步加剧了全球社会经济发展的不确定性。不确定性也进一步加大了国内经济下行压力，IMF 等多家机构继续下调 2020 年中国经济增速预期。全球经济发展的不确定性以及国内经济下行压力加大，也给河南省居民收入、消费潜力挖掘带来一定负向影响。

2. 房地产管控进一步强化

2019 年，全国各地政府进一步加强了对房地产市场的管控力度，上半年全省房地产住房投资增速回落 0.2 个百分点，销售面积增速回落 4.6 个百分点，同时，8 月郑州二手房消费挂牌价连续 12 个月回落，全省房地产市场进一步降温。在政府进一步落实“房子是用来住”的政策背景下，2020 年全省房地产市场将继续维持强化管控的态势，将继续不利于全省建筑及装潢材料、家具家电等涉房地产市场商品的消费挖掘。

3. 消费环境仍有提升空间

一是消费违法行为持续存在。2019 年上半年，全省查处价格违法案件 2276 件，经济制裁 1034 余万元；各类侵权假冒违法案件 1421 件，涉案金额 1.3 亿余元；各类传销案件 28 起，涉案金额 23.9 亿元，查处涉烟违法案件1.24万件，五条热线共受理各类诉求38.2万件。二是消费投诉持续聚焦。2019年“3·15”期间，全省消费者投诉热点主要集中于日用百货类、食品类、餐饮住宿服务、居民服务、文化娱乐服务等方面。三是消费基础设施仍旧存在提升空间。停车场、充电桩等传统消费基础设施仍难以满足当前消费需求，同时，居民文明消费、健康消费、快乐消费的意识还有较大提升空间。

参考文献

河南省统计局、国家统计局河南调查总队：《河南统计月报》2019年9月。

湖北省统计局、国家统计局湖北调查总队：《湖北统计月报》2019年9月。

江西省统计局、国家统计局江西调查总队：《江西统计月报》2019年9月。

安徽省统计局、国家统计局安徽调查总队：《安徽统计月报》2019年9月。

山西省统计局、国家统计局山西调查总队：《山西统计月报》2019年9月。

湖南省统计局、国家统计局湖南调查总队：《湖南统计月报》2019年9月。

国际货币基金组织：《世界经济展望》，2019年7月。

B.8

2019 ~2020年河南对外贸易形势分析与展望

陈 萍*

摘 要： 2019年1~9月，河南货物贸易总值位居中部六省第一，对"一带一路"沿线国家贸易持续升温，手机为全省出口第一大产品，民营企业进出口增速最快，加工贸易依然是主要贸易方式，引进境内外资金稳步增长，开放通道建设取得实效，开放平台更为多元。2020年河南对外贸易发展的外部环境有利因素和不利因素并存，要积极对接国家对外贸易发展和河南经济建设的新要求，落实河南省对外贸易大会的总体部署。2020年河南对外贸易要突出做好以下方面：在商品和要素流动型开放的基础上，构筑制度型开放体系，优化营商环境，融入全球产业链，赢得对外开放胜势，强化"四路协同"，提升开放通道优势，优化贸易产品结构，推进外贸转型升级。

关键词： 河南省 对外贸易 进出口结构

2019年，河南对外贸易发展的核心任务是以高水平开放促进高质量发展。围绕这一核心，省委省政府出台了一系列政策措施。2018年12月

---

* 陈萍，《区域经济评论》杂志社副研究员，主要研究方向为开放经济、区域经济。

10日，河南省人民政府发布《关于促进外贸转型发展的通知》，深入贯彻落实党中央、国务院和省委、省政府关于推动外贸转型发展的决策部署，更好地发挥外贸对全省消费升级、结构调整、产业转型等方面的积极作用，加快建设贸易强省，打造内陆开放高地，实现全省经济高质量发展。2019年6月12日，河南省委省政府印发了《关于以“一带一路”建设为统领加快构建内陆开放高地的意见》，提出要把河南的优势变成胜势，推动内陆腹地变身开放高地，加快形成功能齐备、要素集聚、产业繁荣、互联互通、环境优良的全面开放新格局。2019年7月24日，为深入学习贯彻习近平总书记关于对外开放的重要论述，以高水平开放促进高质量发展，河南对外开放大会在郑州召开，更是明确了打造全球贸易体系、优化营商环境等重要路径。在这样的背景下，河南的对外开放整体表现出开放水平更高、开放领域更宽、开放机制更活、开放载体更强的态势。但是对外贸易发展过程中依然存在诸多问题，深入剖析河南2019年对外贸易现状，综合研判2020年对外贸易发展形势，才能更好指导2020年河南对外贸易发展。

一 2019年1~9月河南对外贸易形势分析

1. 货物贸易总值位居中部六省第一，增速与上年基本持平

2019年1~9月，河南外贸进出口总值3667.2亿元人民币，与上年同期持平。其中出口2364.9亿元，增长2.3%；进口1302.3亿元，下降4.1%。9月当月进出口725.5亿元，创近12个月以来月度进出口新高。18个省辖市中14个为正增长，开封、驻马店、商丘、三门峡、濮阳增速超过25%。鹤壁、平顶山、焦作和郑州4市为负增长。从月度变化趋势来看，河南的进出口变化呈现与往年相似的月度变化趋势，每年的9月，进出口总值、进口总值、出口总值都在达到最高值后逐渐走低，至2月达到最低值，之后开始逐渐上升，2019年出口总值在6月、7月、8月出现小幅回落，但同样在9月出现明显提升，达到全年出口最高值（见图1）。

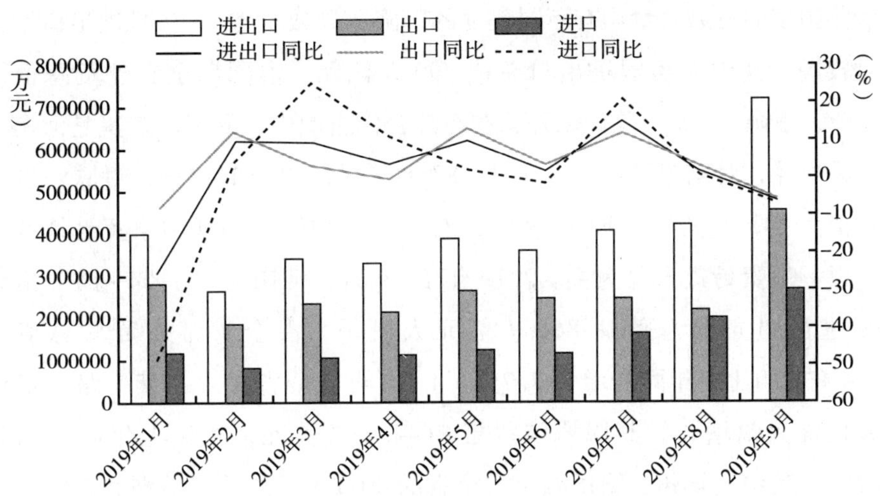

图1　2019年1~9月河南进出口总值、出口总值、进口总值及其增速趋势

资料来源：郑州海关网站，http：//zhengzhou. customs. gov. cn/zhengzhou_ customs/501404/501406/501407/2658970/index. html。

2019年1~9月，全国外贸进出口总值22.91万亿元人民币，比上年同期增长2.8%。其中，出口总值12.48万亿元，增长5.2%；进口总值10.43万亿元，下降0.1%。从全国进出口情况看，河南进出口总值、出口总值分别居全国第12位、第10位，均居中部六省第1位。从增速来看，河南进出口总值、出口总值、进口总值增速都比全国增速慢，尤其是进口下降幅度较大。与中西部地区相比，2019年前三季度，西部地区12省（区、市）和中部六省的外贸进出口增速分别为11.8%、12.4%，分别高出全国外贸整体增速9.0个百分点、9.6个百分点，河南作为中部地区对外贸易总值最大的地区，进出口增速却最低。

2. 对“一带一路”沿线国家贸易持续升温，市场多元化趋势明显

2019年1~9月，河南进出口贸易排名前十的国家和地区分别是美国、中国台湾、韩国、越南、日本、中国香港、澳大利亚、英国、荷兰、墨西哥（见图2），其进出口总值占全省进出口总值的比重为62.45%。美国依然是河南对外贸易第一伙伴国。从增速变化来看，2019年1~9月排名前五的贸

易伙伴国家的贸易总量均有不同程度的下降，导致全省 1～9 月进出口增速相对较慢。其中对美国进出口总值 799.2 亿元，占同期全省外贸总值的 21.8%，下降 4.3%。除此以外，在经济合作组织中，欧盟、东盟是河南主要贸易伙伴，对东盟进出口总值为 487.1 亿元，增长 14.4%；对欧盟进出口总值为 442.5 亿元，下降 1.5%；对“一带一路”沿线国家贸易持续升温。以一般贸易进出口为主。2019 年 1～9 月，河南与“一带一路”沿线国家进出口贸易总值达 866.9 亿元人民币，占全省对外贸易总值的 23.64%，相比上年同期增长 7.7%。1～8 月，全省对“一带一路”沿线国家投资大幅增长，其中协议投资 7444.7 万美元，相比上年同期增长 83.8%。其中，郑州、洛阳两市占全省的 80.1%。对拉丁美洲和非洲等新兴市场进出口总值分别为 270.3 亿元、147.2 亿元，分别增长 16.7% 和 11.8%。可以说，在开放布局上，正在由过去注重对发达国家的开放，转变为以共建“一带一路”为重点，扩大与发展中国家的合作，市场多元化趋势明显。由过去注重沿海、沿边地区开放，转身打造陆海内外联运、东西双向互济的开放格局。

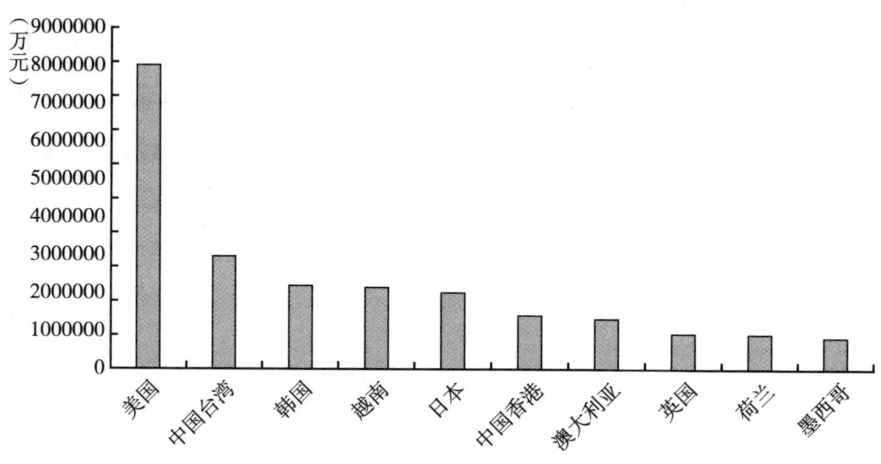

图 2　2019 年 1～9 月河南进出口总值排名前十的国家和地区

资料来源：郑州海关网站，http://zhengzhou.customs.gov.cn/zhengzhou_customs/501404/501406/501407/2658970/index.html。

出口方面，2019年1～9月，河南出口总值排名前十的国家和地区分别为美国、中国香港、日本、荷兰、英国、韩国、加拿大、澳大利亚、阿联酋、马来西亚。其中美国仍是河南第一大出口国，对其出口总值占全省出口总值的32.7%，相较上年同期下降2.7%，受中美贸易摩擦的影响还不是特别明显。从增速来看，表现最抢眼的是马来西亚，1～9月河南对马来西亚出口的干香菇、碳电极金额均在10亿元人民币以上，带动马来西亚出口增长111.4%，对英国、韩国、加拿大的出口增长强劲，增速分别为27.1%、28.1%、27.7%，其中对英国的出口增长主要是手机出口。对"一带一路"国家出口贸易总值达416.4亿元，其中对"一带一路"东南亚国家增速接近20%，出口替代效应明显。

进口方面，2019年1～9月，河南进口总值排名前十的国家和地区分别是：中国台湾、越南、韩国、澳大利亚、日本、墨西哥、秘鲁、智利、新加坡、美国。其中进口总值最多的是中国台湾，贸易总值为271.9亿元，占河南进口总值的20.9%。从增速来看，贸易总量最大的几个国家都出现负增长，如美国、日本、韩国贸易降幅分别达35.5%、19.2%、14.8%，与澳大利亚的贸易增长达33.9%，与南美洲贸易增幅较大，其中智利、墨西哥、秘鲁贸易增幅分别达115.7%、29.5%、19.2%，但由于这几个国家的贸易总量都不大，没有改变全省前三季度进口总值负增长的态势。美国是河南最大的贸易伙伴，2018年对美进出口占全省的1/4，受中美经贸摩擦的直接和间接影响，2019年前三季度河南对美国进口下降严重，直接影响全省进口总值增速。随着后续影响逐步由进出口行业向产业链上游传导，由产能层面向就业层面传导，由东部地区向中部地区传导，河南进口还可能面临新的下行压力。

3. 手机为河南出口第一大产品，进出口商品结构还有待优化

出口商品构成中，机电产品①和高新技术产品②在河南出口中所占比重较

① 机电产品指的是金属制品、机械设备、电器及电子产品、运输工具、仪器仪表及其他机电产品。

② 高新技术产品指的是生物技术、生命科学技术、光电技术、计算机及通信技术、电子技术、计算机集成制造技术、材料技术、航空航天技术及其他高新技术产品。

高。出口机电产品1610.4亿元，增长0.7%，出口高新技术产品1346.8亿元，下降1.7%。出口总值排名前十的商品为：电话机、农产品、未锻轧铝及铝材、服装及衣着附件、纺织纱线织物、汽车、家具及其零件、汽车零配件、陶瓷产品、新的充气橡胶轮胎（见图3）。电话机仍为河南第一大出口产品，出口总值为1238.4亿元，占全省出口总值的52.37%，下降1.4%。从出口增速来看，家具及其零件、陶瓷产品、服装及衣着附件、农产品增速明显，分别为63.5%、12.9%、8.2%、6.4%。出口占比较高的机电产品与上年同期基本持平，保持0.7%的微弱增长。而高新技术产品、电话机、未锻轧铝及铝材、编织品等均出现增幅下降，其中高新技术产品和电话机分别下降1.7%和1.4%。

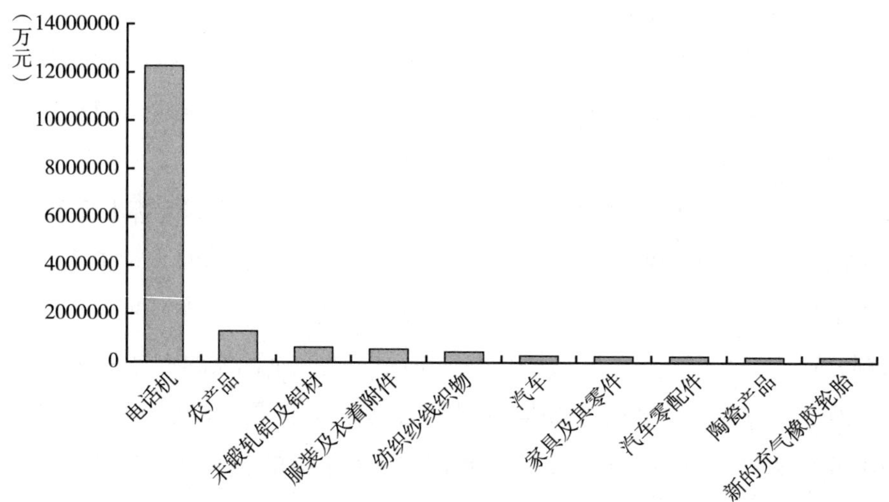

图3　2019年1～9月河南出口总值排名前十的商品构成

资料来源：郑州海关网站，http：//zhengzhou.customs.gov.cn/zhengzhou_customs/501404/501406/501407/2658970/index.html。

进口商品结构。机电产品和高新技术产品仍为中国主要进口产品，其进口总值分别为853.5亿元、709.2亿元，占进口总值的比重分别为65.54%和54.46%，分别下降11.3%、11.4%。进口总值排名前十的商品主要为：集成电路、电视收音机及无线电讯设备的零附件、铜矿砂及其精矿、农产品、铁矿砂及其精矿、美容化妆品及护肤品、煤及褐煤、计量检测分析自控仪器及器具、铅矿砂及其精矿、粮食（见图4）。其中集成电路进口总值为438.6亿元，同比下降9.6%，仍为全省第一大进口商品，资源类、消费品等进口保持良好增长态势。进口铜矿砂及其精矿98.2亿元，增长27.4%；进口消费品94.9亿元，增长19.8%；进口农产品58.6亿元，下降8.2%；以上四者合计占同期全省外贸进口总值的84.9%。

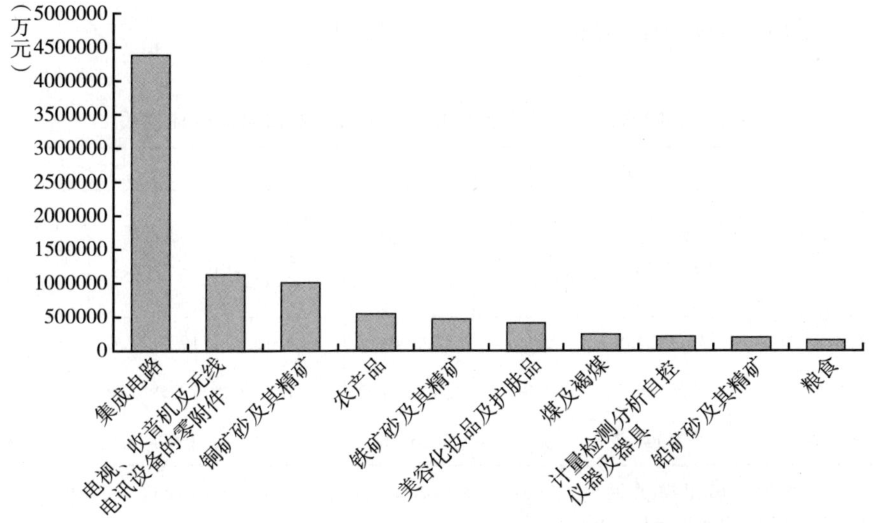

图4　2019年1～9月河南进口总值排名前十的商品构成

资料来源：郑州海关网站，http：//zhengzhou.customs.gov.cn/zhengzhou_customs/501404/501406/501407/2658970/index.html。

虽然机电产品和高新技术产品在河南进出口商品中占比较高，但是并不能说明河南的商品结构已经最优化。因为从贸易方式来看，机电产品和高新技术产品都是加工贸易的主要产品，而国际机电企业或者高新技术企业在河南投资建厂，更多地还是考虑成本降低的因素，委托省内企业按照其规定的工艺和流程进行加工制造，而核心的技术指标还是掌握在国际企业手中，所以出口商品结构中机电产品和高新技术产品占比虽然较高，但其实最主要的是手机出口占比较高，这在一定程度上扭曲了全省的实际商品出口结构，并不能完全说明河南在国际竞争中的优势产业就是机电产业和高新技术产业，或者说竞争优势在资本密集型产业上，实际贸易结构中劳动密集型产品的占比可能更大。

4. 民营企业进出口增速最快，加工贸易依然是主要贸易方式

2019 年 1 ~9 月，在不同性质的进出口企业中，全省民营企业进出口总值 1212. 7 亿元，占同期全省外贸总值的 33. 09%，增长 13. 5%，连续 7 个月保持两位数增长；外商投资企业进出口 2120. 7 亿元，下降 6. 6%，占 57. 86%；国有企业进出口 331. 7 亿元，增长 1. 3%，占 9. 05%。外商投资企业进出口依然是河南进出口企业中占比最高的企业（见表 1）。

表 1　2019 年 1 ~9 月河南进出口、出口、进口商品企业性质

企业性质	进出口		出口		进口	
	绝对值（万元）	在进出口总值中的占比（%）	绝对值（万元）	在出口总值中的占比（%）	绝对值（万元）	在进口总值中的占比（%）
国有企业	3316724. 8	9. 05	1322909. 2	5. 60	1993815. 6	15. 33
外商投资企业	21206834. 1	57. 86	13480932. 2	57. 03	7725901. 9	59. 38
民营企业	12126964. 7	33. 09	8836516. 0	37. 38	3290448. 8	25. 29

资料来源：郑州海关网站，http：//zhengzhou. customs. gov. cn/zhengzhou _ customs/501404/501406/501407/2658970/index. html。

从贸易方式来看，一般贸易进出口 1455. 6 亿元，增长 7. 3%，占比 39. 6%，较上年同期提高 2. 7 个百分点。加工贸易进出口 2149. 3 亿元，下降 4. 4%，占比 58. 6%（见图 5、图 6、图 7）。虽然相比上年，加工贸易的占比有所下降，但占比仍然过半。从全国贸易方式来看，加工贸易占比不足三成，全省加工贸易的占比远高于全国平均水平，在追求高质量开放的大背景下，贸易方式和贸易结构优化任务艰巨。与一般贸易相比，加工贸易属于大进大出、两头在外的贸易方式，加工贸易的产品设计、销售渠道等产业链中价值较高的环节都掌握在外商手中，我们只赚取较少比例的加工费。同时，在河南的出口主体中，外商投资企业占据一半以上，可以说河南出口的产品依然是依赖外国的技术、标准、品牌、销售网络等，并不能体现河南在全球贸易中的竞争力。

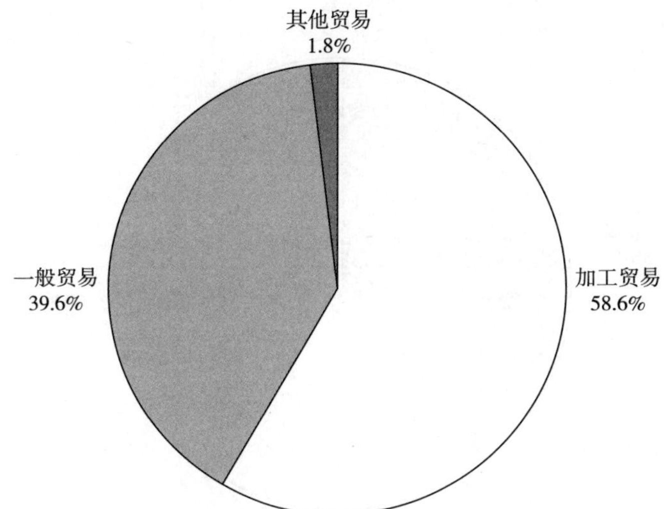

图5　2019年1~9月河南省进出口总值分贸易方式占比情况

资料来源：郑州海关网站，http：//zhengzhou. customs. gov. cn/zhengzhou_customs/501404/501406/501407/2658970/index. html。

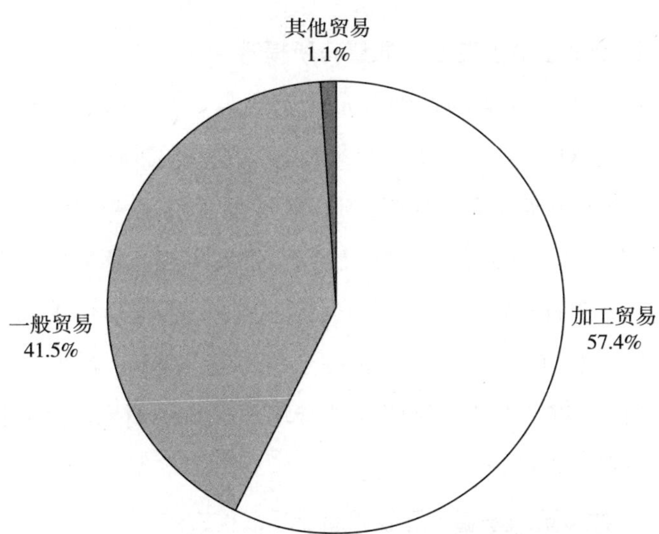

图6　2019年1~9月河南省出口总值分贸易方式占比情况

资料来源：郑州海关网站，http：//zhengzhou. customs. gov. cn/zhengzhou_ customs/501404/501406/501407/2658970/index. html。

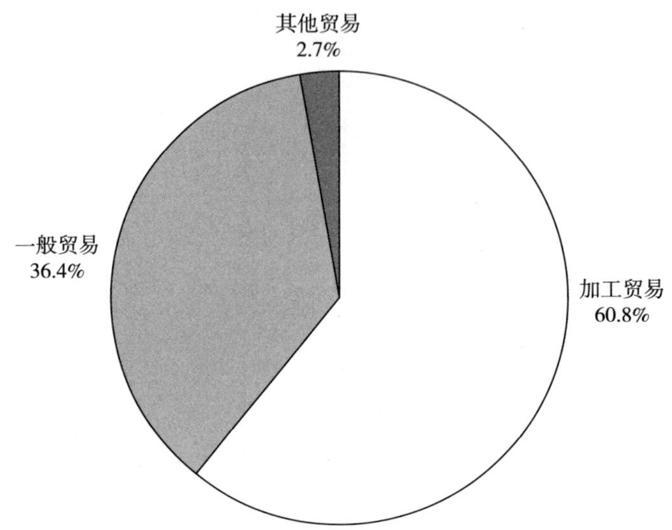

图7　2019 年 1～9 月河南省进口总值分贸易方式占比情况

资料来源：郑州海关网站，http：//zhengzhou. customs. gov. cn/zhengzhou_ customs/501404/501406/501407/2658970/index. html。

5. 引进境内外资金稳步增长，质量有所提升

2019 年 1～9 月，全省新设外资企业 160 家。实际吸收外资 139. 1 亿美元，增长 6. 0%。对“一带一路”沿线国家实际到位外资 11 亿美元，增长 19. 6%。服务业领域实际吸收外资 65. 0 亿美元，占比 46. 7%，比上年同期提高 1. 0 个百分点，主要集中在科学研究、批发零售、租赁服务业和电力燃气等行业上。18 个省辖市中，郑州市实际吸收外资 31. 0 亿美元、洛阳市实际吸收外资 23. 7 亿美元，两市合计占全省的近 40%。新乡、三门峡、漯河、鹤壁、濮阳、许昌 6 市实际吸收外资均超过 6 亿美元。除商丘外，其余 17 个省辖市均实现正增长。

6. “四路”建设更重质量，开放通道建设取得实效

在开放通道建设上，“四路”指空中丝绸之路、陆上丝绸之路、网上丝绸之路和海上丝绸之路。第一，空中丝绸之路越飞越广。顺应航空经济发展的新趋势，通过实施郑州 - 卢森堡货航“双枢纽”战略，拓展了河南空中

通道的新空间。主要经济指标保持较快增长，质量效益稳步提升，发展动能持续增强。2019 年 1 ～6 月，地区生产总值完成 375.1 亿元，同比增长 10.3%。目前在该区备案或注册的电商企业已达 550 家，推动该区成为河南对外开放的重要窗口和平台。第二，陆上丝绸之路越跑越快。立足郑州全国铁路枢纽的优势，成功开通中欧班列，使之成为欧亚大陆桥上一支活跃商队。2019 年 1 ～6 月，郑欧班列开行 524 班，同比增长 75%；总累计开行 2284 班，总累计运输货物重量达 101.1 万吨，价值 108.1 亿美元。在全国 63 个中欧班列开行城市中，针对往返均衡率、计划兑现率、运输安全、市场运价等重要质量安全综合指标的评价，郑欧班列名列第一名。第三，网上丝绸之路越来越便捷。跨境电商率先"起跑"，河南 E 贸易辐射 190 多个国家和地区。2019 年 1 ～9 月，全省跨境电商进出口（含快递包裹）1163.3 亿元，增长 20.2%。其中出口 844.2 亿元，增长 21.9%；进口 319.1 亿元，增长 16.1%。快递包裹出口 5223.1 万件，货值 114.1 亿元，下降 5.9%。郑州海关共监管跨境电商零售进出口清单 8082.2 万票，增长 22.8%；货值 99.3 亿元，增长 17.6%。其中，出口清单 2286.4 万票，货值 17.2 亿元；进口清单 5795.8 万票，货值 82.1 亿元。第四，海铁联运中"五定"班列累计开行超过 400 班，辐射亚美欧多个港口。

7. 以自贸区建设引领制度创新，开放平台更为多元

河南的开放平台有郑州航空港经济综合实验区、中国（河南）自由贸易试验区、郑洛新国家自主创新示范区、跨境电商综合试验区、大数据综合试验区等国家级战略规划平台，改革、开放、创新三大领域都有了引领带动的示范区。郑州航空港经济综合实验区已经成为全球智能手机生产基地，中国（河南）自由贸易试验区一些制度创新走在了全国前列，郑洛新国家自主创新示范区聚集了全省近 50% 的创新龙头企业、近 60% 的高新技术企业，郑州跨境电商交易额在全国 35 个跨境电商综合试验区中居第 3 位。中国（河南）自由贸易试验区挂牌两年多来，以制度创新为核心，科学规划、统筹推进，下放了 455 项省级管理权限，出台 47 个含金量高、操作性强的支持文件，在商事登记、跨境电商、金融创新、多式联运体系建设等方面形成

250个改革创新实践案例；吸引了6.25万多家企业入驻，世界500强企业数量达88家，占全省的68%；一网通办的政务服务体系、一单关检的监管服务体系、一体联控的金融服务体系、一律平等的法律服务体系、一单到底的多式联运服务体系成为特色亮点，以五大专项建设为主线的制度创新格局初步形成，引领河南更高水平的开放。

二 2020年河南对外贸易发展面临的环境分析

2019年以来，河南外贸发展取得了不错的成绩，外贸发展的基础进一步巩固，支撑条件愈加成熟，外贸结构不断优化，内生动力持续增强，但是也要清醒地看到，2020年河南外贸发展面临的不利因素和有利因素同时并存，必须深入研究国家对外贸易发展和河南经济建设的新要求，对接河南对外贸易大会的总体部署，才能确保2020年全省对外贸易平稳发展。

1. 面临的不利因素

首先，外部环境总体趋紧。从国际上看，国际格局加速演变，不稳定不确定因素持续增加，2019年6月初，世界银行对2019年全球贸易增长预期由1月的3.6%调低至2.6%，为近三年来的最低点。同时，西方国家“再工业化”步伐加快，产业链重构竞争加剧，极大地影响了世界经济增长，导致市场预期不稳。2020年，贸易保护主义将继续增大全球贸易发展风险，各国贸易政策向内倾斜，“逆全球化”趋势导致全球经贸摩擦更为明显。尤其是中美两国贸易结构性问题还很多，矛盾和摩擦还会增加，后续会向产业链上游传导，由产能层面向就业层面传导，加大外贸发展下行的压力。

其次，国内经济长期向好但短期存在下行压力。2019年1~9月，国内生产总值697798亿元，按可比价格计算，同比增长6.2%。但是现阶段中国经济新老矛盾交织，周期性、结构性问题叠加，经济运行总体平衡，但稳中承压、稳中存忧，经济运行仍然面临不少困难和问题，外贸企业面临的融资难、融资贵的问题没有得到根本解决，劳动力、土地等要素价格仍维持高位，受中美贸易摩擦影响，部分企业发展受困。

最后，河南内部经济结构性矛盾依然突出。由于市场供给与市场需求失衡，经济循环不畅的问题突出。很多产业处于产业链的上游，能源原材料产业占比过高，高成长、高技术产业总量太小。2018 年全省五大传统产业占规模以上工业的比重高达 46.6%，战略性新兴产业占比仅有 15.4%，产业国际竞争力不强。很多产品处于价值链的低端，技术含量低、附加值低的产品偏多，高端供给、优质产品偏少。很多企业处于供应链的外围，既没有无可替代的技术优势，也没有价格低的成本优势，难以融入全球市场核心供应链中。

2. 面临的有利因素

首先，外贸政策环境不断优化。从全国来看，中国实施积极的进口促进战略，主动扩大进口，促进对外贸易平衡发展。2018 年，中国多次下调部分商品的进口关税，总体关税水平由 9.8% 降至 7.5%，平均降幅达 23%。国内高质量发展带动外贸稳中提质，外贸结构调整效果显现。目前，中国经济处于由高速增长转向高质量发展的阶段，全力推动外贸稳中提质，反映在外贸领域就是经营主体、商品结构、贸易方式都在优化。其次，从省内经济支撑来看，2019 年前三季度，全省地区生产总值增长 7.4%，增长速度高于全国 1.2 个百分点，继续保持全国领先水平。规模以上工业增加值增长 7.9%；服务业增加值增长 8%；农业生产稳步增长，粮食总产量有望再创历史新高。固定资产投资增长 8.2%；社会消费品零售总额增长 10.4%。

总体来看，虽然 2019 ~2020 年河南外贸发展存在着外部环境总体趋紧，国内经济长期向好但短期存在下行压力和河南内部经济结构性矛盾依然突出的不利因素，但在国家外贸政策利好和河南经济发展的支撑下，2020 年河南主要经济指标将也将继续保持总体平稳、持续向好的发展态势，河南对外贸易也将继续保持持续向好的发展态势。

三　加快河南对外贸易高质量发展的对策建议

1. 在商品和要素流动型开放的基础上，构筑制度型开放体系

2019 年《政府工作报告》指出，要继续推动商品和要素流动型开放，

更加注重规则等制度型开放，以高水平开放带动改革全面深化。制度型开放是河南经济发展步入新时代的内在要求。当前，河南经济步入新阶段，发展模式正在向高质量效益型转变，原来的商品和要素流动型开放，就是在对外开放中强调商品和要素的自由流动，通过打通国内外市场，让商品和要素在全球根据市场规律充分流转，以实现最优配置。与之不同，制度型开放则聚焦规则与制度层面的改变，主动对标和对接国际先进的市场规则，在清理国内不合理、不相容的法律法规基础上，进一步形成与国际贸易和投资通行规则相衔接的、规范透明的基本制度体系和监管模式。推进制度型开放，就是要构建一套与国际贸易投资通行规则相衔接的基本制度体系和监管模式。要围绕国际通行规则，加速完善经济法律法规体系。要采取清理、改革与创设"三轨"并进的改革模式：一是加快清理和修订现有法律法规中与国际通行规则不相符甚至矛盾的部分；二是对标国际先进标准，在审批准入、市场竞争、产业政策、知识产权、营商环境等方面加大改革力度；三是实施新的外商投资法，以负面清单管理模式扩大外商投资市场准入，将复杂的审批制改为备案制，以公开、公平、稳定、可预期的制度体系打造具有国际竞争力的营商环境。

2. 优化营商环境，融入全球产业链

高水平的开放要求高标准的国际化营商环境，这是一个地区融入全球产业链条的关键，是有效对接国际通行规则和贸易标准的关键。为此，一要打造一流的政务环境。大力推行政务服务新模式。推出多证合一，开展投资项目承诺制。实行证照分离、"一址多照、一照多址"、住所集中地注册等商事改革。压缩企业开办时间，达到国内先进水平。二要打造一流的法治环境。要在法治框架内调整各类市场主体的利益关系，全面落实准入前国民待遇加负面清单管理制度，坚决打破针对民间投资的隐性门槛，推进投资自由化便利化。三要打造一流的生活环境。借鉴其他地区的成功经验，实施"筑巢工程"，打造"类海外"生活环境，加速聚集海内外高端人才。

3. 强化"四路协同"，提升开放通道优势

首先要增强空中丝绸之路的辐射力和影响力。增强辐射力，就是要着力

提升航空枢纽能级，加快机场三期工程建设，加大国际客货运航线开辟力度，培育壮大基地航空公司，推进与国际国内一流的企业合作，探索推进全省民航机场资源融合、高效管理，形成“双枢纽、多节点、多线路、广覆盖”的发展格局。其次，要扩大陆上丝绸之路的运量，提升陆上丝绸之路运输质量。要继续扩大中欧班列开行城市，提高货运数量，同时要提高中欧班列的回程比率、计划兑现率、运输安全、市场运价等指标，加快发展冷链业务、数字业务、定制班列，创新增值服务和新兴业态，以优质服务赢得市场，在质量上形成自己的新优势。再次，要继续在创新上突破网上丝绸之路。目前全国跨境电商综合试验区已达30多家，河南作为标兵，要大力推进业态模式创新，高水平规划建设E贸易核心功能集聚区，支持基础好的省辖市申建跨境电商综试区，引导更多传统企业通过跨境电商开辟新的贸易通道，构建完整的跨境电商生态圈和产业链，打造全国性跨境电商与多元化贸易中心。最后，要推进海上丝绸之路无缝衔接。提升铁海联运班列运营水平，推进沙颍河、淮河、唐白河等内河水运建设，加快淮滨港、漯河港、周口港等港口建设，创新发展河海联运，打造面向海外战略支点的海公铁多式联运国际物流通道。

4. 优化贸易产品结构，推进外贸转型升级

第一，加快货物贸易优化升级。鼓励加工贸易向研发设计、检测维修、高端设备再制造等领域拓展，从而提升改造传统的外贸产业。持续开展外贸集群转型升级培育工作，实施出口品牌战略，大力培育自主品牌，通过产品结构的提升，提高国际竞争力。第二，促进服务贸易创新发展。培育壮大一批服务外包重点企业，形成服务外包产业集群。支持有条件的开发区、特色出口基地等发展服务外包产业。第三，培育贸易新业态新模式。在现在跨境电子商务的基础上，鼓励企业设立海外营销渠道和海外仓，加快发展“保税+”新型贸易。第四，加大政策支持力度，提高对外贸易质量。积极争取中央外经贸发展专项资金支持，优化外贸政策体系，推进相关专项资金政策统筹，提高政策的协调性、精准性和有效性。重点对国际市场拓展、外贸新业态发展、特色产业基地培育、国际知名品牌建设、贸易便利化水平提升

等进行支持。创新金融扶持政策。运用差别化政策工具，引导金融机构加大对外贸企业的支持力度。组织银企对接活动，推动金融机构与外贸企业加强合作。鼓励和支持金融机构创新贸易融资产品，切实解决企业融资困难。加强出口信用保险支持。保持出口信用保险扶持政策稳定性，对企业投保一般贸易、加工贸易、跨境电子商务短期出口信用保险给予支持。

参考文献

郑州海关网站：http：//zhengzhou. customs. gov. cn。

王莉：《“一带一路”战略下河南省对外贸易策略研究》，《企业改革与管理》2019年第14期。

张晓昱、祁绩：《“一带一路”视阈下区域对外贸易可持续发展研究——基于河南省与周边省份对比》，《商丘师范学院学报》2019年第8期。

人民网：https：//www. peopleola. com/toutiao/news/20191023/393dd1634e4f050b. html。

河南省商务厅：《2019年前三季度全省商务运行情况分析》。

B.9

2019 ~2020年河南省财政形势分析与展望

胡兴旺　赵艳青*

摘　要： 2019年，一般公共预算收入实现平稳增长，重点领域和民生支出得到强力保障，财税体制改革得到扎实推进，为全省经济社会发展提供了有力支撑。但同时，财政运行和管理中也存在收支矛盾突出、资金使用效率不高、改革进展不均衡等问题。2020年，河南省应认真落实省委省政府决策部署，扎实落实积极的财政政策并加力提效，提高财政政策的精准度和有效性，促进经济社会持续健康发展。

关键词： 河南省　财政收支　财税体制改革

一　2019年河南省财政收支情况

2019年前三季度，河南省财政收支总体保持平稳增长，减税降费政策效应持续显现，重点领域及民生支出得到强力保障。全省一般公共预算收入3133亿元，同比增长7.4%；全省一般公共预算支出8319.6亿元，同比增长10.8%，财政收支增幅均超预期。预计全年能够实现一般公共预算收入增长7%的目标，全省一般公共预算收入将超过4000亿元，全省一般公共预算支出将突破一万亿元大关。

* 胡兴旺，博士，研究员，河南省财政厅政策研究室主任，主要研究方向为财政学；赵艳青，硕士，河南省财政厅政策研究室，主要研究方向为财政学。

（一）一般公共预算收入平稳增长

2019年前三季度，全省一般公共预算收入中：地方税收收入2178.7亿元，增长6.6%，税收收入占一般公共预算收入的比重为69.5%，同比下降0.6个百分点。非税收入完成954.3亿元，增长9.4%。一般公共预算收入的增长是与河南省GDP增长相适应的，且具有以下特点。一是减税降费政策效应更为明显。按照中央统一安排部署做好深化增值税改革工作，明显降低增值税税负，对小微企业、科技型初创企业实施普惠性税收减免。落实个人所得税专项附加扣除政策，降低社保费名义费率。前三季度，全省税收收入增长6.6%，同比回落11.3个百分点。分税种看，国内增值税增长5.7%，同比回落10.4个百分点；企业所得税增长0.3%，同比回落15个百分点；个人所得税同比下降30.3%。有效增加了企业活力，增加了居民收入，经济潜力得到有效激发，发展信心得到不断提升。二是收入质量逐步提高。在减税降费的大背景下，积极推进综合治税，推进涉税信息共享，堵塞跑冒滴漏；升级非税收入征管系统，规范非税收入管理，持续优化收入结构；各级财政部门多渠道盘活国有资源资产，国有资本经营收入增长47.9%。同时，开征环境保护税和水资源税取得预期效果，资源税、环境保护税分别增长18.1%、22.9%，推进了河南省生态文明建设。三是主要行业税收受经济下行影响较大。受煤炭、钢铁价格持续低迷叠加增值税税率下调影响，煤炭、钢材行业增值税分别下降20.3%、50.5%；受电解铝等高耗能行业环保限产影响，成品油、电力行业增值税分别下降48.6%、13.9%；受汽车产销持续下降影响，汽车行业税收下降4.1%；受房地产业、建筑业增值税税率下调，叠加房地产市场“房住不炒”政策调控影响，房地产业、建筑业改征增值税增速同比分别回落17.3个、11.5个百分点，受房地产行业相关统计指标增速回落影响，房地产行业相关税收后期持续增长基础仍不稳固，回落压力较大。四是地区间收入增幅分化。18个省辖市一般公共预算收入达2994.0亿元，同比增长8.6%。一般公共预算收入增速最低的郑州市（5.9%）比增速最高的济源市（17.3%）低11.4个百分点；10个省直管县一般公共预算收入197.3亿元，同比增长14.2%。一般公共预算收入增速最低的汝州市（5.4%）比增速最高的兰考县（33.6%）低28.2个百分点。

（二）民生和重点支出得到有效保障

全省严格贯彻落实过紧日子的财政方针，进一步加大一般性支出压减力度，将节省的资金统筹用于保障重点领域支出。前三季度，全省民生支出合计6349.8亿元，同比增长10.3%，其中教育、科技、文化旅游、社保、城乡社区、交通运输支出同比分别增长10.6%、34.9%、21.7%、15.3%、22.4%、36.6%。一般公共预算支出增长较快，反映财政部门管理水平进一步得到了提升，财政资金绩效观念得到了进一步加强，财政改革的成效得到进一步的体现。财政支出从以下几方面为经济保驾护航，为民生添砖加瓦。一是财政着力助发展。完善财政政策，健全投入机制，聚焦关键领域薄弱环节，推动深化供给侧结构性改革，助推实体经济健康发展；支持创新驱动发展，抓好创新载体，壮大创新主体，完善企业研发投入市县引导机制，加大对中小企业技术创新的支持；提质增效降低企业成本，严格落实减税降费政策，切实减轻企业税收负担和用工成本，推广运用政府采购合同融资降低企业融资成本；支持脱贫攻坚，加大投入力度，创新投入方式，统筹整合涉农资金，构建覆盖各级各类扶贫资金从指标接收到最终支付全流程的在线监管体系，促进扶贫项目和资金精准对接、进度匹配，为打赢脱贫攻坚战提供了坚强有力的资金保障。二是财政合力强基础。做好新增政府债券发行使用管理工作，支持现代交通、信息、水利等项目建设，支持农村环境整治，扎实实施乡村生态振兴战略，有效发挥了政府债券稳投资、扩内需、补短板的积极作用。高效规范推进PPP工作，积极发挥PPP对补短板、稳投资以及化解政府存量债务的作用，筑牢河南发展基础。三是财政聚力保民生。加大财政投入力度，加快支出进度，提高资金使用效益，提高保障和改善民生水平。前三季度，全省各级财政共落实重点民生实事资金 366.8 亿元，为年初预计数的 101.4%，为全省重点民生实事的顺利落实奠定了坚实的基础。

（三）财税体制改革扎实推进

持续深化对改革规律的认识和把握，通过完善机制，创新措施，狠抓落实，扎实推动各项改革工作高质量开展，8 大类改革任务、47 项具体改革事项均按时间节点积极推进，很多好的经验、好的做法受到了中央、省委的肯定。一是推进省与市县财政体制改革。建立工作专班统筹推动的工作机制，结合中央改革进展积极研究推进分领域财政事权和支出责任划分改革。目前，《河南省医疗卫生领域省与市县财政事权和支出责任划分改革方案》已经印发。教育、科技、交通运输、环保等领域的改革方案正在积极推进。分领域财政事权和支出责任划分改革进一步规范细化了省与市县支出责任分担比例和分担方式，为建立完善事权与支出责任相适应的制度体系提供了有力支撑。二是完善预算管理制度改革。实施中期财政规划管理改革，在全国率先形成比较成熟的运行机制，目前已实现省、市、县三级全面覆盖。同时，细化完善预算草案内容，提高预算草案的全面性和完整性，促进了预算安排与经济社会发展中长期规划的有机衔接。推进财政资金统筹整合。通过完善全口径预算管理，清理规范重点支出挂钩事项，清理整合财政专项资金，盘活存量资金，省级专项资金由 2015 年的 395 项压减至 2019 年的 89 项；2015～2019 年省级共盘活财政存量资金近 300 亿元，有效提升了资金使用效益。三是全面实施预算绩效管理。制定“1+6”预算绩效管理制度。出台《中共河南省委　河南省人民政府关于全面实施预算绩效管理的实施意见》（豫发〔2019〕10 号），及时制定省级项目政策事前绩效评估、部门绩效目标管理、绩效运行监控、绩效评价管理和结果应用等几个相关配套办法，构建全过程预算绩效管理链条。四是持续深化税制改革。坚持把大规模减税降费作为一项重要政治任务狠抓落实。小微企业普惠性税收减免、实质性降低增值税税率等各项减税降费政策按时落到实处，授予省级权限的“六税两费”减征、降低社会保险费率、自主就业退役士兵和重点群体创业就业等税收优惠政策，均按照顶格标准，以最高幅度进行减免，最大限度地释放政策红利，切实增强各类市场主体的获得感。

二 2020年财政形势及政策取向

（一）财政形势分析

当前经济形势复杂，世界主要经济体经济增长几近停滞，就业增长放缓，通胀持续低迷，对经济前景的悲观情绪日益高涨。从全国情况看，虽然前三季度我国经济保持总体平稳运行态势，产业结构持续优化升级，国内生产总值增长6.2%、消费增长贡献率超六成、全年新增就业目标基本完成，但明年不确定因素增加，经济形势依旧复杂多变，需做好防通胀和防通缩、稳增长和防风险、稳外贸和促转型等多种关系的均衡工作，货币政策、财政政策、结构性改革宜汇聚一心，共同发力。从河南省情况看，全省经济运行延续了总体平稳、稳中有进发展态势，经济结构继续优化，新动能较快成长，质量效益不断提升，前三季度全省地区生产总值增长7.4%，高于全国平均水平1.2个百分点。与此同时，当前外部环境不稳定不确定因素增多，国内经济下行压力较大，河南省长期积累的结构性问题与深层次矛盾突出，一些指标虽然仍在合理区间，但已出现下滑迹象，推动全省经济高质量发展任务依然艰巨。从财政自身看，受经济下行压力加大、实施大规模减税降费政策等因素影响，预计2020年财政收入增长将继续放缓。同时，财政支出增长刚性较强，统筹做好经济“六稳”、三大攻坚战、推动黄河流域生态保护和高质量发展、科技创新、保障和改善民生等领域资金需求较大。综合分析，2020年财政收支平衡压力将更加突出，必须加强统筹安排，加大财政支出政策的精准调控，用好用足地方政府专项债券，坚持政府“过紧日子”，确保财政可持续。2020年全省一般公共预算收入预期增长目标为6.5%左右。

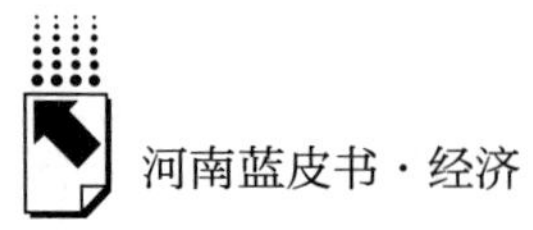

（二）财政政策取向

当前财政政策主要目标是促进短期经济平稳运行，而实现长期经济高质量增长从根本上还要依靠改革开放。2020 年要加大逆周期调节力度，财政政策将进一步加力提效，促进经济平稳运行。一是实施积极的财政政策。继续落实落细减税降费政策，巩固减税降费效果，支持实体经济高质量发展；积极争取地方政府专项债券额度，推动中部地区崛起、黄河流域生态保护和高质量发展等重大国家战略实施。二是优化财政支出结构。大力压减一般性支出，集中财力围绕省委、省政府中心工作，加大重点工程、项目投资力度；加大对普惠性、基础性、兜底性民生建设投入，保障群众基本生活。三是加快建立现代财政制度。深化财税体制改革，切实发挥制度的保障作用；加快建立完善河南省稳定的各级政府事权、支出责任和财力相适应的财政体制以及科学规范优化配置财政资源的预算管理制度。四是加强财政管理。加强预算绩效管理，提高财政资金使用效益；加强财政法治建设，提高依法理财水平；加强地方政府债务管理，提高防范化解地方政府隐性债务风险能力。

三 2020年财政政策建议

2020 年，河南省要以习近平新时代中国特色社会主义思想为指导，全面贯彻落实党的十九大和十九届二中、三中、四中全会精神和习近平总书记视察指导河南工作时的重要讲话，认真落实省委省政府决策部署，坚持和加强党的全面领导，扎实落实积极的财政政策并加力提效，提高财政政策的精准度和有效性，促进经济社会持续健康发展。

（一）加强财政收支管理

加强财政收支管理是确保河南省经济社会持续健康发展的重要基础，在外部环境更趋严峻复杂，经济下行压力明显加大，大规模的减税降费政策仍需落实落细，保障民生及重点支出不断增加，收支矛盾异常突出的背景下，一要确保财政平稳运行。加强对经济运行和行业发展趋势的跟踪监测，科学研判财政收入形势，严格执行过紧日子的财政方针，完善落实一般性支出增长约束机制；坚决兜住兜牢“三保”底线，完善民生支出监测预警体系，切实保障市县机构运转和基本民生政策落实。二要加快预算执行，尽快将各项资金细化到可执行的具体项目上，提高资金分配下达速度和拨付效率，进一步提高预算执行的均衡性和有效性。三要加强针对性指导，高度关注部分县级财政状况，在落实减税降费政策的基础上，既要积极推动县域经济高质量发展，又要盘活变现存量财政资源，提高财政资源使用效率，防范化解可能出现的财政风险。四要全面实施预算绩效管理，落实河南省“1＋6”预算绩效管理制度办法，加快建立全方位、全过程、全覆盖的预算绩效管理体系，推动预算绩效管理标准科学、程序规范、方法合理、结果可信，切实提高财政资源配置效率和使用效益。

（二）加力提效为市场增活力

统筹财政政策和资金，聚焦支持河南省发展的关键领域和薄弱环节，释放市场活力，推动经济高质量发展。一是落实落细中央减税降费政策，持续减轻企业负担，改善企业预期和经营效益，支持企业将更多资源用于设备更新、技术创新和升级改造，推动制造业从中低端迈向中高档，加快新旧动能接续转换。二是统筹运用普惠金融发展专项资金，引导各类企业对接资本市场。推进政策性融资担保体系建设，继续用好政府采购合同融资、小微企业信贷补偿金，切实缓解中小微企业融资压力。三是支持扩大内需，充分运用财政政策、税收政策激活城乡市场需求，培育消费热点、挖掘消费潜力，同时加大力度支持提高消费供给水平和质量。四是优化营商环境，降低参与政府采购活动的交易成本，优化完善“互联网＋政府采购”交易流程，积极推进政府采购管理、交易系统与省公共资源交易电子服务系统互联互通和信息共享；大力支持深化行政审批制度改革，减少政府对市场活动的直接干预，激发各类市场主体活力。

（三）推动河南省各项战略部署落实落细

围绕省委省政府重大决策部署，继续加大对基础设施建设、扩大开放、乡村振兴以及区域战略实施等重点领域的投入力度。一是积极筹措财政资金，特别是利用地方政府专项债资金和规范的 PPP 模式，集中支持河南省重点工程、项目，加大对交通、水利、生态保护、农业农村、现代物流等重点领域和薄弱环节建设的投入，发挥有效投资的带动作用。二是加大力度支持扩大开放，围绕河南省对外开放平台，优化财政投入结构和方向，充分发挥河南省“四路并进”新优势，“五区联动”新动能；支持河南省实施更大范围、更宽领域、更深层次的全面开放；支持深化投资便利化改革，加大河南省利用外资力度；支持应对各类贸易摩擦，最大限度地降低对河南省经济的影响。三是创新投入机制，加快形成财政优先保障、金融重点倾斜、社会积极参与的多元投入格局，吸引高端社会资本投入河南省乡村振兴等重点领域，补齐农村基础设施建设短板。四是积极研究支持实施国家重大区域战略有关政策，一方面切实落实好国家已出台的支持“一带一路”、中部崛起以及将要出台的黄河流域生态保护和高质量发展等财税政策；另一方面要加快研究支持国家重大区域战略在河南省实施的财税政策，提高政策的协同性。

（四）切实保障和改善民生

牢牢把握以人民为中心的发展思想，坚持经济发展和民生改善相协调，尽力而为、量力而行，突出保基本、兜底线，不断满足人民日益增长的美好生活需要。一是进一步加大对市县的转移支付力度，切实保障市县机构运转和重大民生政策落实。二是制定切实有效措施，推动重点民生实事资金保障工作落实到位。重点支持高校毕业生、农民工、退役军人等群体就业，更好发挥创业投资基金对就业的引导带动作用。三是聚焦“两不愁三保障”突出问题，加大扶贫资金投入和整合力度，加快建立健全稳定脱贫长效机制，集中力量攻克深度贫困堡垒，如期全面打赢脱贫攻坚战。四是持续跟踪提高教师待遇政策兑现落实情况，督促市县加快农村中小学教师周转房建设资金使用进度，进一步增强广大教师的获得感幸福感。五是落实提高城乡低保补助、城乡居民最低基础养老金等标准，实现城乡居民基本养老保险基金省级管理，推进企业养老保险基金省级统收统支，稳步提高社会保障水平。

（五）深入推进财税体制改革

加快推进建立完善中国特色社会主义现代财政制度，推进国家治理体系和治理能力现代化。一是加快推进财政体制改革。按照中央统一部署，进一步优化政府间事权和财权划分，研究制定分领域财政事权和支出责任划分改革方案，加快推进基本公共服务领域省与市县支出划转基数核定等配套政策，完善河南省转移支付制度，形成稳定的各级政府事权、支出责任和财力相适应的财政体制，支持地方创造性开展工作。二是加快建立完善预算制度。建立健全重点支出预算安排的基本规范，扩大基本支出定员定额管理范围，推进项目支出标准体系建设，发挥标准对预算编制的基础性作用；全面推进预决算公开，扩大预决算公开范围，进一步细化公开内容；深化中期财政规划管理，逐步强化滚动规划对年度预算的约束性，严格执行“先有预算后有支出、没有预算不支出”的原则。三是根据国家税制改革进程，结合河南省实际，进一步完善增值税制度，建立完善地方税体系，发挥税收制度的调节作用。

参考文献

河南省人民政府：《2019 年前三季度河南省经济运行情况新闻发布会》。

中国人民银行郑州中心支行：《河南省金融运行报告（2019）》。

河南省财政厅核算处：《2018 年河南财政收支情况简析》。

河南省财政厅：《2018 年上半年预算执行简要分析》。

河南省统计局网站：http：//www. ha. stats. gov. cn。

B.10
2019~2020年河南物流业运行分析及展望

毕国海　李　鹏*

摘　要： 2019年以来，河南物流业运行延续总体平稳、稳中有进、进中提质的发展态势。预计2020年，河南物流运行的宏观经济环境总体向好，全省将坚持以推动物流业高质量发展为总目标，物流业将呈现物流需求规模不断扩张、社会物流成本持续降低、物流政策环境持续改善、物流枢纽支撑能力持续增强、航空物流将加快发展等特点。建议重点推动物流枢纽网络建设、加快特色物流转型发展、强化市场主体培育、扩大对外开放合作、加强物流标准化建设、持续优化营商环境、着力培育先进业态模式、创新物流统计模式等工作。

关键词： 河南省　物流业　高质量发展

2019年以来，河南以推动物流业高质量发展为总目标，围绕打造“现代国际物流中心和全产业链现代物流强省”总体思路，加快构建“一中心、多节点、全覆盖”的现代物流空间布局体系，着力优化“通道+枢纽+网络”的现代物流运行体系，大力发展冷链物流、快递物流、电商物流，创新多式联运，加快构建覆盖城乡的分拨配送物流网络，积极培育新业态新模

* 毕国海，河南省物流与采购联合会副会长、河南省物流学会会长，主要研究方向为流通经济；李鹏，河南省物流与采购联合会秘书长，高级物流师，主要研究方向为流通经济。

式，争创物流降本增效试点省。全省物流业运行将延续总体平稳、稳中有进、进中提质的发展态势。

一 2019年物流业总体运行态势

（一）物流运行质量提升，降本增效不断深入

随着全省物流降本增效工作不断深入，社会物流成本持续回落，成本结构不断优化。2019 年上半年，全省社会物流总费用为 3745.9 亿元，增长 8.6%，同比回落 0.3 个百分点，社会物流总费用与 GDP 的比率为 15.5%，与上年同期持平（见图 1）。

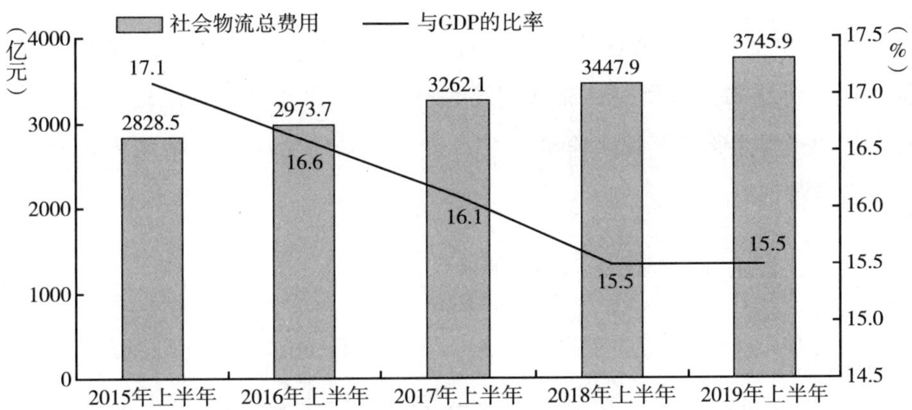

图 1　2015 年上半年至 2019 年上半年社会物流总费用与 GDP 的比率变化

资料来源：《河南省 2019 年前三季度物流业运行情况通报》。

从物流各环节的费用看，运输费用占比最大，增速放缓，保管费用占比提升最多，管理费用增长幅度最大。运输费用 2236.2 亿元，增长 8.0%，同比下降 0.8 个百分点，占总费用的 59.7%，同比回落 0.3 个百分点；保管费用 1082.1 亿元，增长 10.1%，同比回落 0.3 个百分点，占总费用的 28.9%，同比上升 0.5 个百分点；管理费用 427.5 亿元，增长

8.2%，同比上升0.2个百分点，占总费用的11.4%，同比上升0.1个百分点（见表1）。

表1 2019年上半年全省社会物流总费用及构成

指标	数值(亿元)	增长(%)	占比(%)
社会物流总费用	3745.9	8.6	100.0
运输费用	2236.2	8.0	59.7
保管费用	1082.1	10.1	28.9
管理费用	427.5	8.2	11.4

资料来源：《河南省2019年前三季度物流业运行情况通报》。

（二）物流需求稳步提升，需求结构不断优化

2019年上半年，全省社会物流需求稳中有进，需求结构持续调整，但受经济下行压力加大影响，需求增速有所放缓。全省社会物流总额达6.8万亿元，增长9.4%，同比下降0.4个百分点，高于全国平均增速3.3个百分点（见图2）。

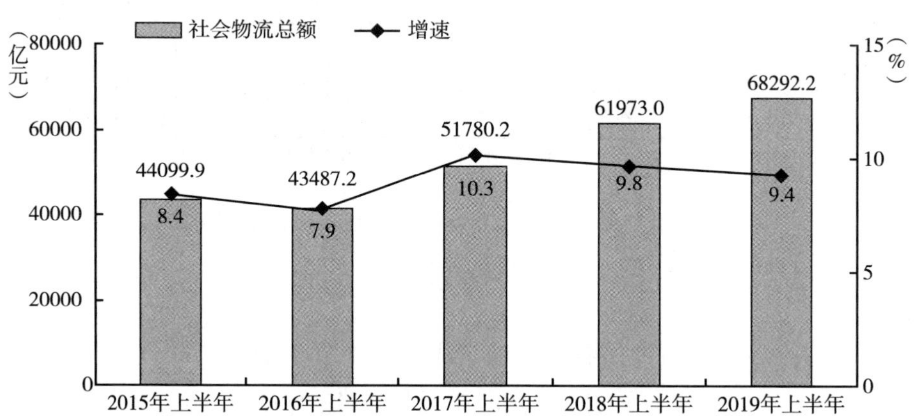

图2 2015年上半年至2019年上半年全省社会物流总额及增长趋势

资料来源：《河南省2019年前三季度物流业运行情况通报》。

全省社会物流总额分项指标呈现“五升一降”态势，其中，单位与居民物品物流总额增长最快，成为河南社会物流稳定发展的主要动力；进口货物物流需求规模降幅最大。从需求类型看：工业品物流总额5.8万亿元，增长9.3%，同比下降1.7个百分点；农产品物流总额3534.5亿元，增长3%，同比提高0.2个百分点；单位与居民物品物流总额255.8亿元，增长30.1%，同比回落1.7个百分点；外省流入物品物流总额5835.3亿元，增长15.6%，同比提高3.6个百分点；再生资源物流总额60.7亿元，增长21.1%，同比上升3.7个百分点；进口货物物流总额665亿元，下降9.6%，同比回落3.4个百分点（见表2）。

表2　2019年上半年河南社会物流总额及构成情况

指标名称	数值(亿元)	增长(%)	占比(%)
社会物流总额	68292.2	9.4	100.0
农产品物流总额	3534.5	3.0	5.2
工业品物流总额	57940.9	9.3	84.8
进口货物物流总额	665.0	-9.6	1.0
再生资源物流总额	60.7	21.1	0.1
单位与居民物品物流总额	255.8	30.1	0.4
外省流入物品物流总额	5835.3	15.6	8.5

资料来源：《河南省2019年前三季度物流业运行情况通报》。

（三）物流规模不断壮大，产业支持作用不断增强

2019年上半年，全省物流业营业收入3324亿元，增长10.5%，同比提高1个百分点，其中运输环节收入2336.5亿元，保管环节收入987.5亿元，分别增长10.8%和10.2%；全省规模以上物流企业营业收入1379.0亿元，同比增长5.0%，实现营业利润171.2亿元，同比增长9.3%。

（四）产业转型升级态势明显，专业化水平不断提升

2019年上半年，全省物流产业结构不断优化，冷链物流、快递物流、电商物流等重点领域加快发展。一是冷链物流。全省冷链物流需求规模持续

扩张，冷链产品物流总量不断提高，冷库总容量稳步增长，冷藏车保有量不断增加。双汇物流、鲜易供应链等 10 家企业入选全国冷链物流百强，比上年增加 3 家企业；万邦、双汇等 9 个物流园区入选河南省冷链物流示范园区；星级冷链物流企业 3 家，位居中部省区市前列。二是跨境电商。全省跨境电商进出口（含快递包裹）796. 8 亿元，增长 22. 3%。其中出口 581. 0 亿元，增长 21. 9%；进口 215. 8 亿元，增长 23. 2%。快递包裹出口 4239. 4 万件，货值 92. 6 亿元，增长 5. 4%。郑州海关共监管跨境电商零售进出口清单 5405. 8 万票，增长 18. 9%；货值 70. 0 亿元，增长 16. 2%。郑州跨境电商综试区进口单量居全国第 2 位。三是快递物流。全省快递服务企业业务量累计完成 8. 9 亿件，同比增长 40%，同比上升 7. 4 个百分点，业务总量占全国的 3. 2%，居全国第 9 位，中部六省第 1 位；业务收入累计完成 83. 3 亿元，增长 23. 0%，同比回落 6. 2 个百分点（见图 3）。

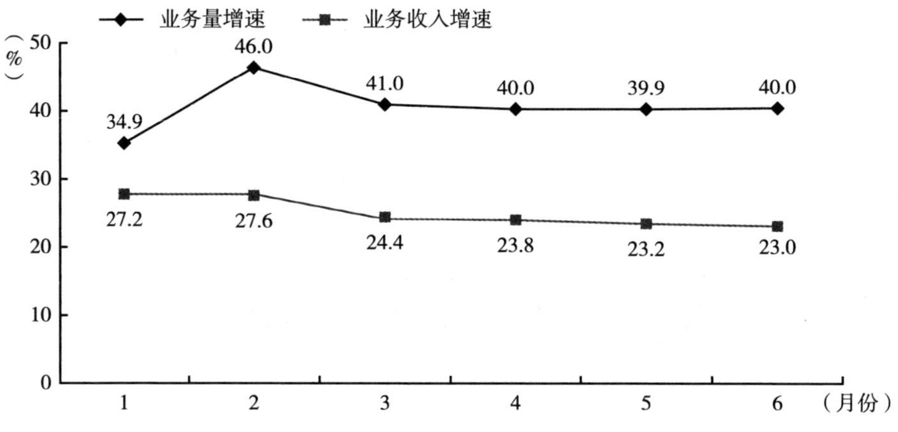

图 3　2019 年上半年快递服务企业业务量、业务收入增长走势

资料来源：《河南省 2019 年前三季度物流业运行情况通报》。

（五）物流基础设施不断完善，投资结构不断优化

2019 年上半年，物流业相关固定资产投资同比增长 4. 3%，较上年同期下降 14. 4 个百分点，低于全省固定资产投资增速 4. 1 个百分点，低于第三

产业固定资产投资增速6.6个百分点。其中，铁路运输业固定资产投资增长迅猛，同比增长99.4%；道路运输业稳步增长，同比增长8.0%；航空运输业大幅下降，同比下降84.1%，仓储业略有下降，同比下降0.2%。

（六）货运规模持续扩张，运输结构不断优化

2019年上半年，全省货物运输量11.9亿吨，增长10.5%，同比回落1.3个百分点；货物周转量4347.7亿吨公里，增长10.2%，同比提高2.2个百分点（见图4）。铁路货运量企稳回升。铁路货物运输量0.5亿吨，增长6%，同比上升4.6个百分点，货物周转量993.7亿吨公里，增长3.7%，同比回落0.4个百分点。公路货运持量续增长。公路货物运输量10.6亿吨，增长10.2%，同比回落2.2个百分点，占全省货运量的89%，同比回落0.2个百分点，货物周转量2772.4亿吨公里，增长11.7%，同比提高2.9个百分点，公路运输仍为河南主要运输方式。水路货运量快速增长。水路货运量和周转量分别为0.8亿吨、580亿吨公里，分别增长17.6%和15.2%，同比分别上升7.4个和3.5个百分点，分别占总货运量和周转量的6.9%和13.3%，同比分别提高0.4个和0.6个百分点；航空货运量增长放缓。航空运输货运量10.6万吨，货物周转量1.6亿吨公里，分别下降9.6%和8.9%，同比分别回落21.8个和23.7个百分点。

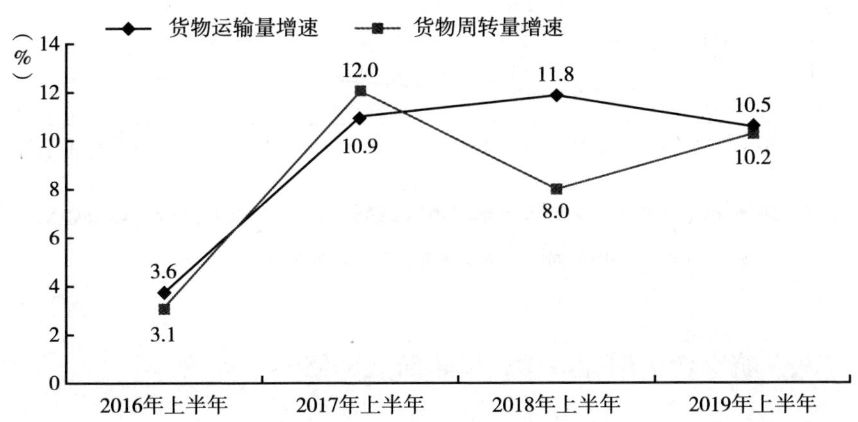

图4　2016年上半年至2019年上半年全省货运量、周转量及增长趋势

资料来源：《河南省2019年前三季度物流业运行情况通报》。

（七）中欧班列（郑州）稳定运行，辐射范围不断扩大

中欧班列（郑州）依托欧洲线路、东盟线路、中亚线路和俄罗斯线路等班列网络实现每周去程 14 班、回程 10 班高频高质开行。2019 年上半年，中欧班列（郑州）开行 524 班（322 班去程、202 班回程），同比增长 75%（见图 5）；总累计开行 2284 班，总累计货重 101.1 万吨、价值 108.1 亿美元，往返均衡率、计划兑现率、运输安全、市场运价等综合指标稳居全国“领跑梯队”。作为“陆上丝绸之路”建设的主力军，中欧班列（郑州）形成了“七个站点、六个口岸”的运行体系，网络遍布欧盟和俄罗斯及中亚地区 30 多个国家 130 个城市，境内合作伙伴近 5000 家，境外合作伙伴达到 800 多家。中欧班列（郑州）跨境电商专线“菜鸟号”是全国首条按“9610”监管方式阳光清关的中欧班列专线。

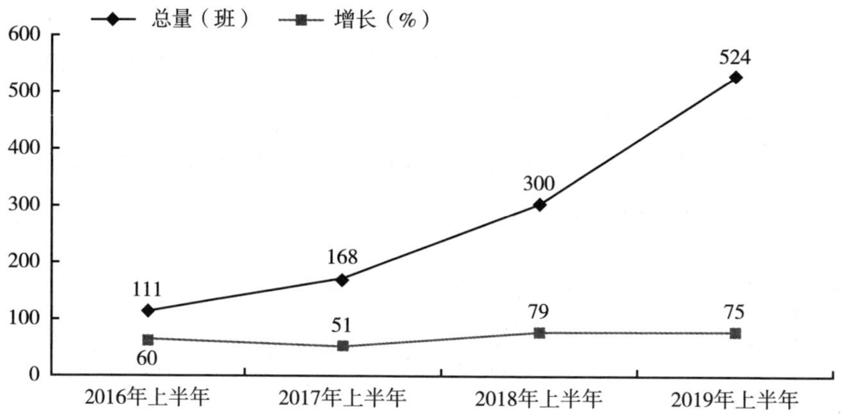

图 5　2016 年上半年至 2019 年上半年中欧班列（郑州）班列开行及增长趋势

资料来源：《河南省 2019 年前三季度物流业运行情况通报》。

（八）航空货运增速放缓，枢纽航线网络不断完善

2019 年上半年，全省航空货邮吞吐量 21.2 万吨，下降 9.6%，同比回落 21.8 个百分点，但降幅比一季度减少 10.1 个百分点。其中，郑州

机场货邮吞吐量21.2万吨，下降9.6%，同比回落21.8个百分点（见图6），货邮吞吐量在全国各机场中居第7位，客货吞吐量继续保持中部地区“双第一”。郑州机场作为“空中丝绸之路”建设的主力军，强化运力引进、增强货运集疏、拓展航线网络，目前在郑运营货运航空公司21家，货运航线34条（国际地区29条），货运通航城市40个（国际地区28个），在全球前20位货运枢纽机场中已开通16个航点，已建成“郑州－卢森堡”“郑州－莫斯科”双枢纽，基本形成横跨欧美亚三大经济区、覆盖全球主要经济体的枢纽航线网络，货运航线网络的通达性和便利性持续提升，集疏能力显著增强。

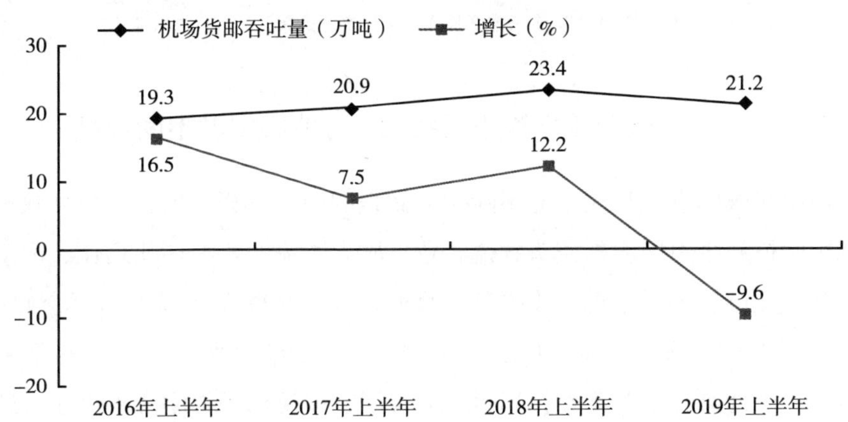

图6　2016年上半年至2019年上半年郑州机场货邮吞吐量及其增长趋势

资料来源：《河南省2019年前三季度物流业运行情况通报》。

（九）物流业景气度趋于平稳，物流行业发展趋好

根据2019年上半年全省物流业景气指数数据，6个月来物流业景气指数（LPI）平均值为56.1%（见图7），新订单指数平均值为60.2%，业务活动预期指数平均值为61.8%，均位于50%以上扩张区间，显示出上半年全省物流业需求增长稳健，物流运行保持活跃，物流行业对未来发展预期仍较为乐观。

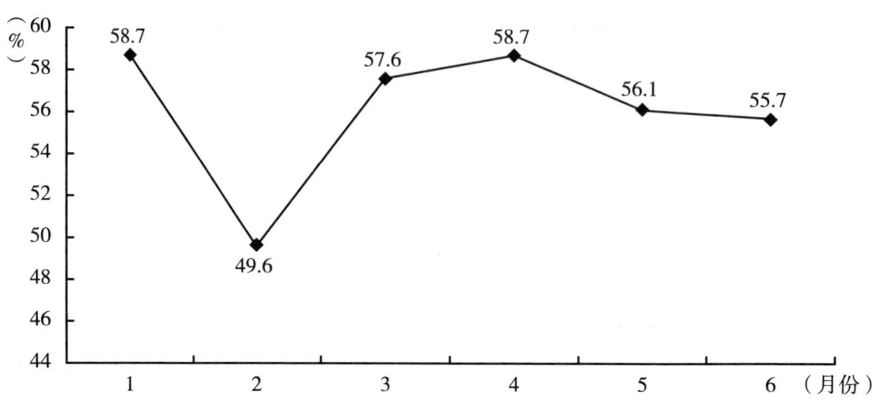

图7　2019年上半年全省物流业景气指数（LPI）变化趋势

资料来源：《河南省2019年前三季度物流业运行情况通报》。

（十）全省物流企业规模不断壮大，行业集中度不断提高

河南在鼓励本土物流企业不断做大做强的同时，相继出台一系列政策规划和配套措施吸引国内外龙头物流企业入驻，物流企业一体化运作、网络化经营和供应链管理水平进一步提升。目前，全省共有A级以上物流企业170家，其中5A级物流企业11家，3A级以上物流企业158家，占总量的92.9%；质押监管企业7家；郑州交运集团、漯河双汇物流两家企业入选全国物流企业百强。

二　2020年物流业运行分析和预测

预计2020年及今后一个时期，河南物流运行的宏观经济环境总体向好，物流业将呈现以下几方面特点。

（一）物流需求规模不断扩张

随着全省物流业转型发展持续推进，到2020年，河南现代国际物流中心地位基本确立，覆盖全省的“一中心、多节点、全覆盖”的物流空间网

络体系基本形成，物流需求结构不断优化，物流产业链更加完善，产业规模效益大幅提高，企业实力明显增强。根据全省物流业运行情况预测，2019年，河南省社会物流总额将达到14.5万亿元，增长9.2%左右；2020年，河南省社会物流总额将达到15.6万亿元，增长9.5%左右。

（二）社会物流成本持续降低

2019年9月，《关于做好物流降本增效综合改革试点工作的通知》（发改经贸〔2019〕1537号）决定在河南、山西等六省（市）开展物流降本增效综合改革试点。未来，河南将以探索“政府＋平台”的新型行业服务模式、完善物流统计、创新物流行业监管机制、创新物流融资服务模式、建设陆空联运大数据服务平台为主要试点内容，推动物流降本增效。预计2020年，全省社会物流总费用与GDP的比将再降低0.5个百分点左右。

（三）物流政策环境持续改善

2019年，是全省大力推进物流业转型发展攻坚的关键之年，全省出台了一系列规划、方案和政策措施。同时，国家密集出台了《关于推动物流高质量发展，促进形成强大国内市场的意见》《关于加快道路货运行业转型升级促进高质量发展的意见》《关于加快推进铁路专用线建设的指导意见》等政策文件。预计2020年，随着各项政策措施全面落实，物流业发展的制度环境将进一步优化，物流业高质量发展持续推进。

（四）物流枢纽支撑能力持续增强

出台《河南省现代物流运行体系布局和建设实施方案》（豫发改服务业〔2019〕533号），以构建公铁水为一体的现代物流通道为支撑，以构建国家物流枢纽、区域物流枢纽和重要物流节点有机衔接的现代物流枢纽系统为主体，以构建专业便捷的现代物流服务网络系统为保障，着力打造“通道＋枢纽＋网络”的现代物流运行体系，加快全产业链现代物流强省建设。民航、铁路、公路“三网融合”和航空港、铁路港、公路港、出海港（国际陆港）“四港联动”的集疏运体系基本形成。

（五）航空物流将加快发展

《关于做好2019年国家物流枢纽建设工作的通知》（发改经贸〔2019〕1475号）明确，郑州市成为首批23个物流枢纽入选2019年国家物流枢纽建设名单中的全国第一个也是唯一一个空港型国家物流枢纽。近年来，郑州机场不断完善枢纽航线网络、积极推进三期工程建设、统筹谋划陆空联运、空铁联运业务、打造多式联运信息平台、持续提升口岸通关效率，并取得显著实效，为航空物流、临空产业、枢纽经济发展创造了良好条件。

（六）多式联运体系将日益完善

近年来，河南积极探索多式联运发展新路径、新举措、新经验，深入开展省级多式联运示范工程，大力培育多式联运组织模式、信息系统和多式联运承运人，积极完善多式联运配套政策。如：实施货运枢纽（物流园区）集疏运道路建设行动计划；实施铁路专用线入园工程；推动郑州机场多式联运数据交易服务平台与国际贸易“单一窗口”标准版对接；支持郑州国际陆港建设多式联运集疏中心和开展多式联运创新监管试点，打造一体联动、信息速达、快捷高效的“数字班列”等。各项举措的贯彻实施，将为河南多式联运发展注入腾飞动力。

（七）物流信息平台将加快发展

推动成立以全省仓储资源线上租赁交易、供应链金融服务、物流大数据监测分析、仓储物流运营托管等为核心功能的全省仓储物流公共服务平台，有效解决园区布局不合理、空置率高、服务体系不健全、信息化程度低等问题；依托国际多式联运“一单制”服务模式，建成集提单内容自动生成、数据上传、收集审核、查询分析和提单电子化流转等功能于一体的中欧班列（郑州）多式联运综合服务平台，实现货物贸易、融资、运输、仓储、保险等状态和数据的实时登记和全过程追踪；上线运行包含在线销售、在线约车、在线报关、物流信息追踪等功能的郑州机场多式联运数据交易服务平台，为郑州机场货运业务精细化发展提供强有力的信息支撑。

（八）农村物流体系不断完善

2019年，河南贯彻落实国家《关于推进邮政业服务乡村振兴的意见》《关于深化交通运输与邮政快递融合，推进农村物流高质量发展的意见》等政策文件精神，推动农村物流发展，完善县、乡、村三级农村物流网络节点体系，改善农村末端配送设施条件，加快形成布局合理、便捷高效、保障有力的城乡物流基础设施网络体系。预计2020年，农村物流体系将逐渐建立健全，河南农村物流业将实现飞速发展。

三　促进物流业健康发展的对策建议

（一）建设物流枢纽网络

一是优化全省物流空间布局，完善物流通道网络，推动形成以国家物流枢纽为骨干、省级物流节点为补充的物流设施布局。加强国家物流枢纽、区域物流枢纽和重要物流节点建设，完善物流枢纽体系。构建“通道＋枢纽＋网络”的物流运行体系。二是围绕服务“一带一路”建设，加快构建航空、铁路国际国内“双枢纽”。构建24小时全球可达的航空货运服务体系，全力打造国际航空货运枢纽。推动中欧班列（郑州）运贸一体化创新发展，加快建设集多式联运、口岸通关、保税仓储、供应链服务等功能于一体的国际铁路枢纽。三是探索创新多式联运组织模式，加快建设互联互通、物流全球、一单到底的多式联运服务体系。

（二）加快特色物流转型发展

一是立足河南产业优势，以冷链、快递、电商、航空等特色物流为重点，推动建立“一个专班、一本规划、一个方案、一套政策、一个重大项目库”的行业物流转型升级工作机制，推动加快物流业转型升级。二是推进建设郑州国际冷链物流枢纽、郑州机场三期、国际邮件快件经转口岸等重点工程，打造一批物流公共信息平台、城市共同配送中心和专业物流园区，以重点突破带动物流业转型发展全面推进。三是继续贯彻物流转型发展工作方案和促进物流业转型发展若干措施，加快物流业转型发展。

（三）强化市场主体培育

一是筛选一批业内优势企业，一企一策、重点联系、重点扶持、重点培育，支持通过参股控股、合资合作、兼并控股等方式整合资源、扩大规模，打造河南品牌、中国标杆。二是加强 A 级以上物流企业培育，引导企业规范发展、做大做强，发挥示范作用，带动形成企业集群。三是强化物流枢纽（园区）运营主体培育，成立河南省物流枢纽（园区）联盟；加快河南省物流公共服务平台、郑州机场多式联运数据交易服务平台、中欧国际多式联运综合服务信息平台等综合服务平台建设。

（四）扩大对外开放合作

一是对接国际物流企业全球战略布局，举办专题招商会，积极吸引 UPS、亚马逊、Inditex 等在豫设立亚太分拨中心。二是创新招商引资方式，引进一批物流服务集成商和货代企业，在豫布局建设一批重大项目。三是规划建设现代物流总部基地，吸引境内外知名物流企业国际总部、地区总部、业务总部入驻。

（五）加强物流标准化建设

一是依托行业协会、龙头企业修订完善一批物流设施、专用工具等技术标准，制定实施一批包装、装卸、运输等作业标准，着力解决标准体系不健全、不完善造成的“断链”现象。二是开展省级物流标准化试点示范，推进集装箱、托盘等设备循环共用。三是积极筹建省物流标准化技术委员会。

积极支持河南省物流、综合交通运输、公路工程、智能交通、内河水运5个物流标准化技术委员会获批筹建，推动河南物流地方标准制定。

（六）持续优化营商环境

一是积极争创国家物流降本增效试点省，深入贯彻落实国家和河南推动物流业降本增效各项政策措施。二是依托河南省电子政务信息平台，按照“一网一门一次”方向要求，深化物流领域放管服改革。三是充分发挥行业协会的桥梁和纽带作用，形成协同治理机制。

（七）着力培育先进业态模式

一是大力发展智慧物流、绿色物流和现代供应链，完善智能仓储配送设施网络，积极培育“互联网＋”车货匹配、运力优化、仓储交易等新业态新模式。二是鼓励企业研发应用绿色包装、绿色仓储、低碳运输等技术，建立逆向物流系统，加强物流包装物回收利用。三是推动物流业与农业、上下游制造、商贸企业深度融合，延伸产业链、优化供应链，提升价值链。

（八）创新物流统计模式

一是完善物流统计指标体系，建立冷链物流、快递物流、电商物流等专项统计制度，实施物流大数据统计矩阵计划，科学全面反映全省物流各领域发展情况。二是建立物流统计信息数据直采机制，依托全省物流公共服务平台，加强数据采集、计算和处理，推动物流统计方式由企业手工填报转变为信息系统直采，实时监测全省物流资源分布、货量流向、物流效率、物流价格等物流大数据，提高物流统计时效性和准确性。

参考文献

河南省人民政府办公厅：《关于印发河南省物流业转型发展规划（2018～2020年）

的通知》（豫政办〔2017〕109 号）。

陈润儿：《政府工作报告——2019 年 1 月 16 日在河南省第十三届人民代表大会第二次会议上》。

河南省人民政府：《关于明确政府工作报告提出的 2019 年重点工作责任单位的通知》（豫政〔2019〕6 号）。

何黎明：《不忘初心　砥砺前行　为建设物流强国而努力奋斗——在物流行业庆祝我国改革开放四十周年大会上的讲话》，中国物流与采购联合会学会工作部，2018 年 11 月 24 日。

河南省人民政府办公厅：《关于推进电子商务与快递物流协同发展的实施意见》（豫政办〔2019〕12 号）。

河南省人民政府办公厅：《关于印发河南省推进运输结构调整工作实施方案的通知》（豫政办〔2019〕4 号）。

河南省人民政府办公厅：《关于聚焦企业关切进一步推动优化营商环境政策落实的通知》（豫政办〔2019〕1 号）。

国家发展改革委、交通运输部《关于做好 2019 年国家物流枢纽建设工作的通知》（发改经贸〔2019〕1475 号）。

河南省发展改革委、河南省交通运输厅：《河南省现代物流运行体系布局和建设实施方案》（豫发改服务业〔2019〕533 号）。

国家发展改革委、交通运输部《关于做好物流降本增效综合改革试点工作的通知》（发改经贸〔2019〕1537 号）。

B.11
2019 ~2020年河南省居民消费价格走势分析

袁金星*

摘　要： 2019 年前三季度，河南经济保持平稳运行态势，全省 CPI 同比上涨2.5%，继续延续前期温和上涨势头。本轮 CPI 明显上涨，结构性特征十分明显，食品类尤其是猪肉价格上涨是核心推动力，初步判断猪肉价格将在 2020 年下半年迎来拐点。总体预计 2020 年河南 CPI 同比涨幅不会超过 3.0%，物价总水平仍将可控。最后，本文提出了 2020 年河南要多措并举促进生猪生产供应、强化生活必需品保供稳价、保障重点群体生活需求等政策建议。

关键词： 河南省　居民消费价格指数　猪肉价格

居民消费价格指数（Consumer Price Index，简称 CPI）是度量居民生活消费品和服务价格水平随着时间变动的相对数，综合反映居民购买的生活消费品和服务价格水平的变动情况。居民消费价格统计调查涵盖城乡居民生活消费的食品烟酒、衣着、居住、生活用品及服务、交通和通信、教育文化和娱乐、医疗保健、其他用品和服务等 8 大类 262 个基本分类的商品与服务价格。通过掌握 CPI 变动走势，可以了解价格变动的基本情况，分析研究价格

* 袁金星，河南省社会科学院经济研究所副研究员，主要研究方向为国民经济、科技经济、产业经济。

变动对经济社会的影响，是政府制定政策和计划、进行宏观调控等重要的参考依据。特别是 CPI 变动情况与居民生活密切相关，公众关注度也比较高。因此，对全省 CPI 变动展开年度分析及预测十分重要、十分必要。

一 2019年前三季度河南省居民消费价格总体情况

2019 年，河南全省上下以习近平新时代中国特色社会主义思想为指导，深入贯彻习近平总书记视察河南重要讲话精神，坚定落实党中央、国务院各项决策部署，坚持稳中求进工作总基调，坚持新发展理念，坚持推进供给侧结构性改革，突出抓好“六稳”工作，全省经济保持平稳运行态势，消费品市场总体保持平稳。前三季度，全省 CPI 同比上涨 2.5%，涨幅较上年同期扩大 0.1 个百分点，较上半年扩大 0.3 个百分点，延续前期温和上涨势头。

（一）横向比较，涨幅排名居全国第11位

前三季度，河南 CPI 涨幅和全国平均水平一致，为 2.5%。在全国 31 个省（区、市）涨幅从高到低的排序中，排名第 11 位，位于中等水平，和陕西、湖南、江西、四川涨幅相同。从结构看，河南和全国趋势一致，八大类商品和服务价格均“七升一降”，其中食品烟酒、其他用品和服务价格领涨，交通和通信价格下降。从具体项目类别看，河南与全国平均水平相比呈“六低两高”特征，即食品烟酒、衣着、居住、生活用品及服务、医疗保健涨幅分别低于全国平均水平 0.1 个、0.9 个、0.8 个、0.3 个和 0.5 个百分点；交通和通信下降幅度低于全国平均水平 1.3 个百分点；而教育文化和娱乐、其他用品和服务则分别比全国平均水平高 0.9 个和 1.3 个百分点（见图 1）。

（二）从年度数据看，近五年延续温和上涨态势

从近十年河南 CPI 数据看，同期 CPI 涨幅自 2011 年起高位收窄，2015 年涨幅回落至近十年最低水平，之后涨幅虽有所扩大，但总体保持温和上涨态势（见图 2）。

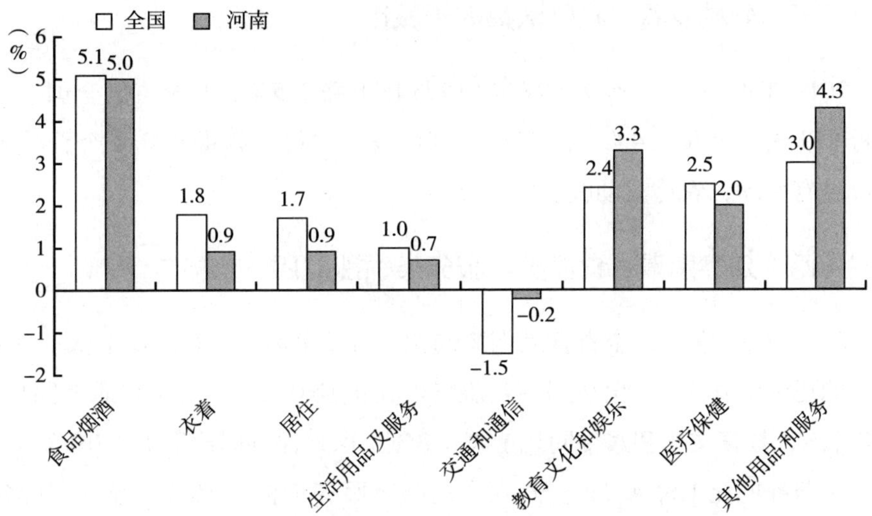

图1 2019年前三季度河南与全国CPI八大类商品和服务跌涨幅对比

资料来源：河南省统计局、国家统计局河南调查总队：《河南统计月报》。

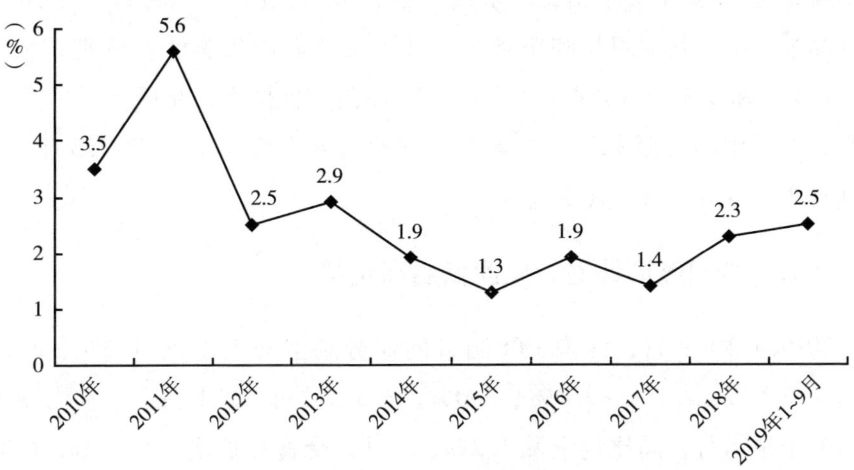

图2 河南省CPI同比涨跌幅走势

资料来源：河南省统计局、国家统计局河南调查总队：《河南统计月报》。

（三）分城乡看，农村涨幅大于城市

2019 年 1 ~9 月，河南省城市 CPI 同比上涨 2.5%，与全省、全国一致，农村 CPI 同比上涨 2.4%。就变动幅度而言，农村涨幅提高 0.4 个百分点，城市没有变动，农村波动幅度大于城市。

（四）分类别看，食品类、服务类领涨 CPI

2019 年 1 ~9 月，全省食品烟酒同比上涨 5.0%、衣着同比上涨 0.9%，居住同比上涨 0.9%，生活用品及服务同比上涨 0.7%，交通和通信同比下降 0.2%，教育文化和娱乐同比上涨 3.3%，医疗保健同比上涨 2.0%，其他用品和服务同比上涨 4.3%，八大类商品及服务价格“七升一降”，其涨幅变化程度由高到低依次为：食品烟酒（5.0%）、其他用品和服务（4.3%）、教育文化和娱乐（3.3%）、医疗保健（2.0%）、衣着（0.9%）、居住（0.9%）、生活用品及服务（0.7%）、交通和通信（-0.2%）。从波动幅度方面看，与 2018 年全年相比，呈现“三扩大、五回落”特点。“三扩大”即食品烟酒类、其他用品和服务类、教育文化和娱乐类涨幅分别扩大 3.5 个、2.9 个和 0.3 个百分点；“五回落”即医疗保健类、交通和通信类、居住类、生活用品及服务类、衣着类分别回落 4.1 个、2.4 个、1.3 个、0.9 个和 0.2 个百分点（见图 3）。

（五）分月度同比看，呈前低后高走势

2019 年 1 ~9 月，河南 CPI 当月同比分别上涨 1.2%、1.2%、2.3%、2.8%、2.9%、2.7%、3.0%、3.0%、3.3%。可知，1 月、2 月河南 CPI 在较低水平运行，同比均上涨 1.2%；3 月，受食品价格走高影响，CPI 同比涨幅较 2 月扩大 1.1 个百分点，上涨 2.3%，随后进入继续上升通道，到 9 月，CPI 同比上涨 3.3%，特别是第三季度，7 月、8 月、9 月连续三个月 CPI 增速连续触及 3% 的警戒线，反映出短期内 CPI 同比涨幅或仍处在上行通道（见图 4）。

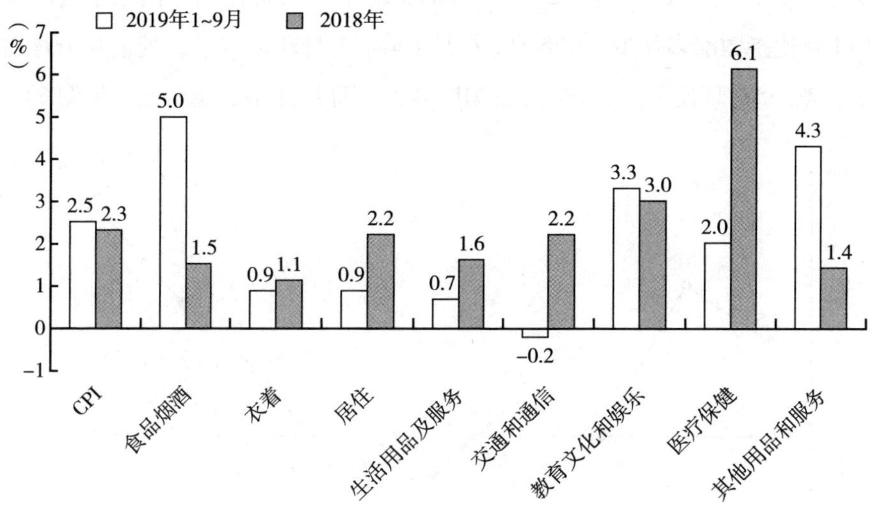

图3　2019 年 1～9 月与 2018 年八大类商品及服务价格同比跌涨幅度

资料来源：河南省统计局、国家统计局河南调查总队：《河南统计月报》。

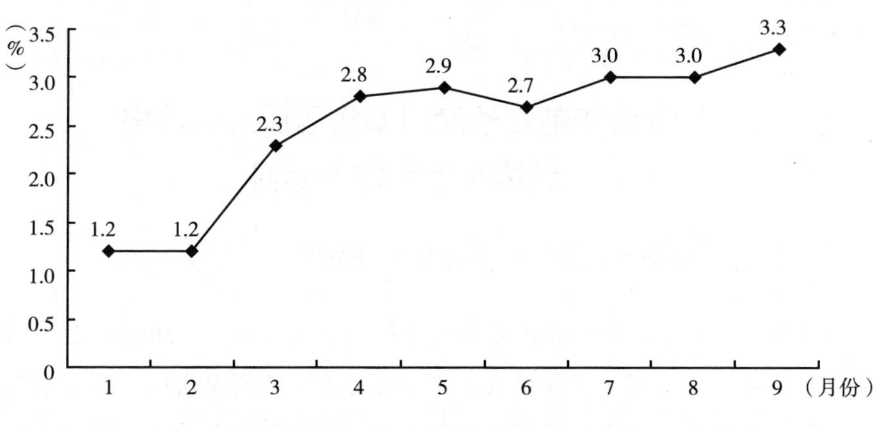

图4　2019 年 1～9 月 CPI 当月同比涨幅

资料来源：河南省统计局、国家统计局河南调查总队：《河南统计月报》。

（六）分月度环比看，涨多跌少

2019 年 1～9 月，河南 CPI 当月环比波动幅度分别为 0.5%、0.8%、0、

0.2%、-0.2%、-0.3%、0.3%、0.7%和1.2%。整体来看，前三季度河南月度CPI环比指数涨多跌少，仅5月、6月下降，3月环比持平，其余6个月均呈上涨态势，9月环比上涨1.2%，是2019年月度环比涨幅的最高点（见图5）。

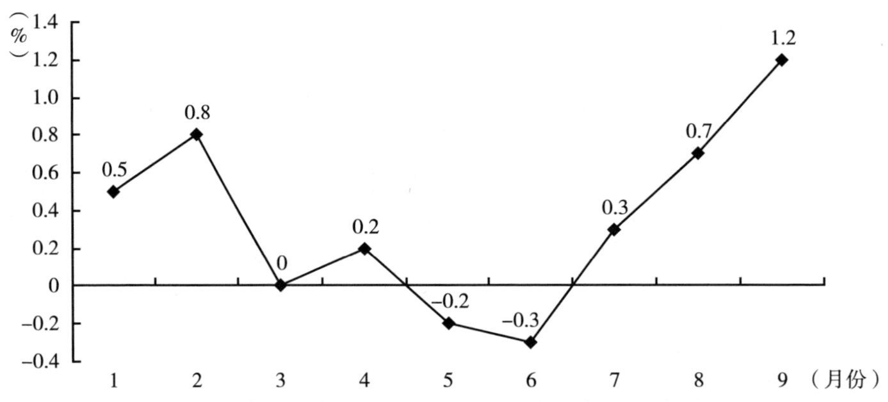

图5　2019年1～9月CPI当月环比涨幅

资料来源：河南省统计局、国家统计局河南调查总队：《河南统计月报》。

二　2019年前三季度河南省居民消费价格结构性上涨特征明显

（一）食品价格对CPI上涨推力十分显著

2019年1～9月，全省食品价格同比平均上涨5.0%，涨幅较上年同期扩大3.7个百分点，较上半年扩大1.3个百分点，特别是畜肉、鲜瓜果类是食品价格上涨的主要推手。从图6可知，与上年同期相比，6大类食品消费价格指数中，除了水产类价格指数小幅回落外，其余5大类消费价格指数均上涨，其中畜肉类、鲜果类价格指数增幅分别为16.6%和16.3%。CPI由食品项和非食品项构成，食品项在CPI篮子中总比重约为20%。CPI非食品项虽然权重高，但因其价格相对平稳，对CPI波动的影响相对较小。而CPI食品项虽然权重较小，但因我国食品价格波动较大，对CPI的影响往往相对较大，所以对于2019年以来物价的持续上涨而言，畜肉和鲜果的价格上涨是主要推动力。

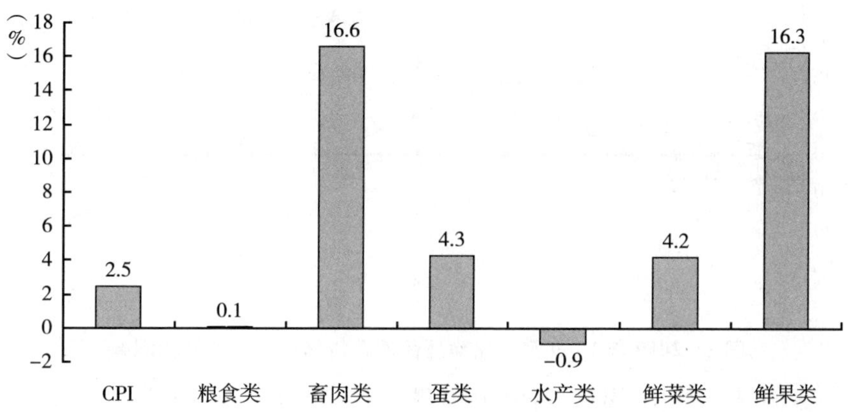

图6　2019年1～9月CPI及食品类居民消费价格指数同比涨幅

资料来源：河南省统计局、国家统计局河南调查总队：《河南统计月报》。

而食品类中，猪肉是中国最主要的肉类消费品，猪肉价格权重最高并且波动幅度最大，是CPI食品项最重要的影响因素。从历史数据看，我国猪肉价格波动和CPI波动高度相关，2008年至今，猪肉价格和CPI指数的相关系数达到0.82，远高于CPI篮子中的其他商品。从图7可知，进入第三季度，鲜果类价格开始回落，畜肉类价格继续攀升，而7月、8月、9月，全省CPI当月涨幅分别为3.0%、3.0%和3.3%，从这个角度看，畜肉类价格特别是猪肉价格的上涨是本轮CPI上涨的核心因素。

本轮猪肉价格上涨不只是河南的问题，而是全国性的问题。其原因主要有以下几点：（1）环保政策造成生猪存栏持续下降。生猪养殖业对水资源的需求量高、污染大，与环境保护的矛盾日益突出，国家提出转变行业生产方式，促进规模化养殖的发展，降低散养的规模，造成生猪供给减少。（2）规模化养殖策略造成散户大量退出。近年来，国家推动规模化养殖策略，鼓励养殖场扩大产能，同时不断缩小普通养殖户规模，但是由于散户养殖占比过高，向规模化养殖转移较慢，形成猪肉供给下降。（3）非洲猪瘟造成明显

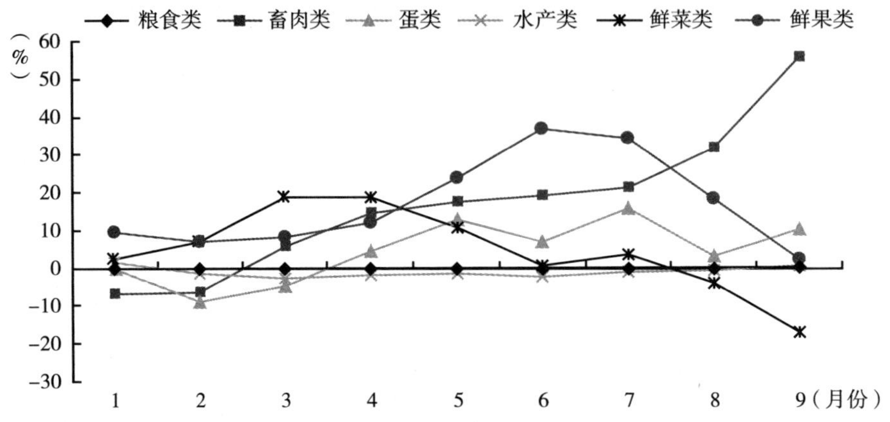

图7　2019年1~9月食品类居民消费价格指数月度同比涨幅

资料来源：河南省统计局、国家统计局河南调查总队：《河南统计月报》。

损失。2018年8月，非洲猪瘟疫情传入我国，并形成了一定的蔓延，扑杀了超百万头生猪，对生猪供给造成了明显冲击。（4）新一轮猪周期使得猪肉价格存在内生上涨动力。猪的生产周期决定了一轮完整的猪周期要历时3~4年，同时在一年之内受节假日和气候影响呈现出小周期波动，本轮猪周期始于2018年中，能繁母猪和生猪存栏量仍处在历史较低区间，供给明显不足，造成价格上涨压力。

（二）服务项目价格涨势平稳

近几年，河南服务业发展迅速，服务业态、服务品类、服务能力不断提高，特别是伴随居民消费升级和收入的持续增长，居民对服务的需求日益提高，各类服务涨势平稳。七类价格涨幅“五收窄两扩大”。其中，衣着类、居住类、生活用品及服务类、交通和通信类、医疗保健类增幅较上年同期分别收窄0.2个、1.7个、1.1个、2.4个、5.4个百分点，而教育文化和娱乐类、其他用品和服务类涨幅分别扩大0.4个和3.0个百分点，对全省CPI温和上涨有一定助推作用，但总体影响相对食品类较小（见图8）。

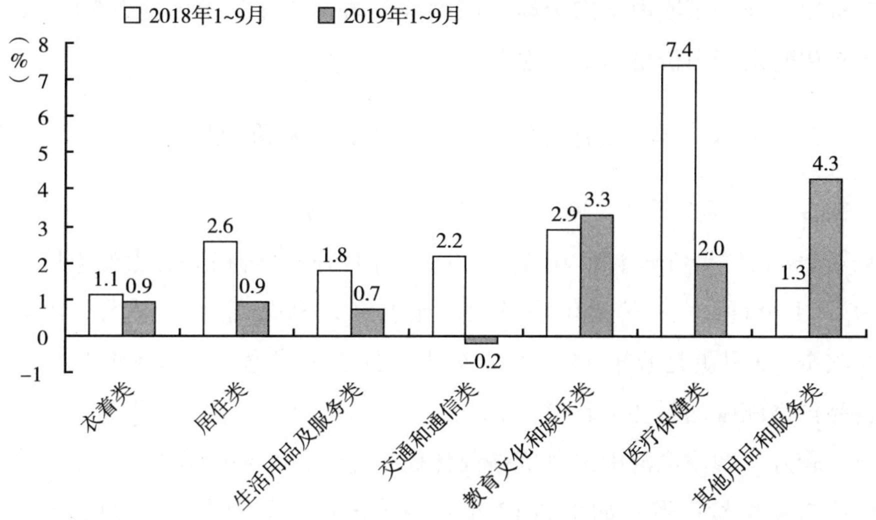

图8　2019年1～9月与2018年1～9月非食品类居民消费价格同比涨幅

资料来源：河南省统计局、国家统计局河南调查总队：《河南统计月报》。

与此同时，全省工业品价格涨幅回落。1～9月，工业生产者出厂价格指数同比上涨0.2%，较上年同期涨幅回落4个百分点。其中，受国际油价影响，成品油价格同比由涨转降，受汽车国六排放新标准颁布影响，小型汽车价格降幅较上年同期扩大等，总体上反映总需求不足，对抑制物价上涨有一定积极作用。

三　2020年重要商品（服务）走势分析及预测

（一）猪肉价格持续走高，2020年下半年迎来拐点

根据国家统计局发布数据，受非洲猪瘟影响，前三季度全国生猪出栏40978万头，同比下降17.3%；9月底全国生猪存栏30675万头，同比下降28.5%，比6月末下降11.8%。尽管促进生猪产能恢复和市场供应政策密集出台，但是生猪的生产恢复需要时间，加之仔畜价格攀升和人工、原料、

防疫费用增加，短期内猪肉价格上涨的势头难以改变，预计到2020年下半年才有望迎来猪肉价格向下的拐点。

（二）鲜菜、鲜果高位回落，天气是主要不确定因素

1~9月，河南鲜菜、鲜果价格均呈高位回落态势，1~9月，鲜菜价格上涨4.2%，鲜果价格上涨16.3%。9月，河南鲜菜价格同比大幅下降，降幅为17.1个百分点；鲜果价格虽然同比上涨2.3%，但进入7月，涨幅一直在收窄，9月更是收窄15.9个百分点，处在下降通道，鲜菜鲜果成为抑制食品价格涨幅的最主要因素。从全国范围看，2019年秋季蔬菜主产区供应形势较好，四季度河南鲜菜价格预计稳中有降；苹果产量恢复，四季度鲜果价格有望继续回落。如果2019年冬季不出现大范围降雪降温极端天气，鲜菜和鲜果价格将不会出现大的起伏。预计2020年鲜菜、鲜果价格总体上将继续稳中略降态势。

（三）价格传导等因素影响非食品价格涨幅继续回落

四季度，非食品价格预计以稳为主，部分产品价格有所回落。一是原油价格需求放缓。10月，三大原油月报再度下调对原油需求前景预期，成品油及相关产品价格预计近期不会有明显上涨。二是PPI同比回落。9月，全国PPI同比下降1.2%，河南PPI同比下降0.3%，将抑制工业品价格上涨。三是主要公共产品和服务价格基本稳定。总体而言，总需求不足情况在2020年将会持续并略有好转，价格基本稳定。

总之，食品价格特别是猪肉价格走高是本轮河南CPI涨幅扩大的主要因素，随着一系列稳定生猪生产的政策不断出台，生猪生产恢复积极因素增多，形势有望好转，加上非食品价格整体涨幅回落和翘尾因素影响减弱，在没有突发性新涨价因素影响的前提下，预计2020年河南CPI同比涨幅不会超过3.0%，物价总水平仍将温和可控。

四　若干建议

（一）多措并举促进生猪生产供应

省、市、县政府应高度重视起来，积极落实国务院办公厅印发的《关于稳定生猪生产促进转型升级的意见》，以及财政部办公厅、农业部办公厅联合下发的《关于支持做好稳定生猪生产保障市场供应有关工作的通知》，结合实际情况精准施策。在养殖用地方面，对养殖企业特别是规模化企业予以合理规划和有力支持；在资金方面，全面落实《农业农村部办公厅财政部办公厅关于做好种猪场和规模猪场流动资金贷款贴息工作的通知》，适当扩大贴息范围，加大改扩建猪场建设资金支持力度，缓解养猪企业流动和建设资金压力；在疫情防控、养殖方式方面，加大专业指导，充实、加强防疫队伍建设，恢复养殖户信心，千方百计促进生猪生产，努力缓解生猪供应不足状况。

（二）强化生活必需品保供稳价

目前，在猪肉价格上涨的带动下，相关替代性畜肉、禽肉、副食品及蛋类都有不同程度上涨，要继续保障相关产品的市场供应，防止物价联动上涨。重点要把预防工作放在更加突出的位置，完善防范措施，尽可能地减少极端天气对农产品生产的影响。特别是省内各级气象、农业部门，应进一步健全预警机制，提前做好技术和物资准备，广泛深入基层、农村，提醒指导种植户防灾减灾，尽可能降低气候因素对鲜菜、鲜果的生产影响，保障全年特别是重要节日的农产品供应。

（三）保障重点群体生活需求

全省各地要按照社会救助和保障标准与物价上涨挂钩联动机制，及时足额发放价格临时补贴，切实保障困难群众和重点群体基本生活，做好大中专院校、中小学等食堂肉食供应工作，缓解食品价格上涨对困难群众基本生活的影响。

参考文献

河南省统计局:《2019 年前三季度全省经济运行总体平稳》,河南省统计局官网,http://www.ha.stats.gov.cn/sitesources/hntj/page_pc/tjfw/zxfb/articlee7497e24bd124e648cee68800a71eb24.html。

崔理想:《2018~2019 年河南居民消费价格走势分析》,《河南经济发展报告(2019)》,社会科学文献出版社,2019。

陈润儿:《政府工作报告》,《河南日报》2019 年 1 月 23 日。

林火灿:《当前物价通胀压力并不明显》,《经济日报》2019 年 7 月 11 日。

朱隽、王浩、韩鑫:《“菜篮子”“果盘子”稳稳当当》,《河南日报》2019 年 7 月 6 日。

河南省统计局、国家统计局河南调查总队:《河南统计月报》2019 年 10 月。

专题研究篇

Monographic Studies

B.12
河南以加快培育新动能推动经济高质量发展研究

盛　见*

摘　要： 现阶段，培育新动能、实现新旧动能转换，已成为推动经济高质量发展的关键。当前纵向看，河南在以加快培育新动能推动经济高质量发展方面，进步快，成效显著；但横向比，呈现力度弱，新动能尚未成为经济高质量发展主动力的难题，而且面临巨大的外部挑战。为此，要转变思路，发挥后发优势，从优化创新环境、建设利用好创新平台、培育壮大新经济、实施人才驱动战略等方面，积极拓展以加快培育新动能推动经济高质量发展的基本路径。

* 盛见，经济学博士，河南省宏观经济研究院副研究员，主要研究方向为区域经济、产业经济。

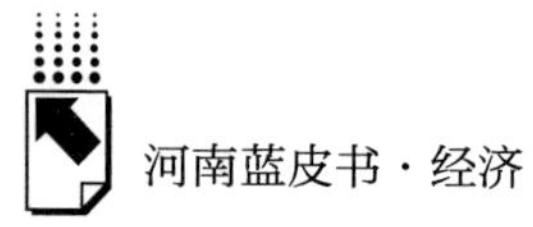

关键词： 河南　创新　新动能　经济高质量发展

当前，河南经济已由高速增长阶段转向高质量发展阶段，正处在转变发展方式、优化经济结构、转换增长动力的攻关期。高质量发展是质量变革、效率变革、动力变革的发展。推动经济实现高质量发展，需要匹配新动能。发挥优势，克服不足，弥补短板，发展新经济，培育新动能，实现新旧动能转换，已成为河南省推动经济高质量发展的关键。

一　以加快培育新动能推动经济高质量发展的基本情况

近年来，河南以郑洛新国家自主创新示范区、国家大数据（河南）综合试验区、中国（郑州）跨境电商综合试验区建设等国家战略为契机，优化创新环境，搭建创新平台，培育大数据、人工智能、新型显示、智能终端等新兴产业集群，在以培育新动能推动高质量发展方面成效显著。

（一）优化创新制度供给

省委、省政府先后出台了《关于加快自主创新体系建设促进创新驱动发展的意见》、《关于深化科技体制改革推进创新驱动发展若干实施意见》、《关于加快推进郑洛新国家自主创新示范区建设的若干意见》与《加快培育高新技术企业行动计划》等一系列重大创新文件，河南省创新驱动发展政策体系基本构建形成。其中，围绕《关于加快推进郑洛新国家自主创新示范区建设的若干意见》，省直有关单位和郑、洛、新三市出台40多个配套政策文件，提出了多条具有突破性、前瞻性、高含金量的政策，加快推动了郑洛新国家自主创新示范区管理体制和人事薪酬制度改革，“1+N”的政策体系基本形成。

2018年，制定《河南省智能制造和工业互联网发展三年行动计划

(2018～2020)》及若干支持政策，建立每半年一次观摩考核的常态化机制。为培育新兴产业，结合全省实际，制订实施新型显示和智能终端、现代生物和生命健康、环保装备和服务产业、尼龙新材料、汽车电子、智能传感器、5G、新一代人工智能等10大新兴产业发展行动方案，建立新兴产业发展工作推进机制；河南以构建有利于大数据产业发展的制度体系为先导，印发实施《河南省推进国家大数据综合试验区建设实施方案》、《河南省大数据产业发展引导目录（2017年本试行）》和《河南省大数据产业发展三年行动计划（2018～2020年）》等政策文件，明确大数据发展思路、战略目标、主要任务和产业导向，并出台了关于加快推进国家大数据综合试验区建设的若干意见和促进大数据产业发展若干政策，提出了60条具体的政策措施，支持大数据发展的政策体系基本建立，协同推进体制不断完善。

（二）搭建创新平台

近年来河南大力培育高水平创新平台载体，亮点纷呈。郑州市郑东新区龙子湖智慧岛建设步伐加快，诺基亚全球交付中心、海康威视中原区域研发与运营总部等158家国内外知名大数据企业和一批知名研究机构落地龙子湖智慧岛，初步形成“人才＋金融＋研发”的大数据产业培育平台。全省规划布局了以龙子湖智慧岛为核心区、省辖市中心城市18个大数据产业园区为主要节点的“1＋18”大数据发展空间格局，初步形成了“核心引领、节点带动”的全省大数据产业集聚发展态势。加快国家生物育种产业创新中心建设。国家超级计算郑州中心获批建设，成为全国第7家国家超算中心。推动智能农机国家制造业创新中心落户河南省。新建国家远程医学中心、互联网医疗系统与应用国家工程实验室等重大创新平台。集中落地中科院计算所、中德智能产业研究院等一批新型研发机构。中科院过程工程研究所郑州分所、清华高端装备院洛阳基地、中科院计算所大数据研究院暨郑州分所等高层次研发机构落户河南。聚焦“四个一批”汇聚创新资源，推进“四个融合”开展协同创新，实施“十百千”转型升级创新专项，提升科技创新能力。

（三）培育新兴产业

“十三五”以来，河南发挥区位、交通、市场等比较优势，加快承接新兴产业布局和转移，积极培育新兴产业，新兴产业规模快速增长，产业集群不断壮大。依托国家大数据综合试验区建设，大力推进大数据、智能终端、物联网、信息安全等产业集聚发展；结合国家发展战略和河南实际，积极推进新型显示和智能终端、现代生物和生命健康、环保装备和服务产业、尼龙新材料、汽车电子、智能传感器、5G、新一代人工智能等10大新兴产业发展。全省战略性新兴产业保持较快发展，产业规模持续扩大。2017年至2019年上半年，战略新兴产业增加值占规上工业增加值的比重分别为12.1%、15.4%、17.5%，对经济高质量发展的贡献逐步增加。2019年上半年，全省战略性新兴产业增加值增长10.1%，增速高于规模以上工业1.8个百分点。全省高新技术企业总量达到2270家，创新龙头企业达到100家，形成了郑州市信息技术服务产业集群和下一代信息网络产业集群、许昌市节能环保产业集群、平顶山市新型功能材料产业集群等一批在国内具有较大影响力的新兴产业集群。

（四）转换传统经济增长模式

河南聚焦高端化、绿色化、智能化、融合化发展目标，以装备制造、新型材料、能源化工、绿色食品、电子信息、建筑装配、现代物流、文化旅游、健康养老、高效种养、烟草、酒业等12个重点产业为突破口，持续实施转型攻坚行动计划。特别是，针对制造业的传统经济发展模式，实施大规模智能化改造、绿色化改造和技术改造，培育形成新的经济增长模式。一是强化智能化改造试点示范。制定《河南省智能制造和工业互联网发展三年行动计划（2018～2020）》，利用省基建基金支持智能化示范园区智能管理综合服务系统（平台）建设，培育建设智能工厂（车间）150家。二是深入实施绿色化改造升级。制订绿色制造体系建设实施方案，培育绿色制造第三方服务市场，启动67家危化品生产企业“退城入园”。创建国家级绿色工厂 28 家。绿色化改造升级使河南产业层次低、生产污染重、发展方式粗的局面有了明显改善。三是实施新一轮重大技改升级工程。制定发布技改投资导向目录，将省级技术改造项目软硬件投入的后补助比例提高至 30%。2018 年，全省工业企业技术改造投资累计完成 5964 亿元，增长 21.5%，占工业投资比重达到 21.1%。

二 以加快培育新动能推动经济高质量发展面临的主要问题和挑战

近年来，河南抢抓机遇，以培育新动能为重点，努力推动经济高质量发展，成效显著，进步很快。但是，对标先进省份，河南省不仅自身存在很多问题，新动能尚未成为经济高质量发展的主动力，而且面临巨大的外部挑战。

（一）主要问题

1. 创新实力不强，依托创新驱动主推经济高质量发展的局面尚未形成

目前创新驱动力度不强，不足以支撑经济高质量快速发展，是河南经济高质量发展的突出短板。一是创新投入不够。根据《2018 年全国科技经费投入统计公报》，河南省 R&D 经费投入强度（1.4%），仅相当于全国（2.19%）的 60%多，广东（2.78%）、江苏（2.7%）、浙江（2.57%）的一半左右，而河南省 R&D 经费投入绝对数（671.5 亿元），与广东（2704.7 亿元）、江苏（2504.4 亿元）、浙江（1445.7 亿元）、山东（1643.3 亿元）差距更大，与经济大省地位很不匹配。二是创新人才不足。全省每万人从事科技活动人员 34 人，仅相当于全国平均水平的 54%，创新人才总量严重不足。院士、“千人计划”、“万人计划”等高层次创新领军人才极其匮乏，与先进省份有巨大的差距，全国 1500 名院士中河南省只有 27 人。三是创新载体偏少。全省大中型企业建有省级以上研发机构的仅为 2000 多家，占比仅为 14.42%，全省开展研发活动的企业占比不足全国平均水平的四成，国家重点实验室、工程研究中心等国家级创新平台数量偏少，备案新型研发机构

42家，不足广东的1/4。

2. 人力资源的质量红利远未形成，经济高质量发展后劲不足

多年来，人口资源是河南经济发展的重要优势，但经济转向高质量发展阶段后，主要依托高人力资本投入的人力资源质量红利支撑，传统的人力资源红利快速消退，而人力资本的质量优势形成和积累需要较长时间，新旧动能转换较慢，河南省经济高质量发展所需的高质量人力资源支撑基础较为薄弱。2009年，全省15～64岁劳动人口规模已经达到峰值，刘易斯拐点较全国提前3～4年来临，人力资源红利消退快于全国平均水平；而从人口素质结构看，国家统计局通过抽样调查得出，2017年河南专科以上（含专科、本科、研究生）人口占比为8.66%，低于全国13.87%的平均水平，更低于江苏的17.29%、湖北的16.20%、浙江的15.58%、广东的14.04%和山东的13.26%，居全国第27位。造成河南人力资源传统红利快速消退和高质量人力资源积累缓慢的原因主要有：一是青壮年劳力净流出量大。“九五”、“十五”和“十一五”期间，河南省人口（主要是劳动力人口）净流出分别达到194万人、315万人、500万人。二是人才发展平台较少。河南省高等院校特别是重点院校资源较少，2017年每十万人平均高等学校在校学生人数为2455人，全国排名第13位，与江苏3045人、湖北3000人、山东2519人有相当差距。三是区域间、城市间人才争夺战愈演愈烈。

3. 培育新动能的软环境还不够优化，经济高质量发所需要的高端要素集聚不够

河南自身的教育、科技研发、创新型企业的发展基础本身就较弱，若没有足够好的制度政策环境，就无法吸引国内外高端发展要素的集聚。河南在培育新动能方面，力度不够，措施不实。近年来，江苏省与中科院合作组建产业技术研究院，破解从“科学”到“技术”到“产品”的瓶颈制约，为产业创新发展持续提供技术支撑。目前产业技术研究院在全省建设了39家专业研究所，集聚院士、863项目首席专家80多人，已成为江苏产业升级的助推器。与外省相比，河南在企业营商环境方面差距较大。2017年郑州市企业办理项目立项、取得用地、规划设计、施工许可等事项的全过程耗时

857 天，比最短的宁波市多了 565 天；根据普华永道等机构联合发布的《2018 年中国城市营商环境质量报告》，郑州位列第 21 位，较上年下降了 6 位；根据国家统计局数据，涉及营商环境的企业开办、获得信贷、不动产登记、用气等指标分别位列全国第 25 位、21 位、21 位和 26 位。

（二）现实挑战

加快培育新动能需要各类高端人才、技术、高技术企业和项目、国家政策等创新要素的聚集支撑。由于这些高端创新要素具有稀缺性，区域之间必然形成激烈的竞争。这种竞争，人才聚集是根本，产业创新是关键，经济高质量发展是目的。

1. 人才之争

“致天下之治者在人才。”人才资源是第一资源，也是创新中最活跃、最为积极的因素，更是加快培育新动能的核心。随着经济普遍进入高质量发展阶段，“人之贵”现象越发凸显。近年来，全国各大城市主动而为、多措并举，竞相开展人才争夺战。特别是在人口红利逐步弱化情况下，这种人才之争将成为常态。从 2017 年开始，郑州、武汉、成都、长沙和西安等省会城市，纷纷从住房、就业、福利待遇等条件出发，推出人才新政。进入 2018 年，北京、上海、深圳、广州四个一线城市也开始针对高端人才调整引进条件。二线城市也不示弱，特别是西安、南京、合肥、武汉等城市政策力度空前。2019 年，各级别城市的人才之争基本全面开展，人才标准继续下移，在一些地方很大程度上已经开始变成了劳动力之争。特别是西安、南京等城市，在 2018 年政策基础上，继续加码。

2. 产业创新之争

经济高质量发展，产业创新是关键。各省区市之间都在积极争取产业高端创新要素，特别是不遗余力地争取世界五百强的创新巨头投资与合作，以便在新一轮产业竞争中抢占制高点，推进新旧动能转换、产业升级，进而实现经济高质量发展。仅以近年来河南省与紧邻省份争取华为公司投资合作为例，来分析河南所面临的差距和压力（见表 1）。

表1　河南与安徽、湖北、陕西争取华为公司投资合作举措一览

省份	投资合作主要举措
河南	1. 2017 年 5 月,河南省人民政府与华为在郑州签署战略合作协议,将在多方面开展战略合作,共同推进河南国家大数据综合试验区和网络经济强省建设 2. 2018 年 6 月,郑州市人民政府和华为签署战略合作协议,达成全方位、深层次战略合作意向 3. 2018 年华为软件开发云创新中心在郑东新区龙子湖落地建设 4. 2018 年,谋划研究制定了华为智能手机生产及配套企业落地推进工作方案,明确了近期重点事项和时间节点 5. 2019 年 9 月,华为中原鲲鹏生态创新中心、河南鲲鹏产业联盟正式宣布成立
安徽	1. 2017 年 6 月,安徽省人民政府与华为签署战略合作协议,将在促进云计算、大数据、物联网、人工智能等新一代信息通信技术研发及应用等方面加强合作,努力打造全国性信息汇集中心 2. 2017 年 7 月,合肥市人民政府与华为公司签署战略合作协议 3. 2017 年 7 月,华为技术有限公司拟联合国家广播影视科技实验基地,建设无线 700M 技术研发和中继设备生产中心,总投资约 2. 9 亿元 4. 2019 年 6 月,安徽省首个 5G 园区——合肥市庐阳大数据产业园,占地 161 亩,总投资 15 亿元,由庐阳区、华为技术有限公司、中国电信合肥分公司合作建设 5. 2019 年 7 月,合肥工业大学、华为技术有限公司共同签署《5G 战略合作协议》,建立安徽首个 5G 联合创新实验室
湖北	1. 2007 年底,华为便成立了华为武汉研究所,业务主要围绕网络、终端和软件的研发交付 2. 2017 年 3 月,湖北省人民政府与华为技术有限公司签署战略合作协议,华为会加大在湖北的研发投入力度 3. 2018 年 5 月,华为武汉研发基地正式投入运营,一期已完成,能够容纳 1 万人,已形成光能力和终端研发两大业务中心,成为华为在全球范围内的 16 个研究院所之一 4. 2019 年 5 月,湖北广播电视台与华为技术有限公司签约,未来将展开包括人工智能、5G 互联网、三网融合等在内的合作,还包括数字融媒体的东方梦工厂项目 5. 目前华为产品已广泛应用于湖北的食品安全、水资源、智能交通、金融、政府、医疗和教育等领域
陕西	1. 2000 年,华为西安研究所正式设立,至今已经历了近 20 年的细心耕耘 2. 2017 年 1 月,陕西省政府与华为技术有限公司签署战略合作协议 3. 2017 年 1 月,华为与陕西省政府签署战略合作协议,决定落地华为西安研发基地二期项目,该项目是华为全球技术支持中心新基地,是华为除总部外最大的研发基地。目前华为西安研究基地,包括全球交换技术中心、智能终端中心、全球技术支持中心等,研究员工总数近 20000 人,在华为全球 16 个研发中心中是员工数量最多、业务布局最全的研发中心 4. 2018 年西安华为技术有限公司纳税 12. 46 亿元,成为西安第二纳税大户 5. 2019 年 8 月,西安市人民政府与华为再度签约,华为将加大在西安的产业布局力度 6. 多年来,陕西的研发机构、创新企业、媒体集团、高等院校等企事业单位与华为开展深度合作,陕西始终处于重要的战略地位

资料来源：根据相关资料整理。

很显然，河南与邻省在争取华为投资合作的竞争中，无论是广度与深度，还是过程和成效，都处于弱势地位。西安具有科教优势，早在 2000 年就成功落地华为西安研究所，至今已成为华为除总部外最大的研发基地，已深度植根于当地经济社会发展，2018 年西安华为技术有限公司已成为西安第二纳税大户；武汉紧随其后，2007 年华为武汉研究所落地，目前华为技术和成品已被广泛应用于湖北的经济社会转型；而河南省与华为的合作似乎刚刚起步，特别是河南至今还没有较大合作项目落地，华为智能手机生产及配套等大项目还处在谋划阶段。

3. 政策之争

近年来，为争取更多国家政策扶持，强化或增加自身创新发展优势，各省份之间展开激烈竞争。主要体现为围绕国家战略平台、国家级创新平台落地的相关政策之争。仅从河南省与湖北、陕西等邻省简单比较而言，竞争势均力敌，很难分出优劣（见表 2）。

表 2　近年来河南、湖北和陕西围绕国家创新政策之争一览

省份	国家战略平台	国家级创新平台
河南	中原经济区、中原城市群、郑州航空港经济综合实验区、郑洛新国家自主创新示范区、中国（河南）自由贸易区、中国（郑州）跨境电子商务综合试验区、河南国家大数据综合试验区、郑州国家通用航空产业综合示范区等	国家知识产权示范园区、“中国制造 2025”试点示范城市、国家专利审查协作河南中心、国家生物育种产业创新中心、国家超级计算郑州中心、智能农机国家制造业创新中心、国家远程医学中心、互联网医疗系统与应用国家工程实验室等
湖北	国家长江经济带发展战略、长江中游城市群、全国资源节约型和环境友好型社会建设综合配套改革试验区、国家自主创新示范区、国家创新型城市试点和全面创新改革试验区、科技金融改革创新试验区、中国（湖北）自由贸易试验区	国家信息光电子创新中心、国家存储器基地、铁路汽车整车进口口岸、国家知识产权强市创建市、“中国制造 2025”试点示范城市、国家知识产权运营服务体系建设城市获批；国家存储器、航天产业、新能源和智能网联汽车基地成功落户

续表

省份	国家战略平台	国家级创新平台
陕西	西部大开发、中国(陕西)自由贸易区、"一带一路"节点城市、西安国家自主创新示范区、国家级临空经济示范区和跨境电商综合试验区等国家战略	国家知识产权保护中心、西咸国家级新区、国家通用航空产业综合示范区获批,新增2个省部共建国家重点实验室,中国西部科技创新港、中科院西安科学园建设扎实推进

资料来源：根据相关资料整理。

三 以加快培育新动能推动经济高质量发展的初步研判

根据上述分析，总体而言，当前河南以加快培育新动能推动经济高质量发展，尚处于新旧动能并行、接替转化阶段，新动能增量未能弥补传统资源要素优势弱化的趋势，新动能尚未成为推动经济高质量发展的主导力量。

一是新旧动能并行。河南是传统资源型经济大省，新旧动能转化不可能一蹴而就。当前，传统经济仍占较大比例，一些传统发展模式还在运转，短期内仍处于新旧动能并行接续阶段。从资源类、装备制造业比重看，能源原材料工业（煤炭开采洗选等17大行业）主营收入占工业全口径比重由2000年的58.50%，下降到近年的四成左右，仍高于广东、江苏10个百分点以上；装备制造业（汽车制造、专用设备、电子设备等8类行业）主营收入占比由13.18%提升到20%以上，仍低于广东、江苏20个百分点以上，特别是近7年增幅远低于湖北。

二是新动能培育发展相对较弱，未能对冲传统资源要素优势弱化的趋势。近年来，河南在培育现代生物和生命健康、环保装备、新材料、汽车电子、大数据、跨境电商、航空经济、人工智能、共享经济等新兴产业方面，可以说力度空前，增速很快。但是由于起步晚，人才技术支撑后劲不足，新经济整体体量较小，对经济增长的拉动不足以弥补传统经济优势弱化留下的缺口。特别是有些新兴产业则刚刚起步，如人工智能、共享经济等方面明显发展滞后。我国人工智能企业主要集中在北京（占全国的 30.74%）、广东（23.80%）、浙江（14.1%）、江苏（6.03%），河南省占比甚微；根据 8 个主要电商平台的监测数据，河南省 2018 年“双十一”全网零售额占比为 0.8%，远低于广东（23.8%）、浙江（14.1%）、江苏（10.9%）、山东（3.1%）、安徽（2.1%）、湖北（1.3%）。

四 以加快培育新动能推动经济高质量发展的基本路径

针对创新实力不强、人力资源的质量不高、培育新动能的软环境还不够优化，且面临巨大的外部竞争压力，经济高质量发展后劲不足等难题，河南省要转变思维，从优化创新环境、建设利用好创新平台、培育壮大新经济、实施人才驱动战略等方面，积极拓展以加快培育新动能推动经济高质量发展的基本路径。

（一）优化创新发展的外部环境，提升经济高质量发展的软实力

一是深入推进“一网、一门、一次”改革。各地各部门非涉密政务信息系统，以及与企业生产经营、群众生活密切相关的审批服务事项全部纳入省政务服务网，确保应上尽上、全程在线，持续提高各级审批事项网上可办率。提升各级政务服务大厅“一站式”服务功能，将各部门分设的办事窗口整合为综合窗口，争取实现“前台综合受理、后台分类审批、综合窗口出件”。定期梳理发布“最多跑一次”事项清单，以“减层级、减事项、减材料、减环节”为抓手推进“减证便民”。二是强化监督考核。充分发挥省政府“放管服”改革协调小组作用，建立省级优化营商环境联席会议制度，健全“季节通报、半年点评、年度考核”和定期会商、定期通报制度，落实各地各部门主要负责同志的第一责任人职责，并将优化营商环境工作作为各地级市、省直管县向省委省政府报告述职的一项重要内容。完善评价督导

机制，通过综合评估、第三方评估、大数据分析等方式对各项政策落实情况进行系统摸底和专项督导。

（二）建设利用好创新平台，夯实经济高质量发展的创新根基

1. 发挥好国家创新平台桥梁纽带作用

近年来，郑洛新国家自主创新示范区、中国（河南）自由贸易区、中国（郑州）跨境电子商务综合试验区、河南国家大数据综合试验区、国家知识产权示范园区、“中国制造2025”试点示范城市等国家战略创新平台成功落户河南，还有国家专利审查协作河南中心、国家生物育种产业创新中心、国家超级计算郑州中心获批建设，智能农机国家制造业创新中心、国家远程医学中心、互联网医疗系统与应用国家工程实验室等具体的国家级创新平台，也陆续落地河南。众多国家创新平台资源集聚河南，既是国家寄予河南省创新发展的厚望，又是河南培育新动能推动经济高质量发展的迫切需要，更为河南今后创新发展积聚平台优势。下一步要充分利用好、发挥好这些平台“内引外联、集聚要素、资源共享”的创新作用。

2. 积极引进国家级创新资源

国家级创新资源是创新发展的稀缺要素。对于已经落户河南的国家生物育种产业创新中心、国家超级计算郑州中心、智能农机国家制造业创新中心、国家远程医学中心、互联网医疗系统与应用国家工程实验室等重大创新资源，要加快建设进度，争取早日发挥创新作用。同时，根据河南省培育新动能和行业发展的需要，要强化与相关国家级创新资源机构的联系，大力引进和争取新的国家级创新资源。

3. 组建河南省产业技术研究院

针对由“科学”到“技术”到“产品”的转化难题，有选择地借鉴江苏省产业技术研究院的发展模式，尽快启动河南省产业技术研究院的筹建工作，培育贴近市场、根植于区域产业发展、突出跨界开放创新的领军型研发机构。一是争取高层支持。争取科技部支持，与中国科学院合作共建河南省产业技术研究院。二是做好顶层设计。将研究院明确为无级别、无编制的省

属事业单位，实行理事会领导下的院长负责制，把服务实体经济作为主战场。三是拓展网络布局。建立专业研究所预备制度和动态管理机制，以会员形式分批吸纳分布在不同领域、不同体制、不同行业的高科技研发机构加盟。

（三）培育壮大新经济，增强经济高质量发展的主动力

抢抓产业重新洗牌、生产力布局调整、新旧动能转换、改革开放再出发等“窗口期”集中开启的机遇，大力发展以新技术、新产品、新业态、新模式为核心的新经济。一是审慎宽容监督。按照“不设定方向内容、不锁定统计口径、不急于严格监管”的原则，设立“容错”机制，以开放包容的心态，对新经济主体高看一眼、厚爱三分，审慎监管、有力护航，让新经济快速发展。二是加大金融支持。创新金融产品和质押方式，运用融资租赁、政府采购订单融资等手段，使新经济企业获得更多间接融资的机会。利用上市企业债券融资、投贷联动、知识产权证券化、“双创”孵化专项债券、保险资金直接投资等手段，扩大直接融资渠道。三是实施开放创新战略。用足用好公共创新服务平台，让新经济主体共享更多信息、人才、设备、技术等创新资源，大幅降低企业创新成本。

（四）实施人才驱动战略，增强经济高质量发展后劲

创新驱动战略实质上就是人才驱动战略。人才引得来、留得住、用得好，让各类人才能够“自我实现、自在生活”，已成为人才工作的根本。一是吸引新生人才。对来豫参加工作应届往届高校毕业生，给予适当的住房补贴，对于吸纳毕业生多的企业给予奖励，努力扩大青年人才公寓、公租房等配套设施规模，让更多的高校毕业生来豫工作就业。二是留住省内高端人才。河南省人才发展平台较少，自身培养人才实属不易，要高度重视省内高端人才，避免人才工作的“灯下黑”现象。要从住房、薪酬待遇、子女上学、配偶就业、职称评定等多方面，优化用人环境，最大限度地留住各类高端人才，减少高端人才流失。三是引进国内高端才。对国内高层次人才要借

助相关创新平台，进一步实施优惠政策，优化工作生活环境，筑巢引凤，做到引得来、留得住；对于高精尖端人才以及“退休工程师”、“候鸟专家”与“双休人才”，可以采取柔性引进的办法，做到“不求所有，但为所用”。四是引入国外人才。尝试创建国际人才特区，探索适合河南省需求的“人才绿卡”制度和高层次境外创新人才个税优惠政策，在自贸区争取开展海外技术移民制度试点和国际人才职业资格有效互认试点，面向全球“一事一议”引进顶尖人才团队。

参考文献

国家统计局、科学技术部、财政部：《2018 年全国科技经费投入统计公报》。

河南省统计局、国家统计局河南调查总队：《2018 年河南省国民经济和社会发展统计公报》。

河南省发改委工业经济处：《关于加快发展新兴产业推动新旧动能转换有关情况的汇报》，河南省发改委 2019 年 10 月内部材料。

河南省发改委高技术产业处：《河南省“十三五”时期创新驱动发展战略问题研究》，《2016 ~ 2017 年度河南省经济社会发展和改革优秀研究成果汇编》。

河南省宏观经济研究院：《推动河南经济高质量发展的对策建议》，《经济研究》2018 年第 12 期。

河南省宏观经济研究院：《郑州大都市区高质量发展研究》，《经济研究》2019 年第 5 期。

B.13

河南以高水平开放推动经济高质量发展研究

汪萌萌*

摘　要： 习近平总书记考察河南时指出：河南要积极融入共建“一带一路”，加快打造内陆开放高地。这既是习近平总书记对河南的殷切期望，也为河南省扩大新一轮高水平开放、推进经济高质量发展进而谱写中原更加出彩的绚丽篇章指明了方向，明晰了路径。新时代河南正沿着“中原出彩”的发展路线阔步向前，但外贸依存度不高、开放平台载体带动效应不强、国际贸易发展不平衡不充分、产业“低端嵌入”、投资分布存在结构性矛盾等问题仍然存在。河南应进一步强化问题导向，找准切入点、强化立足点、突出着力点、集聚支撑点，以全方位高水平开放推动全省经济高质量发展。

关键词： 河南　高水平开放　经济高质量

“开放带来进步，封闭必然落后”是40年改革开放实践所证明的重要命题。迈入新时代，河南正处在转方式、调结构、换动力的攻关期，谱写中原更加出彩的绚丽篇章的关键期，经济新常态对河南提高开放的质量和效益提出了新要求，如何顺应时代大势、把握阶段特征，推动由商品和要素流动

* 汪萌萌，河南省社会科学院经济研究所科研人员，主要研究方向为开放经济、产业经济。

型开放向规则等制度型开放转变，将新时代高水平开放持续推向深入，更好地发挥开放促发展促改革促创新从而引领经济高质量发展的作用，是河南面临的重要课题。

一　河南以高水平开放推动经济高质量发展的重大意义

（一）河南提升供给体系质量，增强经济持续增长动力的关键举措

提高供给体系质量是经济高质量发展的核心要求，而高水平开放是推动供给侧结构性改革、提高供给体系质量和效率的重要突破口。在传统消费、投资经济动力有限的情况下，河南传统的贸易结构、产品结构已经不能适应国际市场的需求，供需结构不平衡，市场主体地位不充分，体制机制不活和思想观念保守等问题突出。鉴于此，河南必须深化高水平对外开放，持续解放思想，适应新时代消费需求的新变化，统筹“两个市场两种资源”，在完善开放型经济制度供给体系的基础上，拓宽开放领域，提供更高质量、更具国际竞争力的产品和服务，以高水平开放增创经济竞争新优势，在开放中持续增强经济动力。

（二）河南破解难题、推动经济高质量发展的重要抓手

经济发展的不平衡不充分是当前河南高质量发展的主要制约因素，而高水平开放是破解这一发展难题的关键一招。一方面，高水平开放有助于河南实现经济更加充分的发展，2018 年河南经济总量位居全国第五位，地区生产总值（GDP）达到 48055.86 亿元，但是人均 GDP 不到 1 万美元，位于全国第 18 位，可见全省当前开放水平与服务经济高质量发展的需要相比，还存在着一定的差距，提升空间巨大；从商品和要素流动型开放的视角来看，新一轮高水平开放通过深化开放层次，扩大服务业开放、完善政府市场采购

和提升国有企业效率，可以提高对国内外市场生产要素的利用效率，强化经济高质量发展的要素支撑；从扩大规则等制度型开放的视角来看，推进新一轮高水平开放可以通过规则、标准、制度的优化和内外接轨来改善宏观经营环境、创造有利于技术进步的制度条件，从而在不扩大资本和劳动要素投入规模的条件下也能实现产出的提升和全要素生产率的提高。另一方面，高水平开放有助于全省实现更趋平衡的发展，无论是旧有的区域发展不平衡、城乡发展不平衡和产业结构不平衡，还是当前面临的国际分工价值链低端锁定、资源能源约束、进出口结构失衡等新问题，都需要河南进一步提升开放水平，推进开放与改革、创新和发展形成合力，提升开放型经济发展质量，统筹推进城乡、产业融合发展，实现经济更趋平衡的发展。

（三）河南加快自身发展，服务全国发展大局的迫切要求

新时代河南对外开放应实现促进自身发展和服务全国发展大局的协调统一。“一带一路”倡议和中部崛起战略实施以来，内陆大省河南牢记总书记嘱托，“买全球卖全球”扎实推进，统筹“五区联动”开放发展动力源势头强劲，“四路协同”联通全国、货运世界，开放发展取得辉煌成就。新时代河南发展面临新形势、新环境，及区域竞相发展的新机遇，对外开放面临新任务、新要求，河南不论是持续推进供给侧结构性改革、建设现代化经济体系，助力中部崛起，推动黄河流域生态保护和高质量发展，还是与“一带一路”沿线国家经贸合作走深走实，都需要推进新一轮高水平开放，拓展新空间、增强新动力，落实新合作，在推动全省经济高质量发展的同时，加快河南融入国家战略布局的步伐。

二　河南省开放发展的现实特征和制约因素

（一）载体平台成为开放发展的突破口，但是区域辐射带动效应不强

目前河南已经形成了较为完善的开放载体平台体系。从数量和种类上

看，截至2018年底，河南统筹“五区联动”“四条丝绸之路”协同发展，开放带动增长极动力强劲；3个综合保税区、1个出口加工区、3个保税物流中心及全省各区域分布的保税仓库及出口监管仓库，形成了相对完善的国际贸易进出口加工存储体系；9个国家级经济技术开发区，20个省级经济技术开发区，以及商务中心区和特色商业区等承接载体，初步形成产业转移平台体系；口岸建设突飞猛进，目前运行、在建和申建10个进口指定口岸，河南成为功能性口岸数量最多、种类最全的内陆省份。

从开放成效来看，河南围绕深度融入“一带一路”与自贸试验区等开放平台建设，陆空互动、多式联运的现代综合交通和物流大通道、大枢纽和大平台加速形成，对空港、陆港产业加速集聚发展形成有力支撑；“四条丝绸之路”提质增速，现代人才、信息、商品和能源流动通道更加通畅，要素集聚规模不断扩大和配置效率显著提高；以大项目为双向开放的重要支撑，引资结构和质量不断优化。一般贸易和加工贸易做大做强，外贸新业态新模式优势不断强化，2019年1~8月，河南跨境电商进出口（含快递包裹）总额为1049.7亿元，同比增长21.6%，成为全省国际贸易的重要增长点。

另外，河南开放载体平台对周边县市开放带动效应不强，产业集聚区产业同质竞争严重、产业园区功能趋同，开放平台载体所处的区域城镇化水平相对较低未能形成有力支撑，同时相配套的对外贸易信息、物流和网络平台建设相对滞后等问题的存在也一定程度上削弱了全省开放载体平台对开放型经济发展的“乘数效应”。

（二）开放环境不断优化，但支持保障机制建设相对滞后

党的十八大以来，河南以“一带一路”建设为总统领，以开放载体平台为体制机制创新的新高地，开放型经济新体制建设全面推进，开放环境不断优化。

河南以优化营商环境和创新政府服务助力全省开放载体平台和通道建设，推动投资和贸易便利化成效显著。随着全省营商环境不断优化和贸易便

利化水平的稳步提升，市场主体活力不断增强。2019 年前 9 个月，全省外贸企业数量增长迅速，有进出口业务的企业共计 8007 家，同比增加 971 家。河南全面推进商事制度改革，市场准入环境建设不断推进，据统计现在进出口整体通关时间分别压缩了大约 57% 和 93%；投资贸易便利化程度不断提高，国际贸易单一窗口的功能不断丰富完善。口岸数量不断增长、功能持续拓展，以水、陆、空综合交通网络为依托，“空中丝绸之路”、郑欧班列、跨境 E 贸易、邮政和通关口岸联通世界，水果、冰鲜水产品、肉类、粮食、汽车等功能性口岸产业支撑和服务“一带一路”建设能力进一步增强。准入前国民待遇加负面清单的管理模式广泛实施，开发区体制机制创新和转型升级不断推进。

另外，河南高层次复合型开放人才不足、国际化高端智库建设滞后、外资“引进来”缺乏有效政策支撑等问题突出。

（三）国际贸易稳中提质，但总体上发展不平衡不充分

2009 年，河南国际贸易陷入短暂低迷，之后总体规模开始不断扩大。2019 年前三季度全省外贸进出口总值达 3667.2 亿元人民币，居中部地区第一，国际贸易已经成为河南经济快速发展的重要引擎。

2019 年 1 ~8 月的数据显示，在贸易方式方面，相比东部沿海地区“加工贸易优势逐渐减弱，一般贸易和服务贸易强势崛起”的态势，加工贸易已经成为河南企业和生产要素参与国际分工的重要途径，同时产业链较长、增加值高的一般贸易占贸易总额的比例不断上升。在出口产品结构方面，河南大类产品出口构成已经由工业制成品和初级产品不相上下逐步向工业制成品为主转变，整体出口结构不断优化，出口市场多元化趋势明显，应对中美贸易摩擦成效显著；进口产品结构方面，资源类商品和手机配件进口总额稳步增长。另外，河南对外贸易发展不充分，结构不平衡的情况依然存在：一是对外贸易发展不充分，以 2019 年前三季度的数据为例，河南外贸进出口总值 3667.2 亿元，居中部第一位，与广东（51442.6 亿元）、江苏（32106.1 亿元）、山东（14900 亿元）和浙江（22000 亿元）相比差距明

显；二是贸易方式结构不平衡，加工贸易是河南主要的贸易方式，一般贸易占比相对较低，服务贸易发展缓慢；三是产品结构不平衡，进出口产品中高端要素密集型产品的占比相对较低，不能满足河南对外贸易高质量发展的现实需要。

（四）加速融入全球生产和国际分工，但“低端嵌入”特征明显

新时代河南对外贸易的产品结构正处在逐步由资源和劳动密集型产品向高新技术密集型产品转化、加速融入国际价值链和创新链的关键阶段。随着“一带一路”倡议的深度实施和河南开放型经济的快速发展，加工贸易成为全省参与全球分工的主要贸易方式。2019 年前三季度，河南加工贸易总额占进出口总额比重近 60%，优势明显。然而无法忽视的是，由于河南是以传统的劳动力、土地资源和区位等比较优势融入国际分工，虽然主要出口产品构成是高科技产品和机电产品如智能手机、电脑等，但本地参与的主要是劳动和资源密集性环节，附加值较低。另外，河南加工贸易企业普遍生产链条较短，相配套的生产性服务业发展缓慢，阻碍了全省加工贸易产业向设计研发、物流配送和售后服务等高附加值阶段延伸。表现之一是全省的加工贸易企业创新和提升生产性服务的动力不足，因此企业主要通过外包的方式来满足对相关环节的需求。

因此，从现象上看，借助开放，河南的出口产品（特别是大量外商投资企业生产的手机、电脑等）实现了机电产品和高科技产品对劳动、资源密集型产品的替代，但在实际上并没有改变以劳动力、土地资源等传统要素比较优势参与国际分工的实质。

（五）坚持“引进来”和“走出去”并重，但是结构性矛盾依然存在

新时代，河南正沿着中原出彩的路线图阔步前进，开放体制机制不断完善，开放平台、载体和通道建设不断推进，成为备受国内外资金青睐的内陆省份之一。2018 年河南省外资流入的产业分布呈现出以第二产业为主，第

三产业增速最高，第一产业占比最少的特征；2019 年河南外资产业分布持续优化，一批高成长、高科技新兴项目落地，前 8 个月实际吸收外资 118.4 亿美元，科学研究、批发零售、租赁服务业和电力燃气等行业服务业领域实际吸收外资 55.7 亿美元，占全省比重 46.9%，比上年同期提高 3.8 个百分点。值得一提的是，世界 500 强特斯拉落户自贸试验区郑州片区，在豫世界 500 强企业总数达到 130 家。河南“稳外资”的同时，省外投资规模稳中有升，产业引资比例协调发展，1～8 月，实际到位省外资金 6732.3 亿元，增长 4.2%，第三产业到位 3126.9 亿元，增长 6.4%，占全省总额的 46.4%，增幅高于第二产业 4.2 个百分点。

与此同时，河南外资来源地过于集中，在各省辖市分布结构不合理，投资方式相对单一，资本“引进来”和“走出去”发展不均衡，尤其是“走出去”步伐相对较慢的问题依然存在。

三 河南以高水平开放推动经济高质量发展的思路与对策

新时代的开放是高质量导向下的开放，高水平对外开放正在为河南高质量发展注入新活力新动力，要抢抓机遇、因时应势、创新思路，找准切入点、强化立足点、突出着力点、集聚支撑点，以高水平开放促进经济高质量发展。

（一）以发挥比较优势为切入点，强化区域、国际经贸合作

一是立足区位、产业、政策和资源比较优势，将“向东”“向西”开放和“一带一路”国际开放相结合，创新与东、西部地区园区合作模式，提速全省国际化产业园区建设，打造中、东、西部地区能源、物流、交通、基建和装备等产业互补合作的国际化平台；积极承接国际、国内制造业转移，突出高技术含量劳动力密集型产业以及高新技术中的劳动密集型生产环节，加快实现资本和技术密集型产业对资源和劳动密集型产业的替代。二是突出

郑州国家中心城市建设带动河南乃至中原城市群全域开放的关键作用，统筹“五区联动”“四路”协同，围绕开放平台载体建设加快打造外向型经济产业基地，建成全省参与全球竞争、集聚高端要素的门户枢纽和战略平台。三是完善多层次省域、区域合作平台体系，主动对接京津冀协同发展战略和长江经济带战略，在产业转移、要素集聚、人文交流、品牌培育、环境保护和污染防治等方面开展协作联动和互通共享。四是培育、壮大国际化公司企业，鼓励企业加大技术创新力度，打造国际知名品牌，提升出口产品的综合竞争力；优化国际化产业园区基础供给，突出国际化企业引进、国际化政府服务、国际化园区配套等核心环节，加快现有园区产业、服务和配套国际化进程，以一流国际企业引领一流国际园区建设。

（二）以培育竞争新优势为着力点，加速融入全球生产和国际分工

一是充分发挥河南在粮食生产、有色、加工、食品和装备方面的产业基础优势，积极对接、整合和转化全球资源，构建国际营销网络，加快向产业价值链高端环节攀升；加快培育一批国际化、专业化的生产商、流通商和跨国企业，借助自贸区、出口加工区、跨境电子商务试验区等开放平台，加强与“一带一路”沿线国家在农业生产、双向投资、国际贸易、技术交流和产能互补方面的合作。二是以开放载体平台为支撑，大力推动加工贸易、服务贸易和外贸综合服务的发展，支持各县市结合优势打造各类加工贸易产业基地，积极培育、引进服务外包重点企业，扩大服务贸易出口；鼓励加工贸易与新型商业模式、新型贸易业态相结合，逐步推动加工贸易向贴牌代工、设计代工和自主品牌生产出口转型，推动劳动密集型工序产业向技术密集型工序产业价值链的上下游升级延伸。三是加快建设郑州 E 贸易核心功能集聚区，积极探索新型贸易方式、规则和监管方式，强化示范引领作用：推动跨境电商与各县市特色优势产业深度融合，构建完整的跨境电商生态圈和产业链。四是围绕郑州航空港、郑洛新国家自主创新示范区等开放创新平台建设，推进开放式创新，加快建设开放创新先导区、技术转移集聚区、转型升

级引领区、创新创业生态示范区，大力推进生物医药、先进材料、航空物流、精密机械、国际商务会展业、康体娱乐休闲业等战略性新兴产业发展壮大，打造经济发展新优势。

（三）以完善开放政策体系为支撑点，加速生产要素的区际、国际流动

一是深化行政体制改革，全面提升政府开放型经济的行政管理效率和服务能力；加快引入国际通行的行业规范、管理标准和营商规则，打造法治化、国际化、便利化的营商环境。二是瞄准不断提升贸易便利化水平的目标，持续放宽市场准入，实施准入前国民待遇加负面清单管理制度，精简、明确负面清单；压缩各类商品的通关时间、降低进出口环节收费、提高出口退税服务质量和优化商品存储环境，全面推行“一次申报、一次查验、一次放行”的关检合作模式，加快推进国际贸易“单一窗口”的投入使用。三是加快完善现代产权制度，联动推进国有企业混合所有制改革、完善产权保护制度，最大限度地激发各类市场主体活力；通过财税、金融、投融资、户籍制度等方面改革，提高资源配置效率，完善要素市场化配置。四是强化区域开放创新机制支撑，坚持“引进来”和“走出去”并重，大力引进国内外大型研发机构落户，鼓励外资企业、研发机构与河南省高等院校和科研院所联合创建工程技术研究开发中心、企业技术中心、实验室等研发机构等；积极鼓励本土创新资源“走出去”，主动嵌入全球创新体系，实现创新资源的优化配置；完善招商引智及支持机制，实现高技能和高层次创新型人才和优质资本引得进、留得住、用得好；加强知识产权保护，全面完善知识产权保护法律体系，依法严厉打击知识产权侵权行为，创造良好的开放创新生态环境。

（四）以强化基础建设为立足点，提升开放综合保障水平

一是推动各类“一线”口岸升级扩容，与自贸区、保税区、出口加工区、经济技术开放区，航空港经济综合实验区、电子商务综合实验区等开放

平台载体功能互补、联动发展，吸引更多的国际贸易货物通过郑州中转，努力建设成“一带一路”的综合交通物流枢纽，为申建自由贸易港奠定坚实的基础。二是持续推进城乡交通、物流、通信一体化发展，加快构建航空、铁路、公路、海运和内河干线、集输物流网络和物流服务支撑体系以及现代信息管理系统，加快实现交通通信系统的一体化发展，增强服务区域开放发展的功能。三是要加强创新能力建设，加快构筑创新平台，大力推进技术研发、人才培养、孵化培养和推广应用等各类科技创新服务平台共建整合，提升高等院校、科研机构、行业协会和大企业集团整合现有资源，共建高水平技术研发机构、人才培养机构等协同创新平台；围绕高端装备制造、电子信息、金属化工、金融、文化旅游和健康养老等战略性新兴产业重点项目和基础工程建设，提升创新要素密集的产业能级。四是增强郑州国家互联网骨干直联点流量疏通能力，构建覆盖全省的高速光纤宽带网络和云计算大数据基础设施，强化全省对外开放的网络支撑；建设产业互联网共享平台，实现跨地域的市场、资源、产业等与全球供应链体系、产业体系和市场体系的顺利对接。

参考文献

国务院：《十九大党代会工作报告》。

河南省统计局：《河南省统计年鉴（2018）》。

河南省委：《河南省委十一次党代会工作报告》。

戴翔：《高质量开放经济：特征、内涵及路径》，《天津社会科学》2019 年第 1 期。

裴长洪：《中国特色开放型经济理论研究纲要》，《经济研究》2019 年第 4 期。

B.14

河南以全面深化改革推进经济高质量发展对策研究

王　芳*

摘　要： 党的十九大报告明确指出，我国经济已由高速增长阶段转向高质量发展阶段。在经历高速增长阶段后，河南经济发展中的诸如产业结构层次整体偏低、自主创新能力不足、开放型经济水平有待提升、资源环境承载压力较大、现代市场体系仍不完善等深层次矛盾和问题逐渐显现，成为实现经济高质量发展的重要制约。其根本原因在于体制机制的不完善，要以全面深化改革推进经济高质量发展，着力在供给侧结构性改革、科技创新体制改革、“放管服”改革、要素市场改革等方面取得突破。

关键词： 高质量发展　供给侧改革　要素市场改革

一　经济高质量发展的内涵及必要性

（一）经济高质量发展的内涵

党的十九大报告提出，我国经济已由高速增长阶段转向高质量发展阶

* 王芳，河南省社会科学院经济研究所副研究员，主要研究方向为区域金融、区域经济。

段。所谓经济高质量发展，是全面体现新发展理念的经济科学发展，是能够满足人民日益增长的美好生活需要的发展。其内涵可以概况为以下几方面。

一是投入产出效率和经济效益高。高质量发展更偏重于反映经济生产活动具有更高的效率，带来更高的效益，具体表现为劳动、资本、土地、资源、环境等要素资源利用效率的上升，用较少的投入形成更多有效产出，特别是全要素生产率处于较高水平。

二是经济社会创新能力高。高质量发展是能够很好地满足人民日益增长的美好生活需要的发展，也是创新成为主要驱动力的发展，创新对于经济增长的贡献度显著提升，成为经济发展的重要支撑，是提高供给体系质量，加快形成发展新动能的关键力量。

三是经济协调发展水平高。协调发展是高质量发展的内生特点，突出表现在更加注重区域发展空间布局的优化，更加注重经济发展的资源环境承受能力，强调经济发展与人口、资源和环境协调发展相统一。

四是发展成果共享水平高。实现全体人民更加公平地共享发展成果，不断满足人民日益增长的美好生活需要，既是根本目的，也是推进高质量发展的强大动力。让改革发展成果更多更公平惠及全体人民，就是要多谋民生之利、多解民生之忧，在脱贫攻坚、增加居民收入、改善民生等方面取得新进展。

（二）推进经济高质量发展的必要性

1. 顺应经济发展规律的理性选择

经济发展是一个螺旋式上升的过程，上升不是线性的，累积到一定阶段，往往都要经历从量变到质变的过程，从高速增长转向高质量发展阶段。当前，维持我国高速增长的客观条件已经发生变化，需求结构变化、消费升级、劳动人口减少、技术积累、金融风险、资源环境压力等，使潜在增长率发生变化。只有通过高质量发展，实现生产、流通、分配、消费循环畅通，国民经济重大比例关系和空间布局比较合理，经济发展比较平衡，才能稳定提升经济发展的质量效益，这是顺应经济发展规律的理性选择。

2. 破解资源环境约束的根本之策

改革开放以来，我国经济社会综合实力大幅提升，但发展中也存在不平衡不充分的问题。如发展方式落后、投资边际效益递减、能耗水平仍然较高、环境问题依然严重等。高投入、高消耗、高污染的粗放型经济发展方式加重了资源环境承载压力，已经难以为继。只有推进高质量发展，加快高质量、高效益的经济增长模式转换，积极发展新技术新产业新业态新模式，加快产业转型升级，才能从根本上缓解经济发展的资源环境压力，实现经济发展与资源环境保护的良性循环发展，可以说，推动高质量发展是破解资源环境约束的根本之策。

3. 适应国际经济形势变化客观需要

当前，全球经济治理体系、国际经济秩序乃至世界经济格局正在发生巨大变化和重新调整，中国与世界的关系也出现重要变化。世界经济结构失衡、国际金融市场波动、需求不足等深层次的问题尚未解决，贸易保护主义、逆全球化思潮、单边主义开始抬头，美国等发达国家的减税、重振制造业、新技术突破等，都对中国的结构调整和升级带来冲击。只有适应国际经济形势新变化，推进高质量发展，加快经济结构调整和产业升级，才能在国际经济合作与竞争中处于优势地位，推动经济平稳可持续发展。

4. 满足人民美好生活需要的必然要求

进入新时代，我国社会的主要矛盾已经发生变化，供给结构已难以适应需求结构的变化。随着居民收入水平的不断提升，居民消费结构也加快升级换代速度，消费需求已经从满足数量型转向追求质量型，更加注重商品和服务的“好不好”“优不优”问题，更加注重品质，更加重视品牌，出现了个性化、多样化、高端化的特点，特别是对高质量教育、医疗、养老等的需求，还难以得到有效满足。只有加快推动高质量发展，深化供给侧结构性改革，瞄准优质供给不足问题，提高发展质量，不断提供更多类型、更高质量的产品和服务，才能化解矛盾纾困，不断满足人民日益增长的美好生活需要。

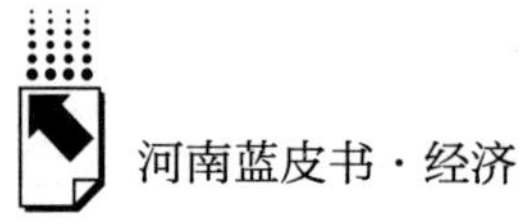

二 河南经济高质量发展存在的矛盾与问题

1. 产业结构层次整体偏低

产业结构是衡量一个地区经济发展质量和效益的重要指标。近年来，河南产业结构持续优化，但依然存在着产业层次整体偏低的问题。2018 年，河南省三次产业结构为 8. 9∶45. 9∶45. 2，虽然与上年相比，第一产业比重有所下降，第三产业增加值占比略有上升，但相较于全国平均水平仍存在较大差距。具体来说，河南作为农业大省，粮食种植在农业生产中占比较高，而同时，农业生产的规模化和产业化水平较低，农业生产效率偏低，不利于为推动高质量发展奠定坚实基础；工业结构偏重，农产品初级加工、能源化工、矿产开发及加工等产业占规模以上工业增加值比重较高，落后产能严重过剩，高附加值产品占比偏低，人民群众真正需要的高端产品供给严重不足；第三产业发展相对滞后，交通运输、住宿餐饮、商贸仓储等传统服务业依然占有较大比重，而电子商务、现代物流、软件与信息服务、科技服务、创意文化等现代服务业占比偏低，对经济增长的拉动作用亟待增强。总之，经济健康高质量发展离不开产业结构的优化，三次产业结构合理会使得上、中、下游之间协同性增强，经济发展的质量效益提高，反之则会影响整体经济发展质量水平。

2. 自主创新能力依然不足

创新是引领发展的第一动力，是推动实现高质量发展的关键。近年来，河南省委、省政府以加快推进自主创新体系建设为抓手，大力推进创新驱动发展，取得了较为显著的成效，但是依然存在诸多问题，如河南的自主创新能力仍然不足，不能完全适应经济发展的需要，与推动经济高质量发展的要求相比，还存在较大差距。以研究与试验发展活动（R&D）来说，作为科技创新活动的重要组成部分，通过分析 R&D 数据，可以从一定程度上了解一个国家和地区的科学技术水平情况。2018 年，河南共投入研究与试验发展（R&D）经费 671. 5 亿元，研究与试验发展（R&D）经费投入强度为

1.4%，在全国31个省（区、市）中排名第17位，较2017年研究与试验发展（R&D）经费投入强度提高了0.09个百分点，但仍然低于全国平均水平0.79个百分点，与广东、江苏、北京、山东、浙江、上海等研究与试验发展（R&D）经费投入超过千亿元的省（市）相比，更是存在较大差距，说明河南创新投入的力度有待提高，自主创新能力还很不足。自主创新能力的不足，会直接影响经济发展方式的转变、产业结构的优化升级以及资源利用效率的提高，进而制约全省经济由“高速增长”向“高质量发展”的转变。

3. 开放型经济水平有待提升

作为不沿边不沿海的内陆省份，近年来河南依托郑州航空港经济综合实验区、河南自由贸易试验区、郑洛新国家自主创新示范区、中国（郑州）跨境电子商务综合试验区等平台发展，积极参与“一带一路”建设，全省对外开放水平不断提升，外向型经济快速发展。2018年河南货物进出口总值为5512.71亿元，比上年增长5.3%，创历史新高，稳居中部第一。但是与全国平均水平相比还存在较大差距，难以满足经济高质量发展的要求。一方面是对外贸易结构不优，加工贸易占比较高。2018年全省一般贸易进出口总额为1856.1亿元，较上年增长16.3%，占全省外贸总值的33.7%，虽然增速较快，但是规模依然偏小，而同期加工贸易进出口为3563.5亿元，占全省比重达到64.6%，依然是对外贸易的主要力量。但加工贸易技术含量和附加值较低，缺少核心技术，市场竞争力不高，且往往容易引发贸易摩擦，不符合经济高质量发展要求。另一方面是出口商品结构单一，手机类机电产品占比较高。富士康落户河南以来，以手机为代表的机电产品成为河南省出口主要力量。2018年全省第一大出口商品手机出口额为2115.8亿元，增长9.4%，占全省出口总值的59.1%，较为单一的商品出口结构抗压能力弱且容易集聚风险，不利于出口产品整体竞争力的增强。

4. 资源环境承载压力较大

长期以来，河南经济增长主要依靠大规模的资源能源投入，在经济高速增长的同时伴随着自然资源的枯竭与环境质量的恶化，使得当前河南面临着巨大的资源短缺和环境破坏压力，严峻的资源环境形势成为河南提升经济发展质量的重要制约之一。河南是人口大省，2018 年末总人口为 10906 万人，占全国人口比重为 7.8%，而各类自然资源占比则相对较小。土地资源方面，全省总面积 16.7 万平方公里，占全国国土面积的 1.73%，拥有耕地 12168.34 万亩，人均耕地为 1.27 亩，相当于全国人均耕地面积的 87%，人多地少的矛盾较为突出，作为一个农业大省，这无疑给粮食生产和粮食安全造成风险隐患。在矿产资源方面储量较为丰富，但铁矿大部分为贫矿，磷、锰、镍、金刚石等矿产严重不足，煤炭资源较为丰富，但油、气、水力、风能等其他资源较少，因此多年来形成了以煤电为主的电力生产与消费结构，2018 年河南煤炭消费占比依然接近 70%，而可再生能源消费比重仅为 8.5%，资源消耗严重。自然资源环境具有有限性，巨大的资源能源消耗必然会使资源短缺问题更为突出，资源环境承载能力不断下降，严重制约经济向高质量发展的转变。

5. 现代市场体系仍不完善

统一开放、竞争有序的现代市场体系，是推进经济高质量发展的重要保障。改革开放以来，河南现代市场体系建设得到较快发展，然而与商品市场、服务市场相比，要素市场的建设仍然滞后，成为制约土地、劳动力、信息、技术、资金等生产要素自由流动的主要障碍之一，也严重制约着全省经济高质量发展的实现。一方面，地方保护、市场分割等行政性垄断问题依然存在，如通过制定各种相关规则设置种种或明或暗的壁垒，影响市场配置资源基础性作用的发挥，使得资源配置效率较低，“错配”“劣配”“低配”等问题依然存在。另一方面，一些领域市场竞争不充分、不透明问题仍然突出，市场主体公平竞争的自律性不足，信用体系尚未健全，有效信息披露不足，交易行为不规范，失信行为较为普遍，消费者保护制度不健全，市场秩序较为混乱；同时部分市场监管规则设置不清晰，市场监管体制不能完全适应经济高质量发展的要求。这些问题都阻碍了市场机制配置资源作用的充分发挥，是制约全省经济高质量发展的重要因素。

三　以全面深化改革推进经济高质量发展的建议

推进实现河南经济高质量发展，关键在改革。没有相匹配的体制机制，高质量发展就难以实现，从一定程度上说，改革的力度决定了经济高质量发展的进度。我们要加快全面深化改革进程，为经济高质量发展提供有力的制度支撑。

1. 深化供给侧结构性改革，加快培育发展新动能

加快产业优化升级，是推进经济高质量发展的重要内容和基础，要坚持优化存量和扩大增量并重，改造提升传统产业和加快培育战略性新兴产业并行，切实加快产业转型升级步伐，加快培育发展新动能。一要着力化解过剩产能。要采用市场化、法制化手段，通过环保、质量、技术、能耗、水耗、安全等标准的严格执行，持续化解煤炭、钢铁、火电、水泥等过剩产能，处理好去产能、保就业、防风险之间的关系，建立去产能和防风险的长效机制。二要着力改造提升传统产业。传统产业是实体经济的重要组成部分，也是推进实现高质量发展的主体力量，要运用新理念、新技术、新工艺、新装备、新模式改造提升煤炭、钢铁、有色、食品、装备制造、纺织服装等传统产业，推动传统产业数字化、网络化、智能化发展，不断拉长产业链、补强创新链、提升价值链，重塑传统产业新优势，使其焕发新的活力。三要着力发展战略性新兴产业。新兴产业是培育发展新动能、增强竞争新优势的关键环节，立足全省产业基础与实际，要加快培育发展新一代信息技术、高端装备制造、节能环保、生物医药、新能源、新材料和新能源汽车等战略性新兴产业，引领经济发展的高起点、高速度、高品质。

2. 深化科技体制改革，不断提升创新能力

创新是引领高质量发展的第一动力，而深化科技体制改革则是提高自主创新能力，推进经济高质量发展的关键。一要深化产学研用协作机制改革，促进开放协同创新。要以郑洛新国家自主创新示范区建设为依托，整合区域创新资源，打造自主创新政策特区，建立健全区域协同创新发展的制度环

境，完善以企业为主体、市场为导向、“产学研用”深度融合的科技创新体系，完善专业技术服务、市场需求对接资源服务、转化基金扶持等平台建设，打造区域科技创新高地。二要深化人才发展体制机制改革，建立注重科研内容、成果和过程考核的科研管理体制，推进人才评价的科学化、专业化、社会化，注重施行长周期考核，不断完善创新激励机制，扩大创新机构和领军人才的自主权，让科研人员能够更多地把精力和时间专注于科研活动，最大限度地激发科研人员的积极性和创造性。三要深化科技产权制度改革，结合实际加快建立权界清晰、分工合理、责权一致、运转高效的知识产权综合管理体制，打通知识产权创造、运用、保护、管理、服务全链条，探索形成充分肯定科研人员个人努力，兼顾国家和机构利益的知识产权制度，严厉打击严重恶意侵权、反复侵权等恶性违法行为。

3. 深化“放管服”改革，着力优化营商环境

公平开放透明的市场环境是激发微观主体活力，稳定经济增长进而推进经济高质量发展的必要条件。一要进一步理顺政府与市场的关系，坚持把市场的还给市场，使政府尽快脱离对大量经济社会事务的具体管理，真正实现让市场在资源配置中起决定性作用。二要进一步提高政府服务效能，要在市场准入、减税降费、融资便利、基础设施等方面全面改革、综合施策，同时积极加强宏观调控、市场监管、公共服务和社会管理等政府职能，打破行政垄断，防止市场垄断，尽可能降低制度性交易成本和企业税费负担，保护企业家的合法权益，使各类市场主体都能够公平参与市场竞争，从而最大限度地激发微观主体的经营活力和创造力。三要建立健全符合高质量发展内涵的业绩评价和考核标准，遵循新发展理念要求，在政府业绩考核中注意突出创新发展和绿色发展，着力改变唯 GDP 的考核目标，提高质量、结构、效益等指标的权重，发挥考核对高质量发展的激励和导向作用，切实增强高质量发展意识。

4. 深化要素市场改革，切实提高资源配置效率

深化要素市场改革，能够打破阻碍要素自由流动的各种壁垒，提高资源优化配置效率，是推进全省经济高质量发展的重要途径。一要深化土地制度

改革，继续推进宅基地所有权、资格权、使用权“三权分置”，适度放活宅基地和农民房屋使用权、交易权，深化集体经营性建设用地入市改革，探索建立城乡统一的建设用地市场，促进土地要素的市场化有序流动，进而提升土地资源的配置效率。二要深化劳动力市场改革，进一步完善与人口流动密切相关的户籍制度改革，加快推动城乡社会保障一体化和基本公共服务均等化，以促进劳动力跨地区、跨城乡、跨行业的流动，为经济高质量发展注入持续动力。三要深化金融体制改革，支持中小型金融机构、民营银行、外资银行发展，丰富金融机构所有制类型，加强金融产品与金融服务创新，大力发展多层次资本市场，不断提高直接融资比重，切实降低社会融资成本。

参考文献

河南省统计局、国家统计局河南调查总队：《2018 年河南省国民经济和社会发展统计公报》2019 年 3 月 2 日。

国家统计局：《2018 年国民经济和社会发展统计公报》2019 年 2 月 28 日。

国家统计局：《2018 年全国科技经费投入统计公报》2019 年 8 月 30 日。

王一鸣：《深化改革推动经济高质量发展》，《理论视野》2018 年第 11 期。

张长星：《推动河南经济高质量发展的对策研究》，《区域经济评论》2019 年第 3 期。

B.15
河南申建“空中丝绸之路”综合试验区的思路与建议

张长星*

摘　要： 为贯彻落实习近平总书记“积极融入共建‘一带一路’，用好中国（河南）自由贸易试验区等国家级战略平台，加快打造内陆开放高地”的重要指示精神，建议将“四路”“五区”实施载体以及重点产业集聚平台纳入，突出地方特色与服务全国大局的契合、开放创新与全省改革的联动、战略平台建设与全省高质量发展的互促，淡化空间范围，聚焦郑州国际航空物流中心建设、国际空陆联运贸易规则探索、战略平台政策集成创新、高端要素集聚与产业转型升级等具体事项，争取在融入共建“一带一路”、构建内陆地区开放新格局上探索形成可复制、可推广的河南方案。

关键词： 空中丝绸之路　一带一路　河南省

改革开放特别是2008年以来，省委、省政府立足新形势、新要求、新任务，总结历史经验，着眼未来布局，从全局和战略的高度出发，相继争取粮食生产核心区、中原经济区、郑州航空港经济综合实验区、郑洛新国家自主创新示范区、中国（郑州）跨境电子商务综合试验区、中国（河南）自

---

* 张长星，管理学博士，河南省宏观经济研究院院长、副研究员，主要研究方向为宏观经济、区域经济。

由贸易试验区、中原城市群、国家（河南）大数据综合试验区、郑州国家中心城市、郑州—卢森堡“空中丝绸之路”等国家战略规划和战略平台落地实施，共同构成了引领带动全省经济社会发展的战略组合，在区域发展、改革开放、创新驱动等方面形成了诸多战略先导优势。习近平总书记在2019年9月考察河南工作时强调，河南具有产业基础、区位交通、开放通道等优势，要抓住促进中部地区崛起战略机遇，既立足当前抓好六稳，又着眼长远谋势蓄势，加快建设现代化经济体系；要积极融入共建“一带一路”，用好中国（河南）自由贸易试验区等国家级战略平台，加快打造内陆开放高地。2019年省《政府工作报告》强调，要坚持以郑州航空港经济综合实验区为龙头，统筹“五区”联动、“四路”协同，深度融入“一带一路”建设，推动全方位高水平开放。如何将河南扩大开放与国家构建陆海内外联动、东西双向互济开放格局紧密结合，探索走出一条内陆地区推动新一轮扩大开放的新路径，是需要思考和探索的问题。

一　借鉴他山之石

国家战略平台是体现国家意志、关系国家利益和长远发展的重大战略性、基础性工程，也是国家战略与地方诉求、国家意志与区域发展的契合点。近年来，国家战略平台在重点领域、重点地区展开全方位布局，沪川鄂渝甬等省市结合自身实际，率先启动实施战略平台协同联动工作，以期放大国家战略平台叠加效应和辐射带动作用，增强推进高质量发展的优势和动能，对河南省具有重要借鉴参考价值。

（一）以“双自联动”为基础的拓展提升模式

该模式以上海为代表，其核心是利用自贸区、自创区在地理空间上的叠加优势，推动自贸区制度创新与自创区科技创新的直接联动，形成自贸区的高标准投资贸易规则体系直接引领自创区创新转型、自创区的创新需求引领自贸区体制机制改革的良性循环。在具体工作中，上海持续深化拓展联动内涵和实施范围，实现在空间上从叠加区推广到非叠加区，在功能上从优惠政策、创新制度复制推广拓展到战略定位互联、信息政策互通、产业发展互动、政务服务互融上，在任务上由单个平台使命任务上升到整个城市担任全国改革开放先锋。

（二）以自贸区为核心的全局联动模式

该模式以四川为代表，其核心是将自贸区作为区域协调发展、扩大全域开放的枢纽平台。通过实施自贸区走进各经济片区、设立协同改革先行区等措施，比照自贸区下放管理权限、复制推进创新制度，以短期解决小切口见效快的举措撬动全省各个地区的制度对接、平台融通、产业互动，实现多个区域、多个平台协同改革、协同开放、协同创新、协同发展，以期在更大范围乃至省域内最大限度地共享自贸区制度创新红利。

（三）以“一带一路”建设为中心的框架统领模式

该模式以宁波为代表，其核心是将本地经济发展、改革开放、创新创业的战略部署、重大工程，与融入“一带一路”建设紧密结合，争取浙江省政府批复设立“一带一路”综合试验区。在实施过程中，将宁波舟山国际枢纽港、梅山新区、“16＋1”经贸合作示范区、跨境电子商务综合试验区、民营企业“走出去”服务创新区等战略平台纳入其中，并积极打造梅山自由贸易岛、大榭国际能源贸易岛，形成围绕宁波主城区的“自贸区＋自贸岛＋能源岛”的弓形开放载体布局。

（四）以分类协同推进的优化整合模式

该模式以重庆为代表，其核心是加强对“1＋2＋7＋7”开放平台的分类指导，明确各类平台功能定位和发展导向，通过目标考核激励特色化、差异化发展。在具体工作中，重庆按照改革、开放、制度创新等功能和定位，将开放平台分为产业集聚平台、口岸和保税平台、制度创新平台三类进行针对性引导推进，强化规划有效衔接、制度创新统筹推进、枢纽集聚不断增强、产业功能有序协同，以期破解平台功能定位趋同、政策孤岛现象突出、同质化竞争激烈、枢纽集聚功能薄弱以及管理体制不顺等问题。

二 查找瓶颈制约

经过40多年的改革开放，河南已由内陆腹地迈向开放前沿，对外开放已经成为中原大地的一张亮丽名片。习近平总书记在2019年5月21日中部崛起座谈会上，多次对河南对外开放给予肯定，也提出了更高要求。目前，河南省“四路”“五区”建设发展取得了显著成效，打出了河南品牌与中原开放风采。但面对新形势、新标准、新要求，国家战略和战略平台间首尾呼应、气脉相通的叠加协同效应还未充分发挥，改革开放创新举措的带动作用还未完全达到预期，全省经济高质量发展还未充分共享国家战略和战略平台的溢出红利。主要体现在以下几个方面。

（一）工作推进协同性有待加强

河南省战略平台的主体责任单位分布在不同的省直部门和省辖市，部门间在数据信息共享、横向沟通协调、统筹部署推进、统一解决重大问题、形成工作合力上有一定难度。市级具体工作推进部门与平台所在辖区政府间管理权限模糊、职责交叉，有组织机构条块化、利益分享区域化、政策措施分散化的苗头。

（二）集成创新还需进一步同频共振

目前，自贸区以制度创新为主，自创区以科技创新为主，航空港以高端产业集聚为主，跨境电商综试区以新业态新模式为主，战略平台空间重叠区域较小，有分头作战和“碎片化”“单兵突进”倾向。在制度创新、开放创新、科技金融创新等方面缺乏系统性、协同性整体框架和制度安排，功能拓展延伸、政策推广覆盖、试点集成创新、科技金融贸易产业联动的合力有待加强，多维度融合、多要素联动、多主体协同的局面还未真正形成。

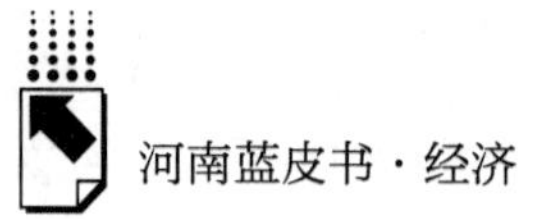

（三）国家战略导向与地方政府诉求还需紧密结合

比如自贸区，国家的战略导向是在对外开放的制度上进行创新突破，为“零关税、零壁垒、零补贴”的 FTA 谈判进行先行试验和压力测试。而在基层政府层面，关注的是通过自贸区的创新体制机制和先行政策，在引聚高端要素资源、落地标志性项目、促进转型发展方面实现借力发展。国家和地方对自贸区的期许并不相悖，关键是如何找准将两者融合统筹的契合点和突破口。

（四）综合枢纽功能还需再增强放大

国际通道分散作战，在信息数据共享共用、物流贸易联动、运输方式衔接互补等方面有待加强。比如，“一单到底、物流全球”、跨境物流通关便利化、跨部门市场监管体系建设等领域集成创新还未能有效满足市场需求，中转集拼、国际采购分拨、保税仓储物流、保税展示体验、大宗商品交易功能还有待完善，与国际物流枢纽功能配套的基础设施和政策措施还不配套等，郑州综合枢纽对产业集群转型、提升发展质量效益的引领带动作用有待加强。

三　明确思路对策

（一）关于框架设计

建议将“空中丝绸之路”综合试验区申建列为全省对外开放工作的“一号工程”全力推进，并将其作为“四路”协同的龙头牵引、“五区”联动的突破口，以及提升郑州国家中心城市开放能级的具体抓手，为探索建设内陆型自由贸易港探路试水。在工作导向上，建议强化突出地方特色与服务全国大局的契合、开放创新与全省改革的联动、战略平台建设与全省经济转型的互动，淡化空间范围，聚焦短期解决切口小、见效快和长期破解深层次、结构性问题的具体事项，凝聚全省力量务实推进，争取在贯彻开放发展新理念、增创开放型经济新优势、构建全面开放新格局上贡献河南方案、中原力量。在工作重点上，建议在国际多式联运、跨境电商、航空经济等领域上着力，开展国际投资贸易、产能合作、开放创新、资金流动等领域的探索创新，以机制制度创新、产业转型升级、创新能力开放合作服务经济高质量发展。主要考虑有三：一是“一带一路”已经成为我国构建全方位高水平开放格局的统领，国家在新时期西部大开发意见中提出在西安等重点城市建设“一带一路”综合试验区。按照国家构建陆海内外联动、东西双向互济开放格局的既定目标，预计正在研究起草的新时期中部崛起意见中也会有类似工作部署。二是习近平总书记在第二届“一带一路”国际合作高峰论坛上提出，“将新布局一批自由贸易区，加快探索建设自由贸易港”，并多次强调要大规模增加商品和服务进口。河南有“空中丝绸之路”这个黄金招牌，有综合保税区、跨境电商综试区等开放平台，以及周边地区庞大的消费市场，基础和条件基本具备。三是省领导在 2019 年 5 月 17 日对外开放座谈会上强调，要把河南对外开放与郑州国家中心城市、郑州大都市区建设统筹起来考虑，试验区建设可能是一个比较合适的契合点和工作抓手。只要我们把郑州这个高能级开放高地夯实筑好，势必会带动郑州大都市区乃至全省的对外开放再上新台阶。

（二）关于“五区”联动

建议建立健全省级统筹的组织领导机制、利益共享机制、协调会商机制和协同推进机制等，实现领导配置、人才引进、政策制定、科技创新、金融服务、信息集成等方面互联互通，形成优势互补、利益共享、多方共赢的战略平台联动共同体。具体建议是：“带好一顶帽子、强化联结枢纽”。“一顶帽子”，即“空中丝绸之路”综合试验区，就是将战略平台联动和产业集聚平台转型升级、各功能片区提质发展等纳入“空中丝绸之路”综合试验区框架内，将精耕细作“工笔画”的“一带一路”建设新要求落到实处、付诸行动，从而争取国家更大支持。“联结枢纽”，不仅要建立一个制度联动创新的软枢纽，更要确立一个集成再创新、压力测试、供需对接的硬枢纽。“软枢纽”即自贸试验区，将战略平台间网状联动简化为各战略平台与自贸区的轮辐式联动。“硬枢纽”即航空港经济综合实验区，将自贸、自创、跨境、大数据等制度集成创新成果，甚至是多个平台的支持政策和创新制度再集成再创新，形成“需求—创新—推广—应用—新需求”的良性循环，打造全域复制推广前的中试车间、催化多种制度产生化学反应的实验室、创新政策机制和新业态新模式新产业的策源地。

（三）关于“四路”协同

建议综合利用“空中丝绸之路”高效便捷的客运、货运优势，“陆上丝绸之路”安全可靠的物流优势，“网上丝绸之路”的贸易商流优势，对接“海上丝绸之路”大宗商品低成本运输优势，强化物流能力与商流、信息流、资金流的紧密联动和业务协同，吸引跨国企业设立跨国采购中心、出口集运中心、进口分拨中心、转运配送中心，以人流、商流、资金流扩大物流规模，以高效便捷物流体验提升国际贸易辐射范围，以人才、资本、技术、产业要素有序流动推动国际产能合作，促进多种运输方式高效衔接、物流与贸易联动、货物贸易与服务贸易协同。同时建议：一是积极探索国内出口货物入港参与集拼等高效监管模式和多元化运作模式，提升国际中转集拼比例，扩大空陆联运、公铁联运和铁海联运规模。二是建立完善以“一单制”联运为核心的便捷运输制度，研究建立基于联运单证的国际贸易、物流、融资、结算的一体化贸易规则。三是提前谋划和储备航空货运、中欧班列（郑州）、跨境电商等政府补贴被取消后的应对措施，以期能在未来政策变化导致的重新洗牌中抢占先机。主要考虑是，习近平总书记在第二届“一带一路”国际合作高峰论坛上强调，要“在行政许可、市场监管等方面规范各级政府行为，清理废除妨碍公平竞争、扭曲市场的不合理规定、补贴和做法”。这意味着在不远的将来，国家势必会全面清理有违市场规律的各类补贴，全国航空货运、跨境电商可能因政策变化而使得市场重新洗牌。我们要未雨绸缪，做好应对，以期在变中求机、变中赶超。

参考文献

汪洋：《推动形成全面开放新格局》，《人民日报》2017年11月10日，第4版。

李力：《世界自由贸易区研究》，中国改革出版社，1996。

田珍：《中国建设自由贸易港的战略意义与发展措施》，《国际经济合作》2017年第12期。

黄汉生：《世界自由港的历史演变及其发展特点》，《南洋问题研究》1992年第4期。

谢秋慧、金贝聪：《国际经验对上海自贸港区建设的启示》，http://www.aqsiq.gov.cn/zjxw/dfzjxw/dfftpxw/201709/t20170913_497767.htm. 2017-9-13。

商务部国际贸易经济合作研究院课题组、邢厚媛：《中国（上海）自由贸易试验区与中国香港、新加坡自由港政策比较及借鉴研究》，《科学发展》2014年第9期。

成思危：《从保税区到自由贸易区》，经济科学出版社，2003。

《河南省人民政府关于印发中国（河南）自由贸易试验区建设专项方案的通知》，《河南省人民政府公报》2017年12月10日。

陈颖：《跨境电商：向“买全球卖全球”迈进》，《决策探索》2017年第8期。

新华社：《我国自贸试验区成“1+3+7”格局》，http://www.xinhuanet.com/2017-03/31/c_1120735370.htm. 2017-3-31。

B.16
河南“三新”经济高质量发展的思考与建议

李丽菲*

摘　要：　“三新”经济是新常态下河南培育经济新增长点和新动能的需要，更是实现河南经济高质量发展的需要。当前，河南牢牢抓住新一轮科技革命和产业变革历史性机遇，使得新产业、新产品不断壮大，新业态、新技术态势良好，新模式、新服务快速增长，但仍然面临新业态发展规模较小、高新技术转换率不高、创新动力匮乏等亟待解决的问题，需要继续通过积极培育新产业、新动能以及新增长极，推动“三新”经济的高质量发展。

关键词：　“三新”经济　河南　高质量发展

科技创新是新时代河南发展的新引擎，科学技术在经济社会发展中不可或缺。以新产业、新业态、新商业模式为代表的“三新经济”正在持续快速发展，新动能、新引擎日益壮大，各类创新不断展现出旺盛活力，引导河南经济向更高质量、更有效率、更加公平、更可持续的方向发展。“三新”经济已成为破解河南经济发展突出矛盾的关键和推动河南高质量发展的重要力量。

* 李丽菲，河南省社会科学院经济研究所助理研究员，主要研究方向为产业经济。

一 “三新”经济的基本内涵

2016年，在国务院发布的《政府工作报告》中首次提出了“三新”经济的全新概念，即新产业、新业态、新商业模式的简称，是经济中新产业、新业态、新商业模式生产活动的集合。具体而言，新产业指应用新科技成果、新兴技术而形成一定规模的新型经济活动；新业态指依托技术创新和应用，顺应消费者多元化、多样化、个性化的产品或服务需求，从现有产业和领域中衍生叠加出的新环节、新链条、新活动形态；新商业模式指通过整合和重组企业经营的各种要素，以客户需求为中心，为进一步提升用户价值和盈利水平为目标而形成的独特的、高效的、具有竞争力的商业运行模式。“三新”经济强调的是价值链意义上的“新”，是以知识技能为基础，由研发创新进行驱动，以互联网为引领的新的经济发展形态，是支撑我国经济迈向高质量发展阶段的重要力量。

“三新”经济具有渗透性、融合性、轻资产、高成长、动态变化、基础环境依赖等特性，具体而言，主要表现在以下几个方面：一是以互联网为核心基础设施。在经济面临下行压力下，互联网基础设施成为拉动经济发展的重要动力，不仅是新业态、新技术的重要组成部分，也是传统产业转型升级的重要引擎。二是以数据为重要资源。随着人口红利、资源红利、全球化红利等传统经济动力逐步减弱，大数据成为推动经济转型升级的新动力。以知识、创新、ICT、IT、DT、人工智能为主要特征的“三新”经济主要以数据为重要资源，是新时代实现新旧动能转换，推动经济发展的重要抓手。三是以跨界融合为发展趋势。随着知识、信息、数据等在经济发展中的作用越来越大，新一代信息技术革命、新工业革命以及制造业与服务业的融合，跨界融合突破了产业界限，混合经营将成为一种新常态。四是以转换动能为发展目的。“三新”经济具有技术革新速度快、创新经济模式潜力大、需求增长呈爆发式等特征，对于引导新商业企业有效创新、刺激经济发展活力具有重要作用，是新常态下河南培育经济新增长点和新动能的需要，更是实现河南经济高质量发展的需要。

二 “三新”经济发展现状

当今世界正处在新一轮科技革命和产业变革孕育期，颠覆性技术不断涌现，“互联网+”、新能源、新医药等全新产业不断涌现，基于互联网的创新设计、智能制造、新型营销等新业态层出迭现，分享经济、平台经济、融合经济等新模式蓬勃兴起，“三新”经济带来了生产模式及业态的变革与创新，正在改变着我们的生活习惯。

（一）全国“三新”经济发展态势

当前，中国正处在从高速增长向高质量发展转换的关键阶段，在世界经济持续低迷和国内“三期叠加”环境下，依靠人口、土地等传统要素来推动经济发展的模式难以为继，经济发展已进入速度变化、结构优化和动力转换的新常态，迫切需要依靠科技创新培育发展新动力。“三新”经济的快速发展，是应对国内外发展新形势、激发内生新动能的需要，是切中肯綮把握大势、引领全局发展的重大布局，已经支撑起我国经济发展的新天地。根据《新产业新业态新商业模式统计分类（2018）》和《新产业新业态新商业模式增加值核算方法》，2018 年全国“三新”经济实现增加值 145369 亿元，占国内生产总值的 16.1%，相比较 2017 年增长了 0.3 个百分点，按现价计算，增速达到 12.2%，比同期的 GDP 现价增速高出 2.5%。就三次产业的增加值来看，全国“三新”经济在三次产业中的增加值分别达到 6227 亿元、6.25 万亿元、7.67 万亿元，占 GDP 比重为 0.7%、6.9%、8.5%，其中，“三新”经济第二产业发展较快，增加值现价增速达到 15.1%。

（二）河南“三新”经济发展态势

面对经济下行压力，河南牢牢抓住新一轮科技革命和产业变革历史性机遇，催生新技术、新产业、新业态、新模式，全面增强区域综合竞争力，重塑发展新优势，有力地支撑起河南经济发展新天地，正在逐渐成为河南经济平稳增长，实现高质量发展的重要力量。

1. 新产业、新产品不断壮大

近年来，河南借力国家中心城市建设、航空港综合实验区、跨境电商综试区、河南自贸试验区、国家自主创新示范区等国家战略的“东风”，以新一代信息技术、生物、高端装备、先进材料、新能源汽车、节能环保、数字创意等领域为重点，在新型显示、大数据、智能制造等细分领域求突破，突出战略性新兴产业的先导性和支柱性，依托于科技创新和高知识含量的现代物流业、金融保险业、信息服务业等新兴服务业发展态势良好，产业规模快速壮大，为区域经济发展供给着源源不断的新动能，带动河南经济持续高质量发展。前三季度，规模以上工业中的战略性新兴产业增加值增长15.7%，高于全省规上工业增速7.8个百分点。其中，在上半年，新能源产业增长13.8%，新材料技术产业增长13.3%，新一代信息技术产业增长10.3%。在新产品中，前三季度工业机器人产量增长102.2%，新能源汽车增长49.6%，锂离子电池增长21.2%。

2. 新业态、新技术态势良好

随着信息技术的发展和知识经济的出现，互联网、云计算、大数据等现代信息技术被广泛应用，大大缩短了流通环节，降低了交易成本。河南积极利用现代理念、网络技术、新型营销方式，在融合嫁接传统行业、传统应用与服务的过程中，顺应多元化、多样化、个性化的产品或服务需求，催生出大批新兴业态。尤其是中国（郑州）跨境电子商务综合试验区获批以来，河南不断探索“互联网+外贸”的商业模式，跨境电商业务发展呈现整体业务量稳步增加、电商企业集聚效应明显、零售出口业务迅猛增长三大特点，培育形成一批跨境电商特色出口产业集群，跨境电商综试区联动发展，从郑州的“一枝独秀”正在走向“众木成林”。2014年以来，河南跨境电商进出口清单量和商品总值从48.86万票、1.02亿元发展到2018年的9507.3万票、113.95亿元，2019年前8个月已经达到7122.5万票、89.1亿元，其中，进口清单5186.9万票、商品总值73.7亿元，出口清单1935.6

万票、商品总值15.4亿元，进出口业务都稳步增长。

3. 新模式、新服务快速增长

随着互联网技术的飞速发展，互联网的平等精神、开放精神、协作精神、分享精神颠覆和重构了整个商业价值链，用户思维、极致思维、迭代思维、大数据思维深刻地改变了原有的商业逻辑，社群商业模式、长尾型商业模式、跨界商业模式、O2O商业模式、平台商业模式等新型商业模式逐渐成为主流。新模式、新服务整合和重组了各种要素，极大地激发了市场主体的参与度和积极性，产生巨大的财富效应。当前，河南线下同线上的融合持续加速，新零售、无人零售、O2O等新概念不断涌现，重构商业领域新格局。例如，河南随着跨境电子商务的快速发展，顺应线上线下融合的“实体新零售”发展大趋势，率先开辟了“网购保税+实体新零售”的新商业模式。这种新商业模式将互联网思维与传统产业相融合，打破了传统线上网店与线下实体店铺的界限，实现线上线下、虚实之间的深度融合，只需要1~2分钟的时间，就可以快速取到下单的商品，以高效率、低成本的互联网工具和平等、开放、互动、迭代、共享等互联网思维，重新构建商业价值链，改造传统产业链中的低效率环节，进一步提升了消费者的购物体验。

三　河南“三新”经济发展存在的问题及制约因素

“三新”经济顺应时代趋势、引领时代变革，有广阔的前景和巨大的潜力，正逐步成长为助推发展的“新生代”、转型升级的“生力军”、提质增效的“多面手”。河南在发展过程中进行了积极探索，取得了一定的成效，但仍然面临一些亟待解决的问题，例如表面看是新业态、新模式，实际上是穿新鞋、走老路，缺乏核心技术和创新要素的支撑，科技成果转化率低，不能适应新旧动力加快转换、结构加快升级的要求。

（一）新业态发展规模较小

近年来，河南在培育发展新动能、新产业、新业态方面取得了一定成绩，但由于“三新”经济的发展缺乏可复制模式借鉴，传统发展模式的惯性巨大，导致河南在“三新”经济方面依旧有较大差距。总体上看，河南的“三新”经济体量仍偏小，发展速度还不够快，发展水平还不够高，市场竞争力还不够强。电子信息、高端装备制造、新能源、新材料等战略性新兴产业占比仍然较小，制造业服务化、“互联网＋金融”、“互联网＋农业”等新业态培育依然缓慢，这就使得我们加快培育发展新产业新业态的任务显得异常紧迫。

（二）高新技术转换率不高

制约高新技术产业发展的一个重要因素是科技成果转化率低。我国专利技术的实施率、高新技术产业产值都远低于发达国家水平，这直接影响了河南的“三新”经济发展进程。究其原因，高新技术转换率低主要有三个方面的原因。一是资金投入不足。由于投融资体系不健全，目前很多高新技术企业发展的资金来源渠道仍然是国家财政拨款和向金融系统贷款，风险投资的规模较小。2018 年中国企业 500 强区域企业平均研发强度排名显示，河南省以研发强度 1.82% 位居全国第七位，仍然弱于山东、湖南等省份。二是投资结构不合理。我国在基础研究到技术开发再到产业化的过程中，资金投入比例大概为 1∶2.5∶100，相对发达国家的 1∶10∶100，技术开发的资金明显不足，而技术开发资金才是提高科技成果转换率的关键。三是不能满足市场需求。许多科技创新是前瞻性的，需要了解市场大环境的情况，以发现潜在的市场需求，需要大量的实验，甚至存在失败的可能，但是现在的许多科研人员不愿意去寻找市场需求，最终只能“闭门造车”。

（三）创新动力匮乏

知识是发展壮大新动能的重要支撑要素，技能人才是新动能转化为新生产力的关键所在。河南作为人口大省，人力资源总量丰富，但是丰富的人口优势并没有完全转化为强大的人力资源优势，目前河南“三新”经济发展的人才供需结构性矛盾日益突出，专业人才队伍大而不强、创新型人才匮乏以及“高精尖”人才、工程技术人才培养同生产脱节等问题凸显，尤其是在高学历人才供给方面，河南与发达地区还有很大差距，一定程度上制约了“三新”经济的发展。另外，“三新”经济的发展主要依赖于网络通信技术的快速发展，要以信息流动引导要素流动、打破市场扭曲，进而优化资源配置。当前，河南面对经济下行压力，种种红利的边际效应开始递减，以及“互联网下半场”已开启，如果没有新技术的产生、突破、创新，没有科技成果的转化，“三新”经济发展便很难保持长久的活力和竞争力。

四　河南加快“三新”经济高质量发展的对策建议

“三新”经济不仅助力经济高质量发展，也在不断创造新的经济增长点的同时彰显着新的价值导向、新的生活方式、新的时代气息。河南必须紧紧抓住和用好战略机遇，发挥比较优势，积极培育新产业、发展新业态、拓展新模式、促进“三新”经济持续快速发展，深度挖掘高质量发展潜力。

（一）积极转换思想

河南经过几十年的快速发展，传统工业规模相对较大，已有模式的发展惯性大，长期以来形成的传统发展理念和思维方式不易改变。一方面，要充分认识到“三新”经济是推进供给侧结构性改革，实现新旧动能转换，在新一轮竞争中实现“弯道超车”的重要选择。“三新”经济不仅仅是“互联网+”、物联网等具有较高技术水平的新兴业态和产业，也包括传统产业依托信息技术实现智能制造、定制化生产等。另一方面，发展“三新”经济，不能急功近利，不能简单地以为老套路可以行得通，更不能简单地以“互联网+企业”来实现转型升级，而是要通过扎扎实实地深化改革，强化科技创新引擎机制，构建高效的协同发展机制，打造好有利于创新发展的软环境，以有利的政策环境和制度条件带动科技知识的创新，激发全社会创新创业的热情，为“三新”经济发展营造良好环境。

（二）加快高端要素培育

供给制约问题，是当前“三新”经济发展的一大“痛点”。河南推动高质量发展，必须加快高端要素集聚并使之实现优化合理配置。一方面，河南要坚持人力资本优先发展战略，注重高新技术人才的引进与内部培养，在培养更多学习型、复合型、创新型、社会型的劳动者的同时，完善海外高层次人才引进方式，吸引一大批有经验和影响力的复合型创新创业领军人才和团队投身实体经济发展。另一方面，要加大科研投入，尤其是在前瞻性和应用性基础研究领域，形成以企业为主体、市场为导向、产学研深度融合的研发体系，将科技成果融入制造业、服务业、农业各相关领域，实现科技进步对全产业链的正向溢出，以技术的进步和革新来推动全要素生产力的提高，从而实现提高经济发展的质量。

（三）提高经济附加价值

发展“三新”经济不能片面求“新”，单靠产业、业态、模式的外层创新是不够的，如果没有新技术的产生、突破，“三新”经济很难保持长久持续竞争力。因此，一方面，河南要借助“大众创业、万众创新”浪潮，发挥资源集聚优势和政策红利优势，大力发展文创产业、健康产业、高新技术产业，推动传统服务业与互联网产业的有机结合，推进“互联网＋”战略，瞄准能够引领新一轮工业革命的先进制造技术和生产方式，尽可能地提升单位附加产值，从而有效地增加经济增长点。另一方面，河南要优化营商环境，进一步完善基础设施和公共服务，大力发展会展、物流、大数据等产业，让企业能够共享产业链上下游关联资源，大力引进总部经济所需的中介服务业，让企业能够便捷地获取金融、法律、会计、评估、咨询等优质的生产性服务资源，加大对人才子女教育、住房、生活等配套服务的支持力度，为企业吸引高端人才提供更有力支撑。

（四）加快融合发展

随着知识、信息、数据等无形资产在经济发展中的作用越来越大，跨界融合越来越广泛，混合经营是发展“三新”经济的新常态。河南在发展“三新”经济过程中，不能孤立发展，要积极推动产业之间，尤其是高新技术和新产业新业态的融合发展，注重推动各种创新要素集聚实现跨界融合，让传统动能焕发出新的活力。既要引导企业加大科研投入，促进新科技成果转化，也要鼓励传统产业依托信息技术改造提升原有的供给结构，突破障碍转型升级；既要依托技术创新和应用发展新业态，打造形成新技术、新产品、新服务，也要促进技术创新与实体经济深度融合，从现有产业和领域衍生叠加出新业态；既要顺应消费升级和供给升级大势，通过互联网技术发展新商业模式，也要对传统企业的生产模式进行整合和重组，形成更加有效率、更加便捷、更有竞争力的商业模式，从而形成全新的、综合性的产业形态格局，带动河南经济的转型升级和高质量发展。

参考文献

郭志远：《加快培育河南　新产业新业态》，《河南日报》2015 年 10 月 15 日。

国家统计局：《建立“三新”统计　服务经济发展》，http：//www. stats. gov. cn/tjgz/tjdt/201704/t20170411_ 1483047. html。

史真真：《新常态背景下三新经济驱动消费升级的路径探究》，《经济与管理》2019 年第 10 期。

刘柯：《“三新”经济亮点折射未来市场主流热点》，《金融投资报》2019 年 7 月 31 日。

周子勋：《“三新”经济为稳增长和调结构蓄力》，《中国经济时报》2019 年 7 月 30 日。

华云蕾：《“三新”经济统计工作的思考与建议》，《环渤海经济瞭望》2019 年第 2 期。

B.17

河南数字经济高质量发展的分析与思考

崔理想*

摘　要： 数字经济发展至今，已成为我国发展最快速、创新最活跃、辐射最广泛的经济活动。推动数字经济高质量发展，成为当前及今后一个时期国家和地方缓解社会主要矛盾、重构经济发展方式、优化社会治理模式的重要举措。本文梳理了当前河南促进数字经济高质量发展的三大有利条件，即数字经济持续快速发展、政策支撑体系不断健全、项目集聚能力不断提升，同时指出河南数字经济发展仍面临区域数字经济竞合加速压力大、城乡数字经济发展基础差距大、数字经济技术人才支撑缺口大等问题，最后从贯彻创新、协调、绿色、开放、共享五大理念，处理好红海与蓝海关系、政府与市场关系、“引进来”与“走出去”关系、竞争与合作关系、理论与实践关系，把握好完善数字基础设施体系、提升数字技术支撑能力、拓宽数字产业发展路径、破解数字人才支撑瓶颈、凝聚发展共识形成合力几个方面尝试提出了未来推动河南数字经济高质量发展的对策建议。

关键词： 数字经济　高质量发展　河南省

2017年，“数字经济”正式被写入《政府工作报告》。2018年，我国数

* 崔理想，河南省社会科学院经济研究所助理研究员，主要研究方向为数字经济、区域经济。

字经济发展进入遍地开花、快速渗透、竞合加速新阶段。2019 年《政府工作报告》又明确指出，“深化大数据、人工智能等研发应用，培育新一代信息技术、高端装备、生物医药、新能源汽车、新材料等新兴产业集群，壮大数字经济”。数字经济发展至今，已成为我国发展最快速、创新最活跃、辐射最广泛的经济活动，成为带动我国经济社会发展的关键力量。推动数字经济高质量发展，成为当前及今后一个时期国家和地方保障数字经济量质齐升，更充分发挥其在缓解社会主要矛盾、重构经济发展方式、优化社会治理模式等方面支撑作用的现实选择。

一　河南数字经济高质量发展的重大意义

（一）顺应社会主要矛盾变化的现实选择

党的十九大报告指出：“中国特色社会主义进入新时代，我国社会主要矛盾已经转化为人民日益增长的美好生活需要和不平衡不充分的发展之间的矛盾。”社会主要矛盾是社会发展的一面镜子，在社会发展进程中起着主导、支配和决定作用。顺应我国社会主要矛盾变化，是各地区、各主体拟定发展策略、推进系列工作的根本出发点。现阶段，人民日益增长的美好生活需要，作为需求侧，其内容更加广泛、更加具体，不仅包括物质文化生活，还包括民主、法治、公平、正义、安全、环境等诸多方面的更高要求。而发展不平衡不充分，尤其产能过剩、区域发展不平衡、城乡二元结构等，导致供给端不同程度地呈现“所供不足需，所需无所供，所供非所需”等突出特征。因此，对河南而言，缓解当前社会主要矛盾，需以需求侧为导向，着力推动供给侧实现更精准、更高效、更广泛供给，最大限度实现供需平衡。而数字经济，作为更高级经济阶段，在优化传统要素配置效率、提升全要素生产率等方面具有显著作用。推动数字经济高质量发展，可更充分利用数字技术为供给侧提速、增质、扩量，加快达到“所需有所供，所供是所需”的良好状态，以更好满足人民日益增长的美好生活需要。

（二）加快建设现代化经济体系的提速器

党的十九大报告指出："建设现代经济体系，必须把发展经济的着力点放在实体经济上""推动互联网、大数据、人工智能和实体经济深度融合"。2018 年 11 月，习近平总书记在 G20 阿根廷峰会上强调，"要鼓励创新，促进数字经济和实体经济深度融合"。可见，推动数字经济与实体经济深度融合发展，已成为加快建设现代化经济体系的关键动力之一。而推动数字经济与实体经济深度融合发展的关键和实现路径在于加快推进产业数字化和数字产业化。产业数字化，就是运用"数字思维"，加快数字信息技术应用，为传统实体经济插上信息和智慧的翅膀，助力其在新的市场竞争趋势下实现更可持续发展。数字产业化，就是数字企业围绕产业数字化目标，为实体经济提供数字产品和数字服务而发展形成的产业服务生态。当前，河南转型发展任务依然艰巨，增长方式粗放、结构矛盾突出、创新能力不强的状况尚未根本改变，新产业、新业态、新模式依然较少，发展新动能仍然不足。因此，坚持产业数字化和数字产业化双轮驱动，推动数字经济高质量发展，可显著为河南加快推动经济发展质量变革、效率变革、动力变革，重构经济发展方式，加快建设现代化经济体系等提供坚实支撑。

（三）助力优化社会治理模式的关键一招

2017 年 12 月 3 日，习近平总书记致信祝贺第四届世界互联网大会开幕，指出"中国数字经济发展将进入快车道"。随着数字经济的遍地开花和快速渗透，人类社会、物理世界的二元结构正在转变为人类社会、物理世界、信息空间的三元结构。与此同时，新的社会治理问题相伴而生，呼唤和急需与之相适应的新的社会治理模式。恰如习近平总书记在主持中共中央政治局就实施网络强国战略进行第三十六次集体学习时所强调的，"随着互联网特别是移动互联网发展，社会治理模式正在从单向管理转向双向互动，从线下转向线上线下融合，从单纯的政府监管向更加注重社会协同治理转变"。可见，推进数字经济高质量发展，不断优化社会治理模式，并努力实现二者互促互进、形成良性循环，是时代选择，也是必由之路。对河南而言，推进数字经济高质量发展，助力社会治理模式不断优化，就是将“数字思维”“互联网思维”嵌入社会治理各领域、全过程，充分利用数字信息技术扁平化、交互式、快捷性等优势，更好地感知社会态势、畅通沟通渠道，以创新政府服务方式、治理模式，推进政府决策科学化、社会治理精准化，实现人的空间、实体物理社会和信息网络空间协调和谐共生。

二　河南数字经济高质量发展的现实基础

（一）有利条件

（1）数字经济持续快速发展。2018 年，河南数字经济发展迅速，大批数字经济项目有序落地，数字经济与实体经济不断深入融合发展，产业数字化和数字产业化两路并进、进程加快，数字化转型全面提速，国家大数据综合试验区战略平台作用充分发挥，以郑东新区龙子湖智慧岛为核心区、省辖市中心城市 18 个大数据产业园区为主要节点的“1 + 18”发展空间格局加快形成，全省数字经济规模达到 1.25 万亿元，居全国第 10 位，占 GDP 比重达到 26%，数字经济增速较显著高于同期 GDP 增速，已成为推动全省经济高质量发展的新动力。

（2）政策支撑体系不断健全。近年来，河南省委、省政府十分重视数字经济发展，把大力推进数字经济发展作为引领经济新常态、培育发展新动能、推动高质量发展的重要举措，不断强化顶层设计，相继印发实施《河南省加快数字经济发展实施方案》《2019 年河南省数字经济工作要点》《河南省数字经济发展重大工程》《河南省推进国家大数据综合试验区建设实施方案》等政策文件，编制出台 5G、人工智能、新型显示和智能终端等新兴产业行动方案，为加快构建数字经济发展新生态指明方向和提供有力政策支撑。

（3）项目集聚能力不断提升。近年来，河南充分发挥国家大数据综合试验区战略平台作用，加快构建数字经济发展新生态，省厅相关部门及郑州、安阳、许昌等多地积极牵头搭建多样化平台载体，成功举办2019数字经济峰会、2018数字经济峰会、中原数字经济高峰论坛、中国（郑州）数字经济高峰论坛、第五届河南省互联网大会以及华为软件与人工智能产业峰会、2019中国5G智慧医疗健康发展大会、“强网杯”全国网络安全挑战赛等各类活动，推动一批数字经济重大标志性项目落豫，有效带动更大规模数字经济要素在豫集聚。

（二）制约因素

（1）区域数字经济竞合加速压力大。2018年以来，全球更多国家和地区加入数字经济发展大阵营中，国内更多省市也纷纷出台数字经济相关规划或实施方案，更多主体积极参与搭建更具全球或区域影响力的数字经济共同体，国内国际区域数字经济竞合加速。较之数字经济发展发达地区，河南数字经济发展相对滞后，在未来激烈的竞合大势下，河南要脱颖而出、占有一席之地，压力较大。

（2）城乡数字经济发展基础差距大。较之数字经济发达地区，河南数字经济发展基础相对薄弱、空间布局不均，特别是城乡数字基础差距大，存在明显的数字鸿沟。省会城市、近省会城市、远省会城市数字基础依次由强变弱，城市与乡村数字基础由强渐弱；地理空间布局上，呈现“中间高、两边小”的正态分布。随着数字驱动乡村振兴的深入，该布局或将有所改观。

（3）数字经济技术人才支撑缺口大。数字经济是知识经济的典型代表，人才是第一资源。当前，河南数字经济发展迅速，技术人才需求大，而现有学校教育和职业培训输出的人才不足，尤其推动数字经济与实体经济融合发展的复合型人才、高层次人才严重缺失。同时，周边邻近的数字经济发达地区对河南人才等要素产生较为显著的“极化效应”，进一步扩大河南数字经济人才缺口。

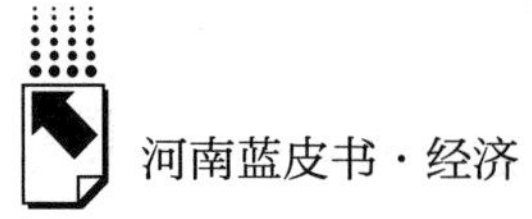

三　河南数字经济高质量发展的策略思考

（一）贯彻好五大理念

（1）坚持创新发展。创新是引领数字经济高质量发展的第一动力。坚持创新发展，根本在于理念创新。“本领恐慌”是数字经济高质量发展的最大挑战，其形成根源在于各主体对新经济的认识不到位，不懂、不敢、不愿。依靠学习与实践，推动理念转变，是解决本领恐慌的有效路径。坚持创新发展，关键在于技术创新。核心技术、关键技术是数字经济高质量发展的关键支撑，更是生存之基，而这些技术买不来、求不来、换不来，唯有依靠创新。

（2）坚持协调发展。解决数字经济发展的不平衡问题，是数字经济高质量发展的内在要求。坚持协调发展，要坚持产业数字化和数字产业化双轮驱动，合力推动经济发展方式优化、产业结构转型升级；要把发展数字经济的着力点放在实体经济上，推动数字经济和实体经济深度融合，协调推动数字经济与制造业、服务业、农业融合发展；要统筹完善数字经济基础设施布局，查漏补缺，有效消除区域、城乡数字鸿沟，进一步挖掘数字经济发展及市场消费潜力。

（3）坚持绿色发展。推动数字经济高质量发展，要坚定绿色发展观念。一方面，要科学论证，强化顶层设计，全省一盘棋，有序引导数字经济项目布局、落地，促使数字经济发展规模有序扩大、质量有效提升，同时加强监督管理，以避免无序发展而导致恶性竞争、形成新的产能过剩、造成资源浪费。另一方面，要引导人才、技术、资金等要素资源合理流动、循环使用，支持数字基础设施共建共享，以更充分利用生产要素、更显著提高全要素生产率。

（4）坚持开放发展。数字经济是全球化经济。推动数字经济高质量发展，要顺应国家发展更高层次的开放型经济的大势，树立双向开放理念，充分发挥国家大数据（河南）综合试验区、中国（郑州）跨境电子商务综合试验区、中国（河南）自由贸易试验区等战略平台作用，强化“四路”协同，推动数字经济“引进来”与“走出去”，统筹利用好国际国内两个市场和两种资源，在内外联动中实现数字经济量质齐升、高质量发展，形成开放新格局。

（5）坚持共享发展。更好满足人民日益增长的美好生活需要，是发展的最终归宿。推进数字经济高质量发展，坚持共享发展，必须以人民需求为导向，推动医疗、教育、交通、文旅、政务等民生领域及民主、法治、公平、正义、安全、环境等社会领域数字化，补齐短板，更好提升人民参与感、幸福感、获得感。同时，共享发展是一个渐进共享的过程。推进数字经济高质量发展，必须循序渐进，优先发展百姓最需、百姓最忧的领域、行业，好钢要用在刀刃上。

（二）处理好五大关系

（1）红海与蓝海关系。当前，无论是国家层面、区域层面、城乡层面，还是产业层面，受发展阶段、现实基础、数字思维等多因素综合影响，数字经济发展不平衡不充分特征均较突出，使得数字经济红海和蓝海并存且将长期并存。推进数字经济高质量发展，要充分认识和厘清红海与蓝海关系，明确红海与蓝海所在，统筹推进数字经济发展红海和蓝海战略，既做好红海竞合发展、蓝海有序开发，又做好蓝海与红海互转的战略应对，在二者并存并进中实现高质量发展。

（2）政府与市场关系。推动数字经济高质量发展，须着力处理好政府和市场的关系，切实用好政府、市场“两只手”，实现市场有效与政府有为有机统一。使市场在资源配置中起决定性作用，要充分激活市场机制，促进资源要素合理流动、高效配置，扩大数字经济发展空间、市场及体量。更好发挥政府作用，强化顶层设计，推进数字经济供给侧结构性改革，出台实施支持数字经济高质量发展相关政策。加快“数字政府”建设，有效消除区域、城乡数字鸿沟。

（3）“引进来”与“走出去”关系。现阶段，我国已进入“引进来”与“走出去”的双轮驱动和良性互动的发展阶段。推进数字经济高质量发展，要处理好“引进来”与“走出去”关系，两路并进，研究明确当前及未来一定时期河南“引进来”与“走出去”的工作重点，搭建平台，畅通渠道，统筹利用好国际国内两个市场和两种资源，在“引进来”与“走出去”的良性互动中实现数字经济质、量及效率齐升。健全保障机制，确保企业“走出去”也能安全“走回来”。

（4）竞争与合作关系。推进数字经济高质量发展，要结合全球数字经济战略合作深化、国内数字经济区域竞合加速大势，不断适应数字消费日益个性化、精准化、多样化的新的市场需求，支持和引导政府、企业等行为主体积极参与构建和推行双赢竞争与合作关系，在开拓市场时合作、在划分市场时竞争，在补齐短板时合作、在强化优势时竞争，在异质发展时合作、在同质发展时竞争，形成“争中有合，合中有争，争合共生，协同互促”的良好竞合局面。

（5）理论与实践关系。理论与实践的有机统一和良性互动，是推动数字经济高质量发展的重要保障。当前，国际国内多地数字经济繁荣发展，并取得宝贵实践经验。与数字经济的丰富实践相比，数字经济的理论研究相对滞后。理论研究的滞后，阻碍了实践的进步。推动数字经济高质量发展，必须着力处理好理论与实践关系，推动理论和实践在数字经济发展探索中实现有机统一和良性互动，以常新实践之果滋养常青理论之树，以常青理论之果指引常新实践之路。

（三）把握好五大任务

（1）着力完善数字基础设施体系。推进数字经济高质量发展，首先要保障数据高质量。而完善数字基础设施体系，保障数据可得性、及时性、有效性、安全性，是保障数据高质量的开源固本之路。要强化关键环节，找准薄弱环节，大力实施数字基础设施建设工程，构建结构合理、功能齐全的数字经济基础设施体系。要优化增量、盘活存量，持续释放数字红利。要优化空间布局，逐步形成中心带动、区域联动、城乡互动的多层级、全覆盖、高效率数据网络系统。

（2）着力提升数字技术支撑能力。推动数字经济高质量发展，离不开强有力的数字技术支撑。提升数字技术支撑能力，要厘清当前河南推动数字经济高质量发展的技术支撑能力，重点摸清核心技术、关键技术及一般技术的拥有数量及其占比，瞄准“卡脖子”技术及前沿技术，推动自主创新与合作创新相结合，推进技术研发和成果转化。要结合当前及未来市场消费需求及态势，有序拓宽延伸数字技术应用的广度、深度与长度，持续推动数字经济量质齐升。

（3）着力拓宽数字产业发展路径。推动数字经济高质量发展，要顺应数字经济时代要求及市场需求，拓宽数字产业发展路径，优化产业结构，增强发展驱动力。要大力实施数字产业集聚发展工程，推进产业及产业链间融合发展，推进产业生命周期管理，优化数字经济生态。要推动数字经济与实体经济深度融合发展，坚持产业数字化和数字产业化双轮驱动，以数字驱动产业升级。要推进数字产业发展与国家战略深度融合，向战略机遇及“风口”借力发展。

（4）着力破解数字人才支撑瓶颈。人才是推进数字经济高质量发展的第一资源。强化数字人才支撑，破解人才支撑瓶颈，必须既着眼于解决燃眉之急，又着眼于为长远发展护航。要厘清现阶段河南数字经济发展人才本底条件，建立动态引才育才目录，大力实施人才引进培育工程，搭建全球精准引才体系，形成政产学研用一体的育才体系。推进数字经济高质量发展，用好人才是关键，要注意扬长避短，规范使用，使人尽其才，最大限度释放“人才红利”。

（5）着力凝聚发展共识形成合力。凝聚共识、增强本领、形成合力是推进数字经济高质量发展的重要保障。推进过程中，要针对政府、企业、民众等行为主体对数字经济的认识差异，多渠道、多形式普及教育，助力其正确认识数字经济，形成数字思维，达成发展共识。要针对政府、企业、民众等行为主体的“本领恐慌”问题，依托政府机关、高等院校、科研机构、知名企业等载体平台，大力实施数字本领提升工程。要强化组织领导，形成发展合力。

参考文献

李艺铭：《当前中国数字经济发展阶段和核心议题》，《科技中国》2019 年第 5 期。

习近平：《决胜全面建成小康社会　夺取新时代中国特色社会主义伟大胜利》，人民出版社，2017。

中国信息通信研究院：《中国数字经济发展与就业白皮书（2019 年）》，2019 年 4 月。

马红丽：《单志广：发展数字经济要处理好 5 大关系》，《中国信息界》2018 年第 3 期。

戈晶晶：《多维度推动数字经济高质量发展》，《中国信息界》2018 年第 6 期。

崔理想：《数字经济高质量发展关键要处理好五大关系》，《决策探索》（下）2019 年第 10 期。

崔理想：《把握数字经济高质量发展的着力点》，《河南日报》2019 年 8 月 19 日。

B.18

河南加快培育消费发展新动能的分析及建议

高 璇*

摘 要： 当前河南已进入消费需求持续增长、消费结构不断升级、消费拉动经济作用明显增强的重要阶段。随着居民收入水平的持续提高，消费对经济增长的贡献率持续提升，河南加快培育消费发展新动能成为战略之举。这就要求河南充分发挥市场在资源配置中的决定性作用，围绕满足人们日益增长的消费新需求，以优化消费供给体系为重点，以完善消费平台载体为支撑，以营造良好消费环境为保障，推动消费与投资良性互动，消费升级与产业升级协同发展，消费变革与创新驱动发展有效衔接，加快培育消费发展新动能，为满足消费需求、实现经济提质增效、推动经济长效增长提供重要支撑。

关键词： 消费升级 消费变革 新动能

当前河南已进入消费需求持续增长、消费结构不断升级、消费拉动经济作用明显增强的重要阶段。统计数据显示，2019 年 1 ~6 月，河南社会消费品零售总额为 11009.95 亿元，同比增长了 10.7%，消费对经济增长的贡献

---

* 高璇，经济学博士，河南省社会科学院经济研究所副研究员，主要研究方向为新经济、区域经济。

率为 54.2%，消费对 GDP 的拉动作用达到 41.7%，消费逐渐成为推动河南经济增长的重要力量。

一　河南加快培育消费发展新动能的战略意义

当前，河南正处于增长速度换挡、结构调整阵痛、前期刺激政策消化三期叠加期，迫切需要培育发展新动能。随着居民收入水平的持续提高，消费对经济增长的贡献率持续提升，河南加快培育消费发展新动能成为战略之举。

（一）满足居民消费需求，提高人民生活质量的内在要求

消费关系民生福祉，关系人民幸福，关系更多获得感幸福感。党的十九大报告明确指出“中国特色社会主义进入新时代，我国社会主要矛盾已经转化为人民日益增长的美好生活需要和不平衡不充分的发展之间的矛盾”。社会主要矛盾的变化标志着人们的消费已从单纯的物质需求转向对更高生活质量、更高生活品质的追求，如对旅游、医疗、教育的需求，对护肤、医美、健身的需求，对诗词曲赋的需求。这些新的消费变化和消费趋势对消费质量、消费环境提出了新的要求。围绕新的消费变革，培育形成的新的消费发展新动能有利于满足人民日益增长的美好生活需要，有利于人们对更高生活质量和生活品质的追求，让河南经济社会发展成果更多体现人民福祉。

（二）加快产业转型升级，实现经济提质增效的重要途径

消费关系产业转型方向、产业升级方向，消费方向引领产业发展方向。随着居民收入水平的提高、新技术驱动能力的增强、新消费市场规模优势的释放，河南消费领域发生深刻变化，如消费结构有了新变化，从“有没有”“饱不饱”“要不要”转向了“好不好”“优不优”“美不美”；消费方式有了新变化，以网络消费、智能消费、体验消费为代表的新的消费方式层出不

穷；消费行为有了新变化，从单纯物质消费向注重更多精神文化消费转变，文化消费、健康消费、颜值消费等新的消费行为不断凸显；消费模式有了新变化，定制化消费、共享消费、粉丝消费逐渐成为主流。消费领域的深刻变革要求有与之相适应的产业体系，通过围绕消费领域的变革趋势进行投资、创新、生产，实现产业结构优化、产业竞争力提升、产业附加值增加，从而提高经济发展质量和效益。

（三）畅通经济循环体系，构建长效增长机制的必然选择

消费关系经济持续发展、健康发展。随着经济进入新常态，河南同全国一样，面临复杂多变的国内外宏观经济环境，经济由高速增长转向中高速增长，规模由粗放型增长转向集约型增长，驱动力从要素投资驱动转向创新驱动。面对这些新的变化和趋势，传统依靠投资、出口拉动经济持续增长的机制已不可持续，迫切需要构建新的长效增长机制。伴随着经济发展、市场繁荣、社会进步，人们收入水平的持续提高，河南消费水平有了显著提升，对经济增长的作用逐渐增大。统计数据显示，2019 年 1 ~6 月，河南社会消费品零售总额为 11009. 95 亿元，同比增长了 10. 7%，消费对经济增长的贡献率为 54. 2%，消费对 GDP 的拉动作用达到 41. 7%，消费逐渐成为推动河南经济增长的重要力量。可以说，从发展理念、制度环境和政策体系等深层次原因入手，破除影响消费发展的体制机制障碍，加快培育发展新动能，能够实现潜在需求向现实增长动力的有效转换，为经济持续健康发展提供长效增长动力。

二　河南加快培育消费发展新动能的总体思路

（一）指导思想

全面贯彻党的十九大精神，以习近平新时代中国特色社会主义思想为指导，按照省委省政府重要决策部署，充分发挥市场在资源配置中的决定性作

用，围绕满足人们日益增长的消费新需求，以优化消费供给体系为重点，以完善消费平台载体为支撑，以营造良好消费环境为保障，推动消费与投资良性互动，消费升级与产业升级协同发展，消费新变革与创新驱动发展有效衔接，加快培育消费发展新动能，为满足消费需求、实现经济提质增效、推动经济长效增长提供重要支撑。

（二）基本原则

坚持创新驱动。坚持实施创新驱动发展战略，营造有利于大众创业、万众创新的良好环境，以创新引领产品供给多样，以创新支撑服务品质提升，以创新推动新产业、新业态、新模式涌现，以创新满足日益增长的消费需求、不同群体的消费需求。

坚持市场导向。充分发挥市场在资源配置中的决定性作用，加快推进统一市场建设，清除市场壁垒，维护市场秩序，促进资源要素高效配置；强化企业的市场主体地位和作用，完善市场监管体系，确保企业诚信经营、合法经营、公平经营，最大限度激发企业市场主体活力，让企业成为培育消费新动能的主体。

坚持制度保障。统筹推进促进消费体制机制优化，努力构建以新消费引领新投资、新消费引领新业态、新消费引领新模式的长效经济增长机制，打造更加绿色、更加理性、更加健康的现代消费方式；立足河南区位优势，进一步扩大开放，充分利用国际国内两种资源、两个市场，更好满足日益多元化、高品质化的消费需求需要。

（三）培育方向

随着新一轮科技革命和产业变革的不断深入，河南消费领域呈现多方面新变化，这就需要河南找准培育方向，以适应日益变化的新的消费需求。

服务消费。随着人们收入水平的不断提高，服务消费成为河南消费热点，教育培训、健康养老、文化旅游等这些既满足人们更高生活品质需求，又有利于经济社会发展的服务消费得到迅速增长。在寻求消费发展新动能的关键期，河南应将服务消费作为主攻方向之一加以培育，通过大力发展包含文化艺术培训、职业技能培训等在内的教育消费，涉及高端医疗、健身美体、健康咨询管理等的健康消费，涵盖老年护理、老年照料、老年健康等的养老消费，包括传统文化、动漫游戏、创意设计、网络文化等的文化消费，涉猎乡村旅游、自驾旅游、工业旅游等的旅游消费，不断提升河南服务消费水平和能力。

信息消费。随着新技术驱动能力的不断增强，新技术、新业态、新模式层出不穷，消费方式、消费流程等均悄然发生变化，网络消费、智能消费、体验消费等信息消费兴起，逐渐成为消费的主战场。在培育消费发展新动能过程中，河南应进一步加快发展信息消费，通过互联网与商业零售、教育、医疗、旅游、文化、娱乐等传统服务业的融合，不断满足人们日益增长的信息消费需求。同时，以信息消费带动 VR、AR、智能产业、信息产业等关联产业发展，从而推动河南经济发展。

绿色消费。随着河南环境承载压力日益突出，传统粗放式消费方式显然难以为继，以保护生态环境为前提的绿色消费悄然兴起，成为消费热点之一。河南在培育消费发展新动能过程中，应加快发展绿色消费，通过发展绿色家电、绿色建材、节能产品等有利于资源节约、环境改善的产品，满足人们对绿色消费的需求。这也将推动循环经济、低碳经济、生态经济的发展，推动生态农业、新能源产业、节能产业等绿色产业的发展，从而带动河南经济发展质量的提升。

时尚消费。随着“90 后”“00 后”逐渐成为消费主力，传统模仿型排浪式消费需求已渐行渐远，个性化、多元化消费需求逐渐成为主流。以颜值消费、高端消费、定制消费等为主要内容的时尚消费成为一种新的消费趋势，河南在培育消费发展新动能过程中，应加快发展时尚消费，通过时尚消费带动柔性制造、高端服务业发展，从而推动河南经济发展。

品质消费。随着居民收入水平的不断提高，人们对消费品质有了更高要求，更加安全、更有品位、更有格调的商品更容易受到消费者的青睐，品质消费成为新的趋势。河南在培育消费发展新动能过程中，应加快发展品质消费，通过品质消费带动传统产业改造提升，带动传统产品升级换代，不断优化河南经济结构。

农村消费。随着农村居民收入的持续增长、城市消费示范效应的不断扩散，消费方式、消费理念的不断更新，农村消费得到迅猛增长，呈现追赶型特征，在家用汽车、耐用性消费品、文化娱乐消费等领域具有较大增长空间。作为农业大省，河南拥有更大的发展空间，在培育消费发展新动能过程中，应加快发展农村消费，通过发展农村消费带动农村公共服务水平迈上新台阶。

三 河南加快培育消费发展新动能的对策建议

近年来，省委省政府高度重视培育消费发展新动能问题，多次召开专门会议研究消费升级问题，并出台了《关于积极发挥新消费引领作用加快培育形成新供给新动力的实施意见》《河南省完善促进消费体制机制实施方案》等一系列政策措施推动培育消费发展新动能。为进一步发挥消费对河南经济的拉动作用，满足人们对美好生活的向往，应在培育消费新动能上持续发力。

（一）多路并进，持续优化消费供给体系

加快培育消费发展新动能，关键在于拥有一个健全的消费供给体系。河南在加快培育消费发展新动能过程中，应通过更新服务理念、丰富服务内容、创新服务方式等多种途径，持续优化河南省消费供给体系，以期满足人们日益增长的对美好生活的需要。一是持续优化服务消费供给体系。围绕消费新变革、新趋势，围绕更加注重个性化消费、差异化消费，支持定制化服务消费、共享化服务消费、网络化服务消费、平台化服务消费等新兴服务消费行业发展，以满足不断变化的服务消费需要；围绕日常生活所需，支持教育、医疗、养老、居家等贴近人们生活的生活性服务业进一步丰富服务内容、创新服务方式，向精细化、品质化、高端化方向发展；围绕更高消费需

求，加快文化旅游、健身保健、时尚颜值等高附加值服务业发展。围绕河南产业转型升级需求，推动工业设计、节能环保服务、检验检疫、现代物流、电子商务、售后服务、中介服务等生产性服务业向价值链高端延伸。二是持续优化产品消费供给体系。围绕传统产业转型升级，加快食品、纺织等河南传统优势产业转型升级，通过做美外观设计、做好产品功效、做优产品性能、做高产品性能等，不断提高产品质量和品质；围绕战略性新兴产业快速发展，推动3D打印、生物医药、智能机器人、可穿戴设备、智能家居、5G移动通信终端、VR、AR设备等在河南具有广阔市场前景和发展基础的新兴产业发展，以应对不断升级的消费需求；围绕生态环境保护，支持新能源汽车、绿色家居、绿色家电等绿色环保产业发展，以满足日益趋近的环境约束需求。

（二）多措并举，不断完善消费平台载体

加快培育消费发展新动能，还需要完善的消费平台载体做支撑。河南在培育发展消费新动能过程中，应不断创新平台建设理念、运用最新平台建设手段、采用融合建设模式等多种举措，不断完善消费平台载体，以满足不断变化的消费需求，如人们对夜间消费的需要、对跨境消费的需要、对时尚消费的需要、对颜值消费的需要等。一是要加快构建新旧融合的消费载体。充分利用新一代信息技术，如大数据、云计算、物联网、人工智能、虚拟与现实技术等，打造一批场景化、体验式、互动式、VR、AR等新兴消费载体，以满足人们对个性化消费、定制化消费、体验式消费等方面的需求；围绕百货商场、商店等河南传统消费载体，通过不断升级，打造一批商业综合体，特色商业街，以满足多元化消费需求；加快老旧厂房、仓库等闲置场所改造提升，打造一批特色消费区、消费体验区等新型消费载体。二是加快形成文商旅融合的夜间消费聚集地。按照河南城市规划、商业布局规划以及城市管理有关规定，围绕综合消费、体验消费、创意消费、创业消费、休闲消费等，打造一批具有河南特色的夜生活集聚示范区。以综合消费为主题，突出购物、餐饮、休闲、住宿等功能，充分利用综合商圈的辐射力、带动力和影响力，打造一批综合消费示范区；围绕城市特色商业街提升工程，打造一批

夜经济特色消费示范区；围绕各城市特色优势，将夜间经济与城市文化、历史文化、城市特色、节会赛事等深度融合，打造一批融合消费示范街区。三是加快搭建内外融合的国际消费平台。支持“引进来”，支持跨国零售商、国际知名产品企业来豫投资、合作，搭建内陆地区跨境贸易平台，以满足人们对进口商品的需求；支持“走出去”，充分利用“一带一路”建设机遇，支持河南省有条件、有能力的企业“走出去”，积极开展国际合作，搭建内陆地区国际消费大通道。

（三）多方发力，加快营造良好消费环境

加快培育消费发展新动能，需要一个良好的消费环境。河南在培育发展消费新动能过程中，应营造良好的消费环境，以满足日益增长的新消费需要，如对文化消费的需要、对颜值消费的需要、对健康消费的需要等。一是要营造公平竞争的新局面。进一步推行负面清单制度，放宽对医疗健康、公共服务等消费领域的市场准入，让更多的市场主体参与到消费供给中来，与国有资本形成公平竞争的市场环境。二是要营造合理监管的新体系。面对新业态、新模式，要进一步完善法律法规，做到合理有效监管，如面对共享经济这一新的业态，传统事后监管模式显然不能适应共享经济健康发展需要，这就要求创新监管方式，完善法律法规，做到全过程监管，最大限度保障消费者安全和合法权益；面对农产品、食品、药品等关系国计民生的重要产品，应健全产品质量监督体系和产品追溯体系，确保消费者放心消费，保证舌尖上的安全。三是要营造诚信兴商的新格局。加快诚信河南建设，围绕信用档案制度、奖惩制度、失信企业“黑名单”、强行退出制度等建设，营造诚信兴商的环境，让不诚信行为没有空间。

（四）综合施策，加快构建高效政策体系

加快培育消费发展新动能，需要一个高效的政策支撑体系。河南在培育发展消费新动能过程中，应构建一个高效的政策支撑体系，通过健全财税、金融、人才、土地等各项政策，形成政策合力，激发消费新活力。一是强化

财税支持政策。充分发挥财政的引导作用，通过直接补助、基金引导等多种形式，进一步加大对消费领域特别是新兴消费领域的支持力度。二是完善金融支持政策。鼓励金融产品创新与升级，鼓励金融服务升级与优化，将金融产品创新、金融服务优化与消费升级相衔接，让金融产品更有利于消费发展，金融服务更有利于消费需求。三是创新人才支撑政策。进一步加大人才引育力度，通过补贴政策、优惠政策，如解决来豫工作的优秀人才配偶工作问题、子女入托入学问题等，以满足消费升级、消费变革等的需要；围绕定制化服务消费、共享化服务消费、网络化服务消费、平台化服务消费，加快信息领域专业人才队伍建设；围绕日常生活所需，加快教育、医疗、养老、居家等贴近人们生活消费领域的人才队伍建设；围绕更高消费需求，加快文化旅游、健身保健、时尚颜值等高附加值服务业消费领域专业人才队伍建设。

参考文献

高璇：《以新型消费释放内需潜力》，《光明日报》2019 年 9 月 16 日。

王青、刘涛：《科学把握消费领域的深刻变革》，《经济日报》2019 年 5 月 22 日。

廖宏伟、张莉：《新消费促进产业结构转型升级》，《人民论坛》2019 年 9 月。

陈文玲：《供给侧结构性改革的动力源——新时代的十大新消费趋势》，《人民论坛》2018 年 1 月。

国务院办公厅：《关于印发完善促进消费体制机制实施方案（2018～2020）》，中华人民共和国中央人民政府网站，2018 年 9 月 24 日。

B.19
河南以创新加快培育经济增长新动能的思路与对策*

林园春**

摘　要： 当前，河南经济正处于经济转型升级的关键时期，只有更多更好地依靠科技创新为经济发展注入新动能，使发展更多向依靠持续的知识积累、技术进步和劳动力素质提升转变，才能形成推动河南经济社会发展的稳定持久动力。但河南以创新培育经济增长新动能的能力仍然不足，需通过加大创新驱动力度，激发新动能内生动力；创新发展数字经济，夯实新动能发展基础；深化创新体制机制改革，增强新动能转换活力；完善创新政策支撑体系，保障新动能接续顺畅。

关键词： 创新　经济增长　新动能

创新是习近平总书记治国理政的核心理念之一。党的十八大以来，习近平总书记多次强调，“必须把发展基点放在创新上，通过创新培育发展新动力”。河南省委省政府深入贯彻落实习近平总书记关于创新的系列讲话精神，自觉担负起以创新加快培育经济增长新动能的重要使命，大力实施创新驱动发展战略，加快培育壮大经济新动能。2019 年前三季度，河南省规模

* 该成果系“‘智能 +’背景下的跨境电子商务发展策略研究”（2019 - ZM - T24 - 01）阶段性研究成果。

** 林园春，河南省社会科学院经济研究所副研究员，主要研究方向为区域经济。

以上工业中的战略性新兴产业增加值增长15.7%，快递业务总量增长39.5%，跨境电商进出口（不含快递包裹）增长23.1%，工业机器人产量增长102.2%，新能源汽车增长49.6%，锂离子电池增长21.2%，经济结构持续优化，新动能快速成长，新业态蓬勃发展，经济增长质量效益不断提升。但与发达地区相比，河南以创新培育经济增长新动能的能力仍然不足。需加大创新能力，以创新加快培育经济增长新动能，让新动能在中原大地蓬勃生长，实现中原更加出彩。

一　以创新加快培育经济增长新动能的重要意义

（一）推动经济高质量发展的必然要求

党的十九大报告指出"我国经济已由高速增长阶段转向高质量发展阶段"。同时，以人工智能、云计算、量子科技等为代表的新一轮科技革命和产业变革从蓄势待发到群体迸发，新一代信息技术创新空前活跃，经济变革的速度、广度、深度及影响都前所未有，科技创新突破转化为生产力和经济效益的周期大大缩短，重塑了产业形态、分工方式和组织模式，深刻改变着人类的思维方式和生产生活方式。在这样的大背景下，经济发展条件发生着深刻变化，传统的渐进式升级路径被打破，市场分化、优胜劣汰会倒逼出更大的发展潜能、激发出更强劲的转型动力，以创新加快培育经济增长新动能，有利于推动传统动能转型升级、新动能加速成长，构建技术先进、协调融合、优质高效的新型产业体系，实现河南经济高质量发展。

（二）深入推进供给侧结构性改革的有效途径

2019年中央经济工作会议指出，我国经济运行主要矛盾仍然是供给侧结构性的，必须坚持以供给侧结构性改革为主线不动摇。深入推进供给侧结构性改革，其核心就是解决市场供需矛盾和经济结构失衡，实现要素实现最优配置。以创新加快培育经济增长新动能，有利于加快发展新技术、新产品、新模式、新业态，促进经济向形态更高级、分工更精细、结构更合理的阶段演进，全面提升供给的质量和水平，进而带动需求提质升级，完善新供给、满足新要求，实现供需在更高水平的平衡。

（三）实现中原更加出彩的强力支撑

当前及今后一个时期，是河南省决胜全面建成小康社会、实现中原更加出彩的关键时期。河南面临着既要加快发展又要保护生态的双重压力，既要扩大总量又要提升质量的双重任务。在这种形势下如何实现中原更加出彩？必须更多更好地依靠科技创新为经济发展注入新动能，使发展更多向依靠持续的知识积累、技术进步和劳动力素质提升转变，形成推动经济社会发展的稳定持久动力。以创新加快培育经济增长新动能，有利于河南抢占大数据、云计算、人工智能等新经济的发展机遇，促进产业迈向中高端；有利于河南在临空经济、枢纽经济、口岸经济上全面发力，塑造开放新优势；有利于河南破解资源环境约束，走好生态优先、绿色发展之路；有利于全面激发人民群众投身中原更加出彩的宏伟事业的活力，切实提升人民群众的幸福感和获得感，真正实现中原更加出彩。

二 河南以创新加快培育经济增长新动能的现实困境

当前，新一轮科技革命和产业变革正以跨学科、群体性突破的特征向经济社会多领域深入渗透，特别是人工智能、区块链技术等新技术加速赋能实体经济，支撑我国经济高质量发展的新动能逐步积累。河南省大力实施创新驱动发展战略，创新能力显著增强，以技术创新为引领，以新一代信息技术、新的生产消费模式、新产业新业态为核心，以大数据、新技术等新生产要素为支撑的经济发展新动能正在形成。但与经济活跃的发达地区相比，以创新培育经济增长新动能的能力仍然不足，突出表现在以下几方面。

（一）创新主体不强

企业是市场的主体，也是创新的主体，更是经济增长新动能的主体。企业在创新驱动经济增长新动能过程中承担着最重要的角色，企业的创新活力和创造能力直接关系到经济增长的总体动能和总体质量。这就需要进一步加大对创新型企业、高新技术企业等的培育和支持，引导各类创新资源、创新要素向企业集聚，鼓励企业进行模式创新、技术创新、建立研发机构等。但河南对创新创业企业及高新技术企业的培育与支持不足，吸引力不强，创新型企业较为匮乏。如2017年底，全国共有高新技术企业13万余家，而河南仅有2270家，不足全国的2%。2017年全省营业收入10亿元以上的高新技术企业有100多家，其中百亿元以上仅有4家。

（二）创新平台不多

众创空间、孵化器、加速器、实验室等创新平台是以创新培育经济发展新动能的重要载体与支撑。建设布局合理、资源整合、体系健全、开放共享的创新平台体系，能够加强河南整体创新能力、有效畅通科技成果转移转化渠道、加速新模式新产业培育、增强产业核心竞争力，打造经济发展新动能。但当前河南完善的创新平台体系仍未建立，存在创新平台布局不合理、创新平台数量不多、创新平台效率不足、创新平台服务水平不高等问题。特别是河南国家重点实验室、国家工程技术研究中心分别占全国总数的2.91%、2.89%，均仅相当于湖北省的一半左右；全省大中型企业建有省级以上研发机构的仅为2364家，占比不足20%，远不能为河南培育经济发展新动能提供有力的支撑。

（三）创新人才不足

以创新加快培育经济发展新动能，人才是关键也是核心。但当前河南省的人才规模和结构，与经济社会高质量发展的需求还存在较大差距。尤其是一些前沿、核心技术行业，高水平尖端人才极为匮乏，成为河南以创新培育经济发展新动能的最大桎梏。当前河南拥有“两院院士”、国家“千人计划”人才、国家“万人计划”人才、国家杰出青年科学基金获得者、长江学者数量分别占全国总数的1.7%、0.31%、1.16%、0.33%和0.24%，严重滞后于沿海发达地区。创新人才特别是高层次创新人才队伍的匮乏，严重制约了河南以创新加快培育经济增长新动能的潜力。

（四）创新机制不活

近几年，在河南经济发展新动能加快壮大的同时，制度创新供给不够、创新体制机制不活等制约因素凸显，特别是促进科技成果转移转化机制不完善、不适应新经济发展趋势，迫切要求河南加快创新体制机制改革，破解制约新动能成长的创新机制障碍、强化制度创新和培育壮大经济发展新动能，营造包容支持创业创新和加快新旧动能接续转换的创新环境。根据统计，当前河南技术合同交易额仅占全国的0.57%，相当于湖北的12.6%、安徽的28.4%；有些省属高校和科研院所在落实科技成果“三权”改革、增加知识价值为导向的分配制度和科研项目资金管理自主权等方面的政策还比较滞后，直接导致河南培育经济增长新动能的活力不足。

三 河南以创新加快培育经济增长新动能的对策建议

针对当前河南以创新加快培育经济增长新动能面临的现实困境，如何减少经济增长的下拉因素，培育壮大新动能？必须更多更好地依靠科技创新为经济发展注入新动力：加大创新驱动力度，激发新动能内生动力；创新发展数字经济，夯实新动能发展基础；深化创新体制机制改革，增强新动能转换活力；完善创新政策支撑体系，保障新动能接续顺畅。

（一）加大创新驱动力度，激发新动能内生动力

一要强化企业在以创新加快培育经济发展新动能中的主体地位。培育、

引进一批产学研相结合的示范型企业，支持企业与高校、科研院所、政府联合建设研发机构，建设产业技术创新战略联盟；进一步加强企业技术中心能力建设，支持企业建立国家级、省级及市级重点实验室工程、技术（研究）中心、企业技术中心及院士工作站等各类研发平台；引导企业进行科技成果转化，并培育一批科技成果转化能力强的创新型领军企业；培育、引进一批高新技术企业，特别是独角兽企业。二要加强创新平台建设。积极引进、培育各类科技创新中心、孵化器、众创空间，按照国家战略布局和河南省创新驱动经济发展新动能的现实需求，重点建设生物育种中心和国家超算中心；积极参与承担国家实验室建设任务，争创国家级创新平台；持续推进大中型高新技术企业研发机构全覆盖，优化省级创新平台布局。三要进一步促进鼓励科技成果转移转化。优化科技成果转化中介服务机构，建设一批国家级、省级技术转移示范机构，增强技术转移机构的专业化、特色化功能和增值服务能力。四是持续优化创新创业生态环境。充分激发各类市场主体和全社会的创新创业活力，推动更为广泛、更为深入的创新创业实践，聚力构建良好的双创生态系统，以双创为突破口推动河南经济质量变革、效率变革、动力变革，从内部激发经济发展新动能。

（二）创新发展数字经济，夯实新动能发展基础

数字经济，作为依靠互联网发展起来的一种新的经济形态，正日益成为推动经济实现快速增长、包容性增长和可持续增长的强大驱动力量，呈现出前所未有的创造力。加快推动数字经济创新发展，可以最高效地促进数据新要素价值的释放，开启数据驱动发展新方式，形成经济增长新动能。一要构筑数字经济基础设施新格局。推进宽带网络建设与改造升级，推进城乡高速宽带网络全覆盖，推进 5G 应用及网络深度覆盖，实现高品质网络普遍服务；加强数据中心、内容分发网络（CDN）等新型应用基础设施的统筹规划和部署，探索建立跨省跨区域数据中心共建共享机制和互联互通模式；加快新一代信息网络技术等的应用，布局物联网智能化感知设施，推动物联网与大数据、云计算、移动互联网的融合协同发展，打造智慧电网、智慧城

市。二要激发数字经济在民生领域新动能。加快数字经济在医疗健康领域的创新发展，推进河南范围跨区域、跨医院、跨层级的医疗、医药等数据共享，推进“互联网医院”建设；加快数字经济在教育领域的创新发展，构建河南省互联网教育平台，整合教育信息化资源和各类优质教育教学资源，推进河南教育资源开放共享，探索新型教育服务供给方式；加快数字经济在便捷交通领域的创新发展，建立河南交通大数据集成与应用服务平台，提供一体化出行信息服务。三要激发数字经济与三产融合新动能。推动数字经济与农业融合创新发展，加快推广云计算、物联网、人工智能在农业生产经营管理中的运用，促进新一代信息技术与种植业、农产品加工业等深度融合，提高全要素生产率，推动数字经济在农业生产领域的创新发展，助力乡村振兴；推动数字经济与工业融合创新发展，推进大数据等新一代信息技术在工业全领域的全面渗透和深入应用，重点提升智能制造的支撑能力，推动工业向数字化、智能化方向高质量发展；推动数字经济与服务业融合创新发展，深化数字技术在河南服务业领域的全面渗透，加速河南服务业数字化转型，扩大和升级信息消费领域，大力推进数字创意消费与智慧民生消费，激发服务业新活力，激活经济发展新动能。

（三）深化创新体制机制改革，增强新动能转换活力

一要促进科技金融深度融合。在郑州、洛阳等科技创新企业多、金融环境好的地区先行先试，探索开展省级科技金融结合试点，鼓励在科技贷、科技保险、创业投资、科技支行、科技服务平台等方面积极探索开展投保贷补扶紧密结合等一体化运营模式。二要推进开放式创新，集聚创新资源。加大科技合作力度，继续深化国内科技合作，积极开展与中国科学院、中关村等的战略科技合作，深化与“一带一路”沿线国家的科技合作，重点推动现代农业技术在中亚地区的示范与应用；推进军民科技融合，推进军民融合科研基地和基础设施建设，支持军民科技融合发展产业基地和产业园，深化与解放军信息工程大学的合作，积极发挥郑州信大先进技术研究院作用，支持可见光通信、量子通信等重大科技成果在河南转

化。三要持续深化科技体制机制改革。深化财政科技计划和资金管理改革，改革涉企科技资金使用方式，安排专项资金对企业研发费用按一定比例进行补助，推动企业建立研发投入预算管理制度，引导社会资本有计划、持续性地加大研发投入；研究出台《河南省技术转移体系方案》，制定技术交易奖补措施，培育技术转移示范机构，推动河南技术市场进一步繁荣发展，增强新动能转换活力。

（四）完善创新政策支撑体系，保障新动能接续顺畅

第一，加大创新人才保障力度。研究制定更加开放的创新人才引进政策，面向海内外重点引进从事产业技术创新、符合新动能转换要求、面向新经济的产业高端人才和掌握核心技术、专业贡献大的创新创业领军人才，推动人才结构向更利于培育经济增长新动能调整；加大创新人才培养力度，通过实施重大人才培养工程，发现、培养一大批能够激发经济发展新动能的创新人才；激发人才的创新创业活力，进一步加大院士工作站等柔性引才力度，完善创新人才评价激励机制，让更多人才全身心投入培育经济增长新动能中去。第二，强化财税激励作用。建立科技投入增长长效保障机制，依法保证财政科技投入的稳定增长，确保科技经费投入的增幅高于财政经常性支出；创新财政科技资金投入方式，重点加大对应用研究项目采取“后补助”方式的支持力度，变直接投入为间接引导，从而带动企业自有资金和社会资本向科技创新投入，推动更多的社会资本进入科技创新领域；完善科技投融资体系，大幅度提高全社会科技投入水平，努力形成政府引导与市场机制相结合的多元化、多渠道的科研投入体系；调整科技投入结构，重点支持重大技术突破、科技平台建设等，形成更加符合培育经济增长新动能要求的财税体系。第三，加大金融支持力度。建议设立以创新加快培育经济增长新动能的政府性引导基金，并引导银行、保险业等金融机构及风险投资机构等与政府基金合作；引导扩大科技信贷和科技保险，探索建立科技贷款风险补偿和奖励制度、科技担保风险补偿和再担保制度，为培育经济增长新动能提供资金保障。

参考文献

李欢：《新旧动能转换视角下现代化经济体系建设研究——基于湖北省的经济现状观察》，《现代商贸工业》2019 年第 31 期。

王昌林：《加快创新驱动发展促进新旧动能转换》，《现代国企研究》2018 年第 Z1 期。

孙洪昌：《加快新旧动能转换建设现代化经济体系》，《山东经济战略研究》2018 年第 3 期。

李驿宸：《创新驱动发展必须打通的关键环节探析》，《重庆行政》（公共论坛）2018 年第 1 期。

张德宽：《新旧动能转换过程中需要注意的几个问题》，《山东经济战略研究》2018 年第 4 期。

林园春：《河南省促进科技成果转化对策研究》，《创新科技》2019 年第 3 期。

林园春：《创新创业服务生态链形成机制与优化策》，《中州学刊》2017 年第 7 期。

B.20
河南打造高效优质营商环境的对策和建议

赵 然*

摘 要： 打造高效优质的营商环境是全面推动河南高质量发展，实现河南更出彩的重要基础。经过努力，河南打造高效优质营商环境取得了一定的成就，但是也存在惠及企业的政策落实和投放难以实现、政府监管不当，服务意识单薄和缺乏可持续发展的足够支撑等问题。最后，报告指出打造高效优质的营商环境应该以构建特色评价体系为抓手，以建设服务型政府为基础，以企业可持续发展为支撑和以社会环境优化为目标来进一步推动。

关键词： 营商环境 高质量发展 河南省

一个地区营商环境的优劣直接影响着招商引资的多寡，同时也直接影响着区域内的企业经营，最终对经济发展状况、财税收入、社会就业情况等产生重要影响。所以，营商环境评价受到各级地方政府越来越多的重视。河南省地处内陆，受农耕文明和自给自足的自然经济浸润较深，再加上数千年王朝统治留下的官本位传统，习惯于向内看而不是向外看，习惯于听人安排而不是主动选择，对市场经济规则体系更不熟悉，行为更被动，因而更需要通

* 赵然，经济学博士，河南省社会科学院经济研究所副研究员，主要研究方向为区域金融、区域经济。

过营商环境的提升，充分挖掘其中的政策红利，通过深度与国际规则对接，加大改革力度，加快市场经济建设步伐。

河南省委省政府多次对营商环境的提升做出明确批示，指出营商环境的发展是“命门之穴”，是决定企业成长、活跃程度和最后竞争力的重要抓手，是建设现代化河南的重要着力点。营商环境是一个国家或地区有效开展国际交流与合作、参与国际竞争的重要依托，是一个国家或地区经济软实力和核心竞争力的综合体现，是支撑各类市场主体健康发展的重要因素，营商环境的优劣对一个地区经济社会发展至关重要。

一　打造高效优质营商环境的意义

营商环境包括影响企业活动的社会要素、经济要素、政治要素和法律要素、制度规则要素等方面，是一项涉及经济社会改革和对外开放众多领域的系统工程。一个地区营商环境的优劣直接影响着招商引资的多寡，同时也直接影响着区域内的企业经营，最终对经济发展状况、财税收入、社会就业情况等产生重要影响。

（一）打造高效优质营商环境是提升区域竞争力的必要选择

营商环境是区域软实力和核心竞争力的综合体现，建立营商环境评价体系是经济转型发展的需要，通过分析营商环境指标，各地可以直接看到自身短板所在，有助于提高补短板的针对性，更好改善营商环境，助力经济高质量发展。好的营商环境起到的作用是非常重要的，据世界银行对 80 余个国家的营商环境进行的综合研究表明，仅仅通过提高营商环境中政策的可预期性就可以使企业增加投资的预期提高 30%。

高效优质的营商环境有利于解放生产力，提高综合竞争力，同时是一个区域发展的软实力的标志。好的营商环境对企业提供保障，对企业的各项管理给予公平待遇，是上乘投资地的标识。

（二）打造高效优质营商环境是高质量发展的基本要求

打造高效优质的营商环境是推动高质量发展、建设现代化经济体系的内在要求，是与国际接轨、与世界前沿对标的具体举措，是“以评促改”优化营商环境的关键前提。建立系统化的营商环境指标体系以及配套的评价机制，对实现地区营商环境的整体提升具有重要意义，有助于衡量“放管服”改革、优化营商环境成效，检验各地营商环境是否有所优化、群众办事是否更加便利、发展环境是否改善，全面准确反映营商环境的整体情况和存在的问题，是一项重要任务。

经历了四十多年的改革开放，河南省的经济发展取得了显著成果，但是在全国的大范畴发展之下，从前期的井喷式增长到后来的人口、环境和政策红利的推动，河南省还是原有传统的高投入发展模式，存在低水平低结构的发展问题，农业比重较大，服务业比重偏低，产业技术的平均水平远远落后。要想完成高质量发展必须打造顺应我国发展的新形势，立足河南省特色，打造高效优质的营商环境。

（三）打造高效优质营商环境是培育新动能的关键举措

新动能是以新产业、新业态和新模式为核心的动能不断增强，它逐渐成为推动经济平稳增长和经济结构升级的重要力量，可以在一定程度上有效地弥补传统动能减弱对经济的影响和冲击。培育新动能的关键在于打造高效优质的营商环境，在良好的营商环境之下，地区才能获取更多的企业青睐，吸引更多的新技术、新产业和新业态成为区域发展的活力和动力。制度优势和红利才是营商环境的基本竞争力。当前，企业和人员自由度越来越高，同时流动所产生的成本越来越低。一个地方要吸引更多高质量的新技术、新产业、新业态，比拼的更多是制度是否有效、服务是否便利等整体营商环境。哪里的环境更能满足新动能的需要，新动能就会涌入哪里；因此，优良的营商环境是培育新动能的沃土。

二　河南打造高效优质营商环境的成就和问题

随着改革的不断进行，河南省努力降低投资创业的制度性成本，促进新兴产业和业态的发展，为提高区域竞争力提供了一定的支撑。在取得一定成就的同时，河南打造高效优质营商环境也存在一定的问题。

（一）河南营商环境提升取得的成就

随着认识的不断加深，2018 年 11 月，河南省颁布了《河南省优化营商环境三年行动方案（2018 ~2020 年）》。目前已经在“放管服”的推进中取得了一些成绩，为经济创新发展和经济转型提供了新动力。近年来，河南省全省以营造开放包容、公开透明和自由平等的营商环境为目标，大力推动改革，完善规章，不断改善营商环境，目前已经从单一的部门改革转为多部门的合作发展，从逐一激发企业创新到构建行业风气，从简单粗暴的“一刀切”到综合监管和环境营造，河南省在改革开放以来成本优势逐渐削弱和新优势未能树立的情况下，通过营造优质高效的营商环境，取得了明显的成就。

具体来说 2018 年 12 月，河南省高级人民法院、河南省人民检察院联合出台了《关于充分发挥司法职能服务保障民营企业发展的 30 条意见》，从法制方面对民营企业发展做出保障，是法治化营商环境的重要举措，目的是为河南省民营企业和民营企业家创造更好的法制营商环境。同期，河南省国土资源厅印发《关于进一步优化营商环境服务高质量发展的实施意见》，就进一步推进全省国土资源管理改革，优化营商环境，助推高质量发展作出回应。此次国土资源厅的实施意见主要针对减少审批、精简材料、缩短审批时间、优化服务、提高效率和加强综合监管等方面的问题进行了深层次综合变革，为企业提供更优质便捷的服务。同时，以市级政府为主导出台了相应的支撑营商环境提升和维护营商环境的措施和意见，都为河南省整体优化营商环境提供了有力支撑。

（二）河南营商环境存在的问题

河南省以省政府为引领，推动各个部门和地区不断深化改革，虽然在营商环境方面取得了一定的成绩，但与发达地区和先进地区相比还存在着一些差距。首先是作为中国腹地区域，河南官本位的传统思想还有遗存，在人口红利殆尽的客观条件下，对企业的监管比较严格，惠及企业的政策落实和投放比较难。从政府层面上来说，虽然对各种经济体出台了大量的优惠政策，但是政府部门本身对政策的掌握标准和解释有所不同，同时，公务人员的素质也参差不齐，所以有些惠及企业的政策难以落实。另外，企业方面更是难以把控，企业对政策的理解可能存在偏差，申请方面存在各种瓶颈，所以经常存在好政策难落实的问题。

其次，政府的监管不当，服务意识单薄。从经济学理论上来说，市场的发展靠的是看不见的手，监管常常是政府直接作用于市场。目前，河南省存在政府监管的不当，主要体现为监管的不到位和监管的过度。由于技术上的原因和监管手段的落后，监管常常出现专业性不够、监管标准不明晰的问题。管理的模式简单和粗犷，实行单一模式，这也就是常常出现的“一管就死，一放就乱”的局面。

此外，缺乏资源共享平台，没有可持续发展的足够支撑。缺乏专项的资金建立多部门的资源共享平台，不利于促进企业可持续发展。其中一个比较迫切需要解决的是信息的共享问题，即信息壁垒问题，信息不能共享已经成为河南省打造高效优质营商环境的短板。信息不能有效共享，使得开办、注销和税务等方面的办事效率低下。而与信息体系关联的信用体系发展不完善，使企业发展受到限制，融资渠道也不畅通。

三　打造高效优质营商环境的对策和建议

高质量的营商环境评价体系是打造高效优质营商环境的重要抓手，2016年以来，河南省的各个地区相继开展营商环境评估，在放管服方面取得了显著的成绩，但是和先进地区相比还有差距，在全国的营商环境排名中尚处于比较落后的地位，针对河南的实际情况，借鉴相关地区的做法，提出以下政策建议。

（一）以构建特色评价体系为抓手打造高效优质的营商环境

建立营商环境评价体系是打造优质营商环境的重要抓手，是经济转型发展的需要，通过分析营商环境指标，各地可以直接看到自身短板所在，有助于提高补短板的针对性，更好改善营商环境。

河南营商环境评估体系应该因地制宜，以评促改，从一个地区内部各单位流程优化、作风转变、效率提升等角度入手，自内向外探索优化营商环境的路径，这是对现有以区域为单位的整体营商环境评价的有益补充，对地区具体落实营商环境工作有很强的指导意义。营商环境评价主要目的还是优化提升营商环境水平，“评”只是手段，“改”是关键。因此，评价应该突出对具体工作的指导，推动优化营商环境工作的落实。目前，国家层面已经明确要全面开展营商环境评估工作，并指出2020年将建立健全营商环境评价长效机制，在全国地级及以上城市开展营商环境评价，定期发布《中国营商环境报告》。河南省也已经开始对18个省辖市进行营商环境评价。为了能够真抓落实，及时找出河南省各地市营商环境的短板，应该创新评价方法，在对地市总体营商环境水平进行评价的基础上，增加对一个地区内部各相关单位的评价，督促部门之间协调配合，共同为优化营商环境发力。

河南省营商环境评价指标体系构建应突出对具体工作的指导，设定时要参照世界银行及国家的评价指标体系，保留和丰富国际通行评价指标，融入新时期发展要求和河南经济社会发展的特色，以高质量发展为引领，重点从衡量企业全生命周期、反映城市投资吸引力、增强企业和群众获得感幸福感、促进经济社会高质量发展等多个维度构建立体评价指标体系，体现市场主体和人民群众的期待和诉求，突出评价体系的公平性、客观性和创新性。评价指标体系应分为针对地区总体营商环境水平的评价和针对地区内部相关部门的评价两套不同的、具有“河南特色”的指标体系，但指标体系核心目标要保持一致，重点是使企业群众办事方便便捷、政府提供更好的服务。具体评估过程中也要坚持目标导向、问题导向的原则，对标国际一流营商环境，深度对接国家的评价体系，力求对全省营商环境水平优化提升具有现实指导意义。

一个区域营商环境的优劣自然是通过政府规则设计和行为在整体上表现出来，也能让经济活动主体感知出来，并且能够通过相应的指标体系进行评价。但区域政府是由众多部门组成的庞大体系，其规则和行为实施要具体分解到各个职能部门的各个岗位上，所以，要提高政府效能，创造良好的营商环境，就必须建立起基于各个部门行为比较的评价体系。只有对区域政府内部各个部门为企业服务的效能和水平做出合理评价，并建立起比较排序和竞争机制，才能在整体上形成不断优化营商环境的内在机制，将改善和优化营商环境政策落到实处，构建基于区域内部门比较的营商环境评价体系。

由于先行大部分评估数据是以年度数据为依据，年度数据的获取可以通过统计年鉴获取，相对容易。这部分数据以客观数据为主，建议在客观评价的基础上兼顾一手数据采集。例如，企业调查问卷是企业根据实际感受给出的评价，通过企业调查、座谈，获取企业主观评价，可以反映在企业办事过程中对被评估对象营商环境工作的评价，这些评价虽然是主观评价，但是在合理设计的基础上对营商环境评价数据的补充非常有意义。

（二）以服务型政府为基础打造高效优质营商环境

加快转变思想，增强服务意识，以企业的实际角度出发，想方设法为企业提供全方位服务。实行项目责任制，对重点和重大项目设立“一对一”服务机制，彻底改变事难办的做派，打造以服务型政府为基础的高效优质营商环境。要进一步落实放权简政改革，继续加快改革行政审批制度的进程。河南省的其他市县也应借鉴开封和许昌的成熟经验与做法，可以根据部门工作性质重构指标体系。就市直单位指标体系来说，各市直单位权责职能不同，涉及业务内容不同，而现有参照世界银行构建的各种评估指标体系都是以地区为单位，可能其中一项指标涉及若干个部门，也可能有些政府组成部门在全部指标体系中都不会被涉及，因此无法套用。但是，各市直单位又是一个地区发展不可缺少的组成部分，全市营商环境的优化提升需要各单位协同、共同努力才能做好，因此，对全市各市直单位的评估是非常重要的，也是督促各市直单位转变工作作风、提高工作效率、提升服务满意度的重要抓手。

同时，对一个地区的营商环境评估指标体系重点考察的无非就是办事便捷程度、企业生存经营成本、政府为企业发展提供的服务情况等方面。开封市各市直单位营商环境评估指标体系的设定也是按照这一原则，以督促各部门为企业发展提供更加便捷高效的服务，使企业群众办事方便、办事成本低、得到好的服务等。如，市直单位的指标体系包括业务办理效率，环节少、时间短，则效率就高。此外，政务信息公开、政务服务满意度、业务办理公平公正情况、信息化建设情况等都是围绕企业办事方便、更好地为企业提供服务等方面进行评价的。因此，市直单位营商环境评估指标体系虽然表面上与通行评估指标体系设定不一致，但其评价的内涵、评估涉及的主要内容是相通的。

（三）以企业可持续发展为支撑打造高效优质营商环境

要为企业的可持续发展提供一个健康有序的外在市场环境。在经济秩序建设的同时，依法管理，营造健康和稳定的经营环境。对经营中的违法行为坚决遏制，同时，对奉公守法的企业予以保护。并通过媒体对外加强宣传，宣传正面典型，对违法企业也要进行曝光，为企业营造规范有序的市场环境，为进入河南的企业弘扬正能量。充分发挥政府监管部门的作用，同时调动行业协会的协调作用，发挥其行业自律自查作用，维护整个行业的健康发展。

企业在健康有序的市场机制下，能否实现优质发展的关键在于投融资环境的优劣。因此，为了企业的可持续发展，帮助企业做大做强离不开对企业的投融资环境的建设。在政府层面加大对中小企业的金融帮扶力度，可以就新兴产业设立扶持基金，鼓励金融机构提供更加主动的金融政策，加大对新发展企业的贷款额度和杠杆，帮助企业能够更加灵活地有效配置资金和资产的比例，增强企业活力和可持续发展的动力。鼓励各类信用担保机构对相应企业的支持，组建信贷担保机构，多样化信用担保模式，在普惠金融的基础上为有市场前景但是短期内资金有缺口的企业进行信用贷款，扶持小企业向中型企业发展。同时扶持本地区设立天使基金和创投基金，为有技术、有规划的人才提供创业渠道，实现“大众创业、万众创新”。在投资方向上注重绿色投资，偏重低耗能、低污染和无污染的企业，对非环保型企业要减小支持力度或是加强监管，从而推进产业结构的优化。

（四）以社会环境优化为目标打造高效优质营商环境

社会环境是企业发展的平台，要加快河南省的信用建设，深入开展各类文明创建工作，为社会树立以诚为美的商业风气，优化人文环境，规范行业行为，提升道德标准，在经济和社会生活中增加幸福感。市场经济是法治经济的一种体现，在营商环境中鼓励依法经商和守法经营的精神，树立正面的价值取向，为打造高效优质的营商氛围，培养守法意识，构建公平公正的法制环境，优化社会环境。加强社会治安工作，建立平安河南，为高效优质的营商环境创造良好的外部条件。

优化社会环境还有一项重要举措就是为企业搭建合理的外延服务，提倡政府通过各种合作的形式积极为企业的各类经贸往来搭建更好的平台。组织企业参加各种全国性经贸活动和各类投资洽谈会、商品交易会等。实现政府搭好台、企业唱好戏的局面。帮助有需要的企业对接拥有技术和知识的部门，例如各类科研院所和高校，为企业的技术难题提供社会解决方案。在当今的信息社会，鼓励企业融入信息时代，加强网络建设，结合河南省情，促进企业优化资源配置。

俗话说“栽好梧桐树，自有凤凰来”，营商环境好，企业和人才便会流入，营商环境不好，引入的优秀人才和企业也会失去。目前国家和国际上竞争的“软实力”逐渐转向营商环境的竞争，作为内部省份的河南省，历史残留的官本位传统较为浓厚，但是市场经济的敏感性较弱，更需要通过营造更好的营商环境来充分发挥地域优势，对接先进地区，获取经济高质量发展。

参考文献

《打造外向型营商环境　丹麦成欧洲最佳投资国》，http：//www.p5w.net/news/gjcj/201701/t20170121_1697657.htm。

黄吉乔、丘书俊、张颖：《推进深圳法治化、国际化营商环境建设的国际比较分析及启示》，《市场经济与价格》2014 年第 2 期。

李国强、马晓白：《优化营商环境实论》，《中国经济时报》2018 年 5 月 7 日。

马晓白：《如何提升中国营商环境国际排名》，《中国经济报告》2017 年第 7 期。

世界银行：《2018 年营商环境报告：改革以创造就业》。

《世界银行发布〈2018 年营商环境报告〉》，2018，http：//www.sohu.com/a/202676840_611309。

武靖州：《振兴东北应从优化营商环境做起》，《经济纵横》2017 年第 1 期。

杨志安、李国龙：《沈阳市打造国际化营商环境探析》，《沈阳干部学刊》2017 年第 4 期。

杨志勇、文丰安：《优化营商环境的价值、难点与策略》，《改革》2018 年第 10 期。

《浙江省人民政府关于促进外资增长的若干意见》，http：//www.zj.gov.cn/art/2018/5/16/art_37173_297150.html。

Abstract

2019 is the 70th anniversary of the founding of New China. It is a crucial year for building a well-off society in an all-round way and achieving the goal of the first century. Over the past year, the whole province has guided Xi Jinping's new era of socialism with Chinese characteristics as the guide, conscientiously implemented the decision-making arrangements of the central and provincial party committees and governments, adhered to the general tone of steady progress, and led the new development concept. Focusing on high-quality development, the supply-side structural reform is the main line, focusing on steady growth, promoting reform, restructuring, benefiting people's livelihood, and preventing risks. The province's economic operation continues to maintain an overall stable, stable and progressive development trend.

This year's "Henan Economic Blue Book" was compiled by the Henan Academy of Social Sciences. The book systematically analyzed the main situation of Henan's economic operation in 2019 and the trend of Henan's economic development in 2020. The comprehensive and multi-angle study and discussion of Henan's new The concept is to lead and coordinate the promotion of "four efforts", focus on "four cards", highlight the "three ups" of county governance and the "three combinations" of township work, and carry out "three major battles" in depth, and firmly grasp the "six stables" " The measures and achievements of the work, and put forward countermeasures and suggestions for the cultivation of high-quality development and new kinetic energy in Henan in the new era. The book is deeply integrated into the spirit of the 19th National Congress of the Communist Party of China and General Secretary Xi Jinping to inspect Henan's important speeches, with a view to providing high-quality decision-making reference for the provincial party committee and the government. The book is divided into four parts: general report, survey evaluation, analysis and

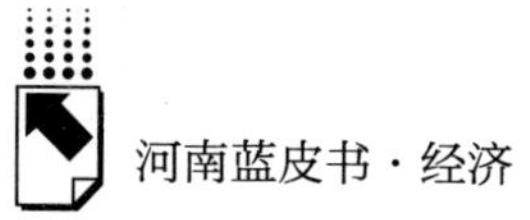

prediction, and special research.

There are two general reports in this book, all of which were written by the research group of the Henan Provincial Academy of Social Sciences. The first one is an annual analysis report on Henan's economic operations, representing the basic views of the book on the analysis and prediction of Henan's economic situation from 2019 to 2020. The report believes that in 2019, faced with the complicated pressure of the external environment and the contradictions of internal structural contradictions, Henan guided Xi Jinping's new socialist thoughts in the new era and inspected the spirit of General Secretary Xi Jinping's inspection of Henan's important speech. Into the overall tone of work, guided by the new development concept, pay close attention to the implementation of various policies, the province's economic operation showed a "stable overall, in line with expectations, higher than the national, good and bad" development trend. It is estimated that the GDP of the province will increase by 7.0% -7.5% in 2020, the added value of industrial enterprises above designated size will increase by 8.2%, the fixed assets investment of the whole society will increase by 8.3%, the total retail sales of social consumer goods will increase by 11.3%, and the consumer price index will be 102.8. The second part is about the achievements and experience of Henan's economic development in the 70 years since the founding of the People's Republic of China. It systematically sorts out the glorious history, brilliant achievements and accumulated development experience of Henan's economic development since the founding of the People's Republic of China.

The survey and evaluation of this book mainly through the establishment of relevant index system and quantitative model, using quantitative analysis and qualitative analysis combined research methods, respectively, in 2019, the comprehensive economic competitiveness of Henan Province and the high-quality development of Henan county economy Overview.

The analysis and prediction of this book is mainly based on the current situation analysis of different sectors of Henan economy, different industries and different industries, and the forecasting outlook for 2020, and then propose a new era to accelerate the cultivation of new kinetic energy and promote the high-quality development of Henan economy. Ideas and corresponding initiatives. The special research articles of this book are in-depth understanding of the spirit of the 19th National Congress of the Communist Party and General Secretary Xi Jinping inspecting the spirit of Henan's important speech, focusing on the new era with new kinetic energy to promote Henan's high-quality development, new kinetic energy, open economy, digital economy, The three new "economic and deepening reforms" have carried out in-depth analysis and put forward relevant ideas and suggestions.

In view of the new era, new situation put forward different requirements of various departments and industries, book invite relevant scientific research institutes, institutions of higher learning, and government departments of well-known experts and scholars, research and analysis in various fields in the steady growth, promoting the reform, restructuring, livelihood, prevent risks in the face of the difficult problems, and from different angles puts forward the countermeasures and Suggestions for the development of new momentum in henan.

Keywords: High-quality Development; Development of New Momentum; Henan

Contents

I General Reports

Abstract: In 2019, under the double-difficult situation that the world economic recovery is weaker than expected and the downward pressure on the domestic economy is increasing, Henan takes Xi Jinping's new era of socialism with Chinese characteristics as the guide, and thoroughly implements the spirit of General Secretary Xi Jinping's inspection of Henan's important speech. Stabilize the overall tone of work, adhere to the new development concept, adhere to the structural reform of the supply side, and solidly promote the "six stable", the province's economic operation "total stability, in line with expectations, higher than the country, good and bad." In 2020, the positive factors facing the economic growth of the province and the unreasonable influence will coexist, and the macroeconomic environment will be generally favorable. It is estimated that in

2020, the province's GDP will increase by about 7.2%, the added value of industrial enterprises above designated size will increase by about 8.0%, the fixed asset investment of the whole society will increase by about 8.3%, the total retail sales of social consumer goods will increase by about 10.5%, and the consumer price index is 102.8.

Keywords: Henan; Economic Operation; High Quality Development

Abstract: Since the founding of New China, the economic development of Henan has experienced a tortuous exploration stage, a rapid development stage of reform and opening up, and a decisive victory in the well-off Central Plains. The vicissitudes of life have changed dramatically for 70 years, and Henan has made brilliant achievements in economic and social development through the efforts of the people of Henan. The key to Henan's continuous development and progress is the result of resolutely implementing the major policies of the Central Committee, the result of firmly grasping the first priority of development, the result of unswervingly deepening reform and opening up, the result of persisting in taking the people as the center, the result of earnestly strengthening and improving the leadership of the Party, and the result of seizing the opportunity and taking the initiative in magnifying the comparative advantage.

Keywords: Henan; Economy; Achievement and Experience in the Past 70 Years

Ⅱ Survey and Evaluation

Abstract: The comprehensive competitiveness of urban economy is a topic of interest to peoplet for a long time. After analyzing and summarizing the connotation of the comprehensive competitiveness of urban economy, and combining with the new requirements of high-quality development, our research group has constructed the evaluation index system of economic comprehensive competitiveness of cities in Henan province. The evaluation index system is composed of 9 first-level indexes and 29 second-level indexes. The evaluation is carried out by using statistical data and model calculation. Zhengzhou, Luoyang and Xuchang ranked in the top three in the evaluation results. After all, the research group believes that in order to enhance the comprehensive competitiveness of cities in Henan province, we should implement the concept of high-quality development, strengthen coordinated development among cities, and persist in adapting measures to local conditions. At the same time, the progress of people's living should be taken as the foothold to enhance the comprehensive competitiveness of the economy.

Keywords: Comprehensive Economic Competitiveness; High-quality Development; Competitiveness Index

Abstract: According to the development quality characteristics of county territory economy, the index system of the development quality of county territory economy has been built up, and the Scoring and ranking on the development quality of county territory economy have been evaluated, and the evaluation report has been finished on county territory economy development quality of Henan Province in 2019.

Keywords: County Territory Economy; Economy Development Quality; Entropy Method

Ⅲ Analysis and Forecast

Abstract: The essence of high-quality industrial development is that the industrial structure is reasonable, and the transformation and upgrading are continuously realized, and the benefits of industrial development are significantly improved. In 2019, Henan's strategic emerging industries and high-tech manufacturing industries grew significantly, economic factors and organizational efficiency improved significantly, economic benefits improved significantly, and high-quality industrial development achieved gratifying results. At the same time, it should also be noted that the "gold content" of Henan's industrial development is still not high, and the adaptability between supply and demand is poor, and there are many structural imbalances. 2020 is a crucial year for the high-quality development of Henan industry. It faces many favorable conditions and also has some challenges. Henan should accelerate the improvement of the system and mechanism to promote the high-quality development of the industry, improve the policy system and support system to promote high-quality development, optimize the development environment, and promote the optimization of supply structure, production efficiency and value creation.

Keywords: High Quality Development of Industry; High-tech Manufacturing Industry; Industry Structure

B. 6 Analysis of the Influence of Fixed Assets Investment on Economic Growth and the Countermeasures in Henan Province

Li Bin / 112

Abstract: In this study, we take the influence of fixed assets investment on economic growth as a perspective, and analyze the strategic significance of investment in fixed assets for Henan economy. Then, we use some index such as hysteretic effect of investment, coordination between investment and economic growth, investment efficiency, private investment, fixed capital formation, to analyze the impact of fixed asset investment on economic growth in Henan Province. At last, some suggestions such as optimizing investment structure, enhancing investment confidence, improving investment environment and improving investment efficiency are put forward to promote the sustainable development of fixed asset investment in Henan province.

Keywords: Investment in Fixed Assets; Investment Efficiency; Investment Structure

B. 7 The Analysis and Prospect of the Development of the Consumption Market in Henan Province from 2019 to 2020

Shi Tao / 126

Abstract: 2019, the consumption market developed steadily in Henan province, the growth rate narrowed 0. 2% compared to the last year, but higher than the national average level about 2. 2% in time. The market scale of Henan province is the largest in the central region with six provinces, and the growth rate move forward one step compared to last year, and the consumption market concentrated in the cities of Zhengzhou, Nanyang, and etc. Most goods quota above are growth in this year, except to cosmetics decline continuously. Under the background of economic developed uncertainly domestic and aboard in the future, the still have challenge and opportunity for Henan province, and preview that the consumption market will be enlarge and the growth rate will be narrow to 10. 1% continuously in 2020.

Keywords: Consumption; Situation Analysis; Henan Province

Abstract: In the fist 9 months of 2019, the general performance of Henan's foreign trade as follows: the total value of Henan's goods trade ranked first in the six provinces in the central part of the country, and the trade along the "one belt and one road" initiative continued to increase, the mobile phone was the largest export product for our province, and the growth rate of the import and export of the private enterprises was the fastest, processing trade remained the main trade mode, the funds from inside and outside the country increased steadily, and the opening channel construction achieved substantial results, and the opening platform was more diversified. However, in 2019, the external environment and domestic economic environment of Henan's foreign trade development coexist favorable and unfavorable factors, actively meet the new requirements of national foreign trade development and Henan's economic construction, and implement the overall plan of Henan foreign trade conference. In 2019, the development of Henan's foreign trade should be in the following aspects: on the basis of commodity and factor flow oriented opening, build a system We will open to the outside world, optimize the

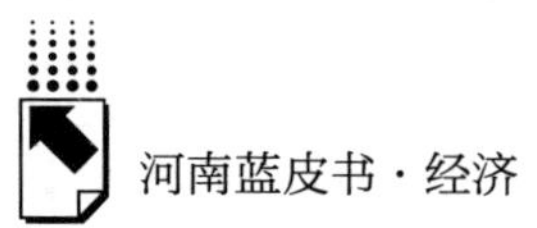

business environment, integrate into the global industrial chain, win the opening-up momentum, strengthen "four-way cooperation", enhance the advantages of open channels, optimize the structure of trade products, and promote the transformation and upgrading of foreign trade.

Keywords: Henan Province; Foreign Trade; Instructure of Input and Output

Abstract: The overall smooth operation of Henan financial revenue and expenditure in 2019 has provided a strong support for the economic and social development of the whole province. But at the same time, there are also some problems in financial operation and management, such as prominent contradiction between revenue and expenditure, inefficient use of funds, uneven progress of reform and so on. In 2020, we will adhere to the guidance of Xi Jinping's thought of socialism with Chinese characteristics in the new era, profoundly grasp the new requirements for financial work in the new era, comprehensively deepen the reform of the fiscal and taxation system and implement a more effective and active fiscal policy. Henan will give better play to the basic and important pillar role of finance in national governance.

Keywords: Henan Finance; Fiscal Revenue and Expenditure; Reform of Fiscal and Tax System

Abstract: since 2019, the logistics industry in henan province has been running steadily, steadily and steadily. Is expected in 2020, henan logistics operation of the overall positive macroeconomic environment, the province will adhere to the development of logistics industry high quality overall goal, the key to promote logistics hub for the network construction, speed up the transformation characteristics of logistics development, strengthening the market main body to foster and expand the opening to the outside world cooperation, strengthening the construction of logistics standardization, continue to improve the business environment, mode of cultivating advanced forms, innovative logistics statistical models, etc.

Keywords: Henan Province; Logistics Industry; High-quality Development

Abstract: In the first three quarters of 2019, Henan's economy maintained a stable running trend, with CPI of the whole province rising by 2.5% year-on-year, continuing the moderate growth momentum in the early stage. The CPI of this round has increased significantly, with obvious structural characteristics. The rising price of food, especially pork, is the core driving force. It is preliminarily estimated that the pork price will usher in a turning point in the second half of 2020. Overall, it is expected that the year-on-year increase of CPI in Henan Province will not exceed 3.0% in 2020, and the overall price level will still be controllable.

Keywords: Henan; CPI; Pork Prices

Ⅳ Monographic Studies

Abstract: At the present stage, cultivating new drivers and replacing old ones have become the key to promoting high-quality economic development. At present, from a vertical perspective, henan has made rapid progress and achieved remarkable results in promoting high-quality economic development by accelerating the cultivation of new drivers. However, the horizontal ratio is weak. New drivers have not yet become the main driving force for high-quality economic development, and they face enormous external challenges. To this end, we should change our thinking, give full play to the advantages of latecomers, and actively expand the basic path to accelerate the cultivation of new drivers to promote high-quality economic development from the aspects of optimizing the innovation environment, building and making good use of the innovation platform, cultivating and strengthening the new economy, and implementing the talent-driven strategy.

Keywords: Henan; Innovative; New Driving Force; Economy High-quality Development

Abstract: When general secretary xi jinping visited Henan, he pointed out that Henan should actively integrate into the construction of "One Belt And One

Road" and accelerate the building of inland opening highland [1]. This is not only general secretary Xi jinping's ardent expectation of Henan, but also points out the direction and path for our province to expand a new round of high-level opening-up, promote high-quality economic development and write a more brilliant chapter in the central plains. In the new era, Henan is striding forward along the development route of "brilliant central plains", but problems still exist, such as low dependence on foreign trade, weak driving effect of open platform carrier, unbalanced and insufficient development of international trade, "low-end embedding" of industry, and structural contradictions in investment distribution. Henan should further strengthen the problem orientation, find the right entry point, strengthen the foothold, highlight the focal point, gather the supporting point, and promote the high-quality development of the whole province's economy with all-round high-level opening-up.

Keywords: Henan; High-level Opening-up; Economy High Quality

Abstract: The report of the 19th CPC National Congress clearly pointed out that China's economy has changed from a stage of rapid growth to a stage of high-quality development. After a period of rapid growth, The deep-seated contradictions and problems in Henan's economic development, such as the overall low level of industrial structure, the lack of independent innovation ability, the level of open economy to be improved, the pressure of resources and environment, and the imperfection of modern market system, have gradually emerged. It has become an important constraint to the realization of high-quality economic development. The fundamental reason lies in the imperfection of the system and mechanism, it is necessary to comprehensively deepen reform to promote high-quality economic development, and strive to make breakthroughs in supply-side structural reform, scientific and technological innovation system reform, "release management and clothing" reform, factor market reform, and so on.

Keywords: High Quality Development; Supply-side Structural Reform; Factor Market Reform

Abstract: To implement the general secretary xi' "One Belt And One Road actively integrated into the project, and the use of good China (henan) free trade area and so on national strategic platform, speed up the building inland open highland" spirit of important instructions, recommendations will be "four road" "five zones" carrier of implementation and key industries agglomeration in platform, highlight the local characteristics and service the nation's overall fit, open innovation and the provincial linkage, strategic platform construction and the reform of promoting the development of high quality, fade out space, Focus on the construction of zhengzhou international aviation logistics center, international trade rules to explore a strategic platform, air-land coordinated transport policy integration innovation, high-end elements concentration with details such as industrial transformation and upgrading, strive for the "area" in the integrated project, building inland open exploring new pattern formation can be copied, can promote henan scheme.

Keywords: Air Silk Road; One Belt and One Road; Henan Province

B. 16 Thoughts and Suggestions on the High Quality Development of "Three New" Economy in Henan Province *Li Lifei* / 232

Abstract: The "three new" economy is not only the need for Henan to cultivate new economic growth points and new kinetic energy under the new normal, but also the need to realize the high-quality development of Henan economy. At present, the "three new" economy in Henan is in a good situation, but it is still faced with the problems to be solved, such as the small development scale of new business type, the low conversion rate of high and new technology, the lack of innovative power, and so on. It is necessary to continue to promote the high-quality development of the "three new" economies by actively cultivating new industries, new momentum, and new growth poles.

Keywords: "Three New" Economy; Henan; High Quality Development

B. 17 Analysis and Thinking on the High Quality Development of Henan Digital Economy *Cui Lixiang* / 241

Abstract: The development of the digital economy has become China's fastest growing, most active innovative and most widely radiated economic activity. Promoting the high quality development of the digital economy has become an important measure for the current and future periods of the country and local governments to alleviate the major social contradiction, reconstruct the economic development pattern, and optimize the social governance model. Based on the analysis of the current realistic basis of the high-quality development of Henan digital economy, this paper attempts to put forward some countermeasures and suggestions for the future development of Henan digital economy.

Keywords: Digital Economy; High Quality Development; Henan

Abstract: At present, Henan has entered an important stage of continuous growth of consumer demand, continuous upgrading of consumption structure and obvious enhancement of consumption-driven economic function. With the continuous improvement of residents' income level and the contribution rate of consumption to economic growth, it has become a strategic move for Henan to speed up the cultivation of new momentum of consumption development. This requires that Henan should give full play to the decisive role of the market in the allocation of resources, centering on meeting people's growing new consumption demand, focusing on optimizing the consumption supply system, and taking the improvement of the consumption platform carrier as the support. With the guarantee of creating a good consumption environment, promoting the benign interaction between consumption and investment, the coordinated development of consumption upgrading and industrial upgrading, the effective convergence of new changes in consumption and innovation-driven development, and speeding up the cultivation of new momentum of consumption development, It provides important support for meeting consumer demand, improving economic quality and increasing efficiency, and promoting long-term economic growth.

Keywords: Consumption Upgrading; Consumption Change; New Energy

Abstract: At present and in the future, it is the key period for Henan Province to succeed in building a moderately prosperous society in an all-round way. Our province is faced with the dual pressure of accelerating development and protecting ecology, and the dual task of expanding the total amount and improving the quality. We must rely more and better on scientific and technological innovation to inject new momentum into economic development, so that development will shift to rely more on sustained knowledge accumulation, technological progress and improvement of the quality of labor force, and form a stable and lasting power to promote economic and social development. However, our province's ability to cultivate new driving forces of economic growth through innovation is still insufficient. We need to increase the driving force of innovation to stimulate the endogenous power of new driving forces; innovate and develop the digital economy to lay a solid foundation for the development of new driving forces; deepen the reform of innovation system and mechanism to enhance the vitality of the transformation of new driving forces; improve the support system of innovation policies to ensure the continuity of new driving forces.

Keywords: Innovation; Economic Growth; New Kinetic Energy

Abstract: To build an efficient and high-quality business environment is an important basis for promoting the high-quality development in Henan Province and making Henan more outstanding. After efforts to create an efficient and high-quality business environment in Henan has made certain achievements, but there are also some problems, such as difficult implementation and investment of policies to benefit enterprises, improper government supervision, weak service consciousness and lack of sufficient support for sustainable development. To create an efficient and high-quality business environment, we should take the construction of characteristic evaluation system as the starting point, the service-oriented government as the basis, the sustainable development of enterprises as the support and the optimization of social environment as the goal.

Keywords: Business Environment; High Quality Development; Henan Province

S 基本子库
UB DATABASE

中国社会发展数据库（下设 12 个子库）

整合国内外中国社会发展研究成果，汇聚独家统计数据、深度分析报告，涉及社会、人口、政治、教育、法律等 12 个领域，为了解中国社会发展动态、跟踪社会核心热点、分析社会发展趋势提供一站式资源搜索和数据服务。

中国经济发展数据库（下设 12 个子库）

围绕国内外中国经济发展主题研究报告、学术资讯、基础数据等资料构建，内容涵盖宏观经济、农业经济、工业经济、产业经济等 12 个重点经济领域，为实时掌控经济运行态势、把握经济发展规律、洞察经济形势、进行经济决策提供参考和依据。

中国行业发展数据库（下设 17 个子库）

以中国国民经济行业分类为依据，覆盖金融业、旅游、医疗卫生、交通运输、能源矿产等 100 多个行业，跟踪分析国民经济相关行业市场运行状况和政策导向，汇集行业发展前沿资讯，为投资、从业及各种经济决策提供理论基础和实践指导。

中国区域发展数据库（下设 6 个子库）

对中国特定区域内的经济、社会、文化等领域现状与发展情况进行深度分析和预测，研究层级至县及县以下行政区，涉及地区、区域经济体、城市、农村等不同维度，为地方经济社会宏观态势研究、发展经验研究、案例分析提供数据服务。

中国文化传媒数据库（下设 18 个子库）

汇聚文化传媒领域专家观点、热点资讯，梳理国内外中国文化发展相关学术研究成果、一手统计数据，涵盖文化产业、新闻传播、电影娱乐、文学艺术、群众文化等 18 个重点研究领域。为文化传媒研究提供相关数据、研究报告和综合分析服务。

世界经济与国际关系数据库（下设 6 个子库）

立足“皮书系列”世界经济、国际关系相关学术资源，整合世界经济、国际政治、世界文化与科技、全球性问题、国际组织与国际法、区域研究 6 大领域研究成果，为世界经济与国际关系研究提供全方位数据分析，为决策和形势研判提供参考。

法律声明